어록의 왕 임제록

임제의현 스님의 임제록

07

성철스님이 가려 뽑은 한글 선어록

임제의현 스님의 임제록

어록의 왕 임제록

감역 · 벽해 원택

장경각

한글 선어록을 발간하면서

○

해인사 백련암으로 출가하고 몇 년 후 성철 큰스님께 여쭈었습니다.
"스님! 불교는 왜 인도에서 번성하지 못하고 쇠하여졌습니까?"
"이놈아! 불교가 어려워서 인도에서 쇠해버렸다."
큰스님의 말씀을 듣는 순간 망치로 머리를 맞은 듯 멍하였습니다. "불교가 어렵다."고 하신 그 말씀을 우리 모두의 화두로 삼아야 하지 않을까 생각합니다.
"불교가 어렵다"는 뜻은 "부처님의 말씀을 단순히 이해하고 사는 것이 아니라 부처님 말씀의 진리를 깨쳐서 부처님 마음과 자기의 마음이 하나가 되어 자유롭게 세상을 살아가는 그 실천을 이루기가 옛날에도 어려웠고 지금도 어렵고 내일에도 어려운 것"이라고 성철 큰스님께서 우리들에게 가르침을 주신 것이라 생각합니다.
참선을 통한 깨달음의 길을 대중들이 쉽게 걸어가길 바라서,

성철 큰스님께서는 30여 년 전에 선어록을 한글로 번역하여 발간토록 당부하셨습니다. 1987년 11월에 출판사 '장경각'을 합천군에 등록하여 그 후 6년에 걸친 작업 끝에 〈선림고경총서〉 37권을 1993년 10월에 완간하였습니다.

그러나 책의 제목이 한문으로 쓰였고, 원문을 부록으로 실어서인지 독자들에게 널리 읽히지 못하고 종이책은 10여 년 전에 절판되고 교보문고의 전자책으로만 겨우 살아 있습니다.

마침 올해는 성철스님께서 "부처님 법대로 살자"는 기치를 내걸고 봉암사 결사를 실행하신 지 70년이 되는 해이고, 1967년 해인총림이 설립되어 초대방장에 추대되시고 백일법문 사자후를 펴신 지 50년이 되는 해입니다.

이러한 뜻깊은 해를 맞이하여 〈선림고경총서〉 37권 중에서 요긴한 책 26권을 골라 20여 권으로 정리하여 '성철스님이 가려 뽑은 한글 선어록'이라 이름하고 2~3년 안에 발간하기로 원을 세웠습니다.

30대 이하의 세대가 한글전용세대라는 점을 염두에 두고 쉽고 자세한 주석을 붙여 이해를 돕고자 하였습니다. 참선에 대한 기본적인 인문학 서적이 부족한 현실에서 참선을 안내하는 귀중한 마중물이 되기를 바랍니다.

'성철스님이 가려 뽑은 한글 선어록'의 원만한 간행으로 독자 여러분들에게 선의 안목을 열어주는 특별한 인연이 맺어지기를 불보살님 앞에 간절히 기원 드리며 야보선사의 게송을 한 구절 소개합니다.

대나무 그림자가 섬돌을 쓸어도 먼지 하나 일어나지 않고
달빛이 연못 속 밑바닥에 닿아도 물에는 흔적 하나 없구나.

죽영소계진부동
竹影掃階塵不動

월천담저수무흔
月穿潭底水無痕

2017년 2월 우수절

해인사 백련암

원택 합장

해제

○

解題

    임제종(臨濟宗)의 개조(開祖)인 진주(鎭州) 임제의현(臨濟義玄) 스님은 조주(曹州, 산동성 소재) 남화(南華) 태생으로 휘는 의현(義玄)이고, 속성은 형(邢) 씨이다.

    스님의 출생연대는 분명하지 않으며, 함통(咸通) 7년(866, 혹은 함통 8년)에 입적(入寂)하였다. 임제(臨濟)라는 스님의 법호는 대중(大中) 8년(854) 이후 진주(지금의 河北省 正定) 호타하(河) 부근의 작은 절 임제원(臨濟院)에 계신 데에서 유래한다.

    임제록이 처음 편집된 것은 스님의 입적 후 그 제자 삼성혜연(三聖慧然)에 의해서이다. 그러나 이것은 전해지지 않고 그 후 북송(北宋) 선화(宣和) 2년(1120)에 운문종(雲門宗)의 원각종연(圓覺宗演)에 의해 중간(重刊)된 것이 가장 널리 유통되었으며, 이때 마방(馬防)의 서(序)가 첨가되었다. 이것을 선화본(宣和本) 혹은 종연본(宗演本)이라 한다. 학자들의 연구에 의하면 송(宋) 원풍(元豊) 8년(1085)에 편집된 4가어록(四家語錄)속의 임제록이 가장 오래된 것이라고 한다. 그 이후 간행된 선화본에는 약간의 증광이 있고 또 편집순서에서 전기 대신에 상당설법을 앞에 두고 있다.

현재 유통되는 임제록[宣和本]은 서문(序文), 상당(上堂), 시중(示衆), 감변(勘辨), 행록(行錄), 탑기(塔記)의 6부분으로 되어 있다.

서문(序文)은 운문체로 된 글로서, 임제스님의 일대기와 어록 전편의 내용을 간결하게 요약하고 있으며, 이 글을 쓴 마방(馬防)은 당시 높은 관직(官職)에 있던 사람이다.

상당(上堂)편은 부주 왕상시(府主 王常侍)의 간청에 의한 개당(開堂)설법을 포함하여 그 후의 상당(上堂)법문을 모은 것이다. 이 편에서는 임제스님이 황벽(黃檗)스님의 법사(法嗣)임을 밝히고, 이어서 자리 없는 참사람[無位眞人], 3현(三玄)·3요(三要)·3구(三句) 등을 설법하신다.

이에 대해 성철스님은 『선문정로(禪門正路)』에서, 전기대용(全機大用)으로서의 3현·3요·3구 법문을 오입차제(悟入次第) 혹은 법문심천(法門深淺)으로 잘못 아는 납자들이 많다고 통탄하면서, "이 3구를 차제법(次第法)으로 잘못 이해한 것은 시중 제11에 나오는 3구의 내용을 차제 도리로 받아들인 데서 비롯된 것 같다"고 지적하고, 상당편에서 말한 1구와 시중편에서 말한 3구는 표현만 다를 뿐 그 내용에 있어서는 상통하는 법문임을 천명하고 있다.

또 성철스님은 『본지풍광(本地風光)』 제9칙에서도 이에 대해 언급하고 있다.

성철스님은 『종용록(從容錄)』 제76칙 수산성념(首山省念: 926~993) 스님의 3구법문에 대한 거량을 다음과 같이 소개하고 있다. "1구가 3구를 밝히고 3구가 1구를 밝히니 3과 1이 서로 간섭하지 않아서 향상일로가 분명하다. 말해 보라. 어느 구절이 앞인가를." 이는 3이 곧 1이며[三卽一], 1이 곧 3으로서[一卽三] 3구에 선후(先後)와 심천(深淺)의 구분이 없이 상통함을 밝힌 것이라 하고 있다.

시중(示衆)편은 어록의 절반 이상을 차지하는 분량으로, 바른 안목[眞正見解], 일없음[無事]을 비롯하여 4료간(四料簡), 4조용(四照用), 4빈주(四賓主) 등을 설하시고, 또 화엄경을 비롯하여 법화경, 능엄경, 능가경, 유마경 및 대승성업론(大乘成業論), 화엄합론(華嚴合論), 법원의림장(法苑義林章) 등 많은 경론을 인용하고 있다. 특히 시중 제9에서 "……만일 마음에 머물러 고요함을 보며, 마음을 들어 밖을 비추어 보고, 마음을 가다듬어 안으로 밝히며, 마음을 응집하여 정(定)에 든다고 하면……"이라는 구절은 본시 북종(北宗) 신수(神秀) 계통에서 학인을 가르치는 지침이었는데, 하택신회(荷澤神會) 스님이 그것으로 다시 북종을 비판하였다.

감변(勘辨)편은 황벽스님을 비롯한 보화(普化), 덕산(德山), 조주(趙州)스님 등과 법담(法談)을 나누며 서로 겨루고 시험하는 내용이다. 모두 25단락으로 된 감변 중 보화스님에 관한 것이 6여 편이나 된다.

행록(行錄)과 탑기(塔記)에서는 황벽스님에게서 깨친 기연을 비롯하여 스님의 행장을 싣고 있다. 이 중 탑기는 보수연소(保壽延沼)가 쓰고 홍화존장(興化存獎)이 교감한 것이다.

후찬(後讚)은 갑인년(1974) 여름에 성철스님께서 임제록에 구결(口訣)을 한 후 지으신 것이다. 이 글은 4언절구(四言絶句)의 운문체로서 임제종의 종지를 찬한 내용이다.

우리나라에 임제종이 처음 전래된 것은 고려말(1348년) 태고보우(太古普愚: 1301~1381) 스님이 원(元)나라 석옥청공(石屋淸珙: 1272~1352) 스님으로부터 임제의 정맥(正脈)을 이은 데에서 시작된다. 그러나 선종이 처음 들어온 것은 신라 하대(下代)에 도의(道義)스님이 마조(馬祖)의 직제자인 서당지장(西堂智藏)에게서 법을 얻고 귀국한 후(821년)부터이다. 그 후 9산선문(九山禪門)이 발달하였지만 고려말에 이르기까지의 사자상승(師資相承) 관계는 확인할 수 없고, 태고스님 이후 오늘에 이르기까지 선종인 조계종은 한국불교의 정통적인 지위를 이어오고 있다.

우리나라에서 간행된 임제록 단행본으로는 서옹(西翁)스님의 『임제록연의(臨濟錄演義)』가 처음(1974)이다. 그러나 고려말 지정(至正) 17년(1357)과 홍무(洪武) 28년(1395)에 간행된 『인천안목(人天眼目)』에 5가종파의 법식과 함께 해설되고 있고, 또한 서산스님의 『선가귀감(禪家龜鑑)』에도 임제종의 종지에 대해 언급되고 있다. 이처럼 임제록에 대한 단편적인 소개는 일찍부터 이어져 오고 있었다.

끝으로 임제스님의 부법게(付法偈)를 소개한다.

흐름 따라 머무르지 않는 도리를 묻는다면
참다운 관조는 끝없는 것이라 말해 주리라
모습과 이름을 떠난 것 본래 성품 없으니
예리한 칼날을 쓰고서 얼른 갈아 두어라.

沿流不止問如何　眞照無邊說似他
離相離名如不禀　吹毛用了急須磨

〈선림고경총서〉 12권 『임제록·법안록』에서 임제록에 수록된 해제를 인용하였다.

차례

한글 선어록을 발간하면서 … 004
해제(解題) … 007

○
1장 시작하는 말
●

01. 본분사를 찾아서	… 022
02. 임제스님과 『임제록』	… 027
03. 선(禪)과 교(敎)	… 035
04. 모든 법문은 독약	… 045

○
2장 마방의 서문
●

01. 『진주임제혜조선사어록』 마방(馬防)의 서(序)에 붙이는 말 … 050
02. 『진주임제혜조선사어록』에 마방이 붙이는 말   … 052

○
3장 상당
●

01. 일대사인연(一大事因緣)   … 110
02. 천수천안의 바른 눈[正眼]   … 115
03. 걸림 없이 깨친 사람[無位眞人]   … 117
04. 주인의 할(喝)과 손님의 할(喝)   … 119
05. 법을 구하는 마음가짐   … 122
06. 진퇴양난의 관문   … 125
07. 고봉정상(高峰頂上)과 십자가두(十字街頭)   … 127
08. 가사(家舍)와 도중(途中)   … 129
09. 삼구(三句)와 삼현삼요(三玄三要)   … 130

4장 시중

01. 사료간(四料簡) … 134
02. 참되고 올바른 견해[眞正見解] … 137
03. 삼종불신(三種佛身) … 140
04. 모든 부처님의 본원 … 143
05. 심법무형(心法無形) … 146
06. 참된 자기 … 150
07. 사조용(四照用) … 153
08. 평상의 심법(心法) … 155
09. 심지법(心地法) … 158
10. 어디에서나 주인공[隨處作主] … 161
11. 참된 출가[眞出家] … 163
12. 부처와 마구니 … 166
13. 본래무사(本來無事) … 169
14. 의지함 없는 도인[無依道人] … 172
15. 비밀 … 174
16. 모양 없는 네 경계[四種無相境] … 177
17. 오대산에는 문수보살이 없다 … 179

18. 응물현형(應物現形) … 182

19. 대장부(大丈夫) … 186

20. 삼안국토(三眼國土) … 189

21. 조작(造作) … 192

22. 들여우와 사자 … 195

23. 본래 마음 … 198

24. 마음과 마음이 다르지 않은 경계[心心不異處] … 201

25. 형상 없음[無相]이 참된 형상[眞形] … 204

26. 육신통(六神通) … 207

27. 제법공상(諸法空相) … 210

28. 상대를 대하는 네 가지 법[四賓主]을 논함① … 214

29. 다른 사람에게 속지 말라 … 219

30. 산승에게는 남에게 줄 하나의 법도 없다 … 222

31. 삼계를 떠나 어디로 가려고 하는가 … 224

32. 보리수(菩提樹)와 무명수(無明樹) … 227

33. 상대를 대하는 네 가지 법[四賓主]을 논함② … 231

34. 남의 말에 휘둘리지 말라 … 235

35. 임제스님이 4가지 근기를 대하는 법 … 239

36. 허망한 이름[空名] … 241

37. 임제스님의 밀계 … 244

38. 옷을 입기도 벗기도 하는 사람 … 247

39. 형상을 가리는 옷 … 249
40. 수행을 성취하지 못하는 이유 … 252
41. 업식중생(業識衆生) … 255
42. 삼진(三眞)과 삼구(三句) … 257
43. 조사서래의(祖師西來意) … 259
44. 자취를 남기지 않는 사람 … 262
45. 대통지승불의 좌선 … 265
46. 한 마음도 일으키지 말라[一心不生] … 268
47. 오무간업(五無間業)과 해탈 … 270
48. 허공에 그린 그림 … 274
49. 일 없는 사람 … 279
50. 진실한 선지식을 만나기는 어렵다 … 282
51. 지극한 불법의 도리[至理之道] … 285
52. 무엇이라 불러야 할까? … 287

○
5장 감변
●

01. 쌀을 일다가 일돈방(一頓棒)을 맞다 … 290
02. 세 스님을 모두 때리다 … 294

03. 보화(普化)스님과 극부(克符)스님과의 인연 ··· 296

04. 보화스님이 공양상을 엎어버리다 ··· 299

05. 보화스님은 범부인가, 성인인가? ··· 302

06. 보화스님의 나귀 울음소리 ··· 304

07. 보화스님의 저잣거리 행각 ··· 306

08. 절을 해야 하는가, 하지 않아야 하는가? ··· 308

09. 노주(露柱)는 범부인가, 성인인가? ··· 311

10. 차좁쌀[黃米]을 팔다 ··· 312

11. 낙보(樂普)스님의 할 ··· 314

12. 덕산(德山)스님의 몽둥이 30대 ··· 317

13. 금가루가 비록 귀하긴 하지만 눈에 들어가면 병이 될 뿐이다 ··· 319

14. 행산(杏山)스님의 노지백우(露地白牛) ··· 321

15. 방(棒)과 할(喝) 중에 진실에 부합하는 것은? ··· 323

16. 양손을 펼쳐 보인 뜻은? ··· 324

17. 대각(大覺)스님이 참문하다 ··· 326

18. 조주(趙州)스님이 참례하다 ··· 328

19. 정상좌(定上座)가 참문하다 ··· 330

20. 마곡(麻谷)스님이 참문하다 ··· 332

21. 사할(四喝) ··· 334

22. 한 비구니의 할 ··· 336

23. 용아(龍牙)스님의 선판[西來無意] ··· 337

24. 경산(徑山)스님의 5백 대중 ··· 340
25. 보화스님의 전신탈거(全身脫去) ··· 342

○
6장 행록

●

01. 임제스님의 깨친 기연 ··· 346
02. 소나무를 심은 뜻 ··· 354
03. 덕산스님의 선상을 뒤엎다 ··· 357
04. 황벽스님을 밀쳐 넘어뜨리다 ··· 358
05. 황벽스님이 자기 입을 쥐어박다 ··· 361
06. 임제스님이 졸다 ··· 363
07. 울력에 빈손으로 가다 ··· 365
08. 위산스님에게 편지를 전하다 ··· 368
09. 황벽스님의 인가(印可) ··· 372
10. 달마스님의 탑전(塔殿)에 이르다 ··· 377
11. 용광(龍光)스님의 낭패 ··· 378
12. 평화상(平和尙)을 만나다 ··· 380
13. 대자(大慈)스님을 만나다 ··· 383
14. 화엄(華嚴)스님을 만나다 ··· 385

15. 취봉(翠峰)스님을 만나다 ··· 387

16. 상전(象田)스님을 만나다 ··· 389

17. 명화(明化)스님을 만나다 ··· 390

18. 노파를 만나다 ··· 391

19. 봉림(鳳林)스님을 만나다 ··· 393

20. 금우(金牛)스님을 만나다 ··· 397

21. 임제스님 열반에 드시다 ··· 399

- 임제혜조선사탑기(臨濟慧照禪師塔記) ··· 401
- 후찬(後讚) ··· 405
- 색인 ··· 409

일러두기

1 임제록의 번역은 성철스님 구결토에 의거하였고, 『임제록』(岩波文庫, 早比奈 宗源譯注) 등을 참고하였다..
2 이 책에서는 『성철스님 임제록 평석』의 1장 시작하는 말과 2장 마방의 서까지 만 성철스님의 평석을 실었고, 3장에서 6장 행록까지는 원문과 그 번역을 실 어 〈한글 선어록〉 체제로 맞추었다.
3 각 장의 제목은 중심 내용이나 기연을 보고 독자들의 이해를 돕기 위해 임의 로 붙인 것이다.
4 주석은 어록과 사전 등을 참고해 독자들의 이해를 돕고자 덧붙인 것이다. 주 석의 약어는 아래와 같다. H: 한국불교전서, T: 대정신수대장경, X: 卍新纂大 日本續藏經. 페이지 다음에 붙은 a, b, c는 참고문헌 각 페이지의 상단, 중단, 하단을 가리킨다. 예를 들어, 'H.5p.781b'는 "『한국불교전서』 제5권, 781페이 지 중단"이라는 뜻이다.
5 스님들의 생몰 연대는 『선학대사전(禪學大辭典)』(大修館書占, 1979)과 『중국불 학인명사전(中國佛學人名辭典)』(明復編, 方舟出版社)을 참고하였다.

1장 시작하는 말

01

본분사를 찾아서

(성철스님이 법좌에 올라 말씀하셨다.)

임제래필경여하　석가도퇴삼천리
臨濟來畢竟如何　釋迦倒退三千里
파순은거법왕궁　할 할
波旬隱居法王宮　喝喝

임제스님이 오시니 필경 어떠한가?

석가는 거꾸로 삼천리 밖으로 물러서고,

마왕파순[1]은 법왕궁전에 은거하고 있구나.[2]

1　마왕파순(魔王波旬): 천마파순(天魔波旬)이라고도 한다. 욕계(欲界) 최고위(最高位)인 타화자재천궁(他化自在天宮)에 머물고 있다 하여 자재천왕(自在天王)이라고도 한다. 부처와 그 제자들의 수행을 항상 방해하고 해치려 하였다. "구마라집의 해설: 파순은 살(殺)이라 한역한다. 항상 사람의 혜명을 끊고자 하므로 살이라 한다. 또는 악 중의 악이라고도 한다. … 승조(僧肇)의 해설: 파순의 한역어는 살자(殺者) 또는 극악(極惡)이다. 사람의 선근을 끊는다 하여 이에 따라 살자라 하고, 부처의 뜻을 거스르고 승중을 어지럽힌 죄가 막

억! 억!

예전 조사 스님들이 늘 하신 말씀이 있습니다.

<small>아부중선사도덕   지귀불위아설파</small>
我不重先師道德이요, **只貴不爲我說破**라.[3]

나는 선사(先師)의 도덕을 중요하게 생각하지 않고,
나를 위해 설파하지 않으셨던 것을 귀하게 여긴다.

법상에서 대중에게 법문할 때는 오직 '본분사(本分事)'로만 제시

대하기 때문에 극악이라 한다."(『주유마힐경』권4 「菩薩品」 T.38 p.365b, 什曰: 波旬秦言殺者, 常欲斷人慧命, 故名殺者. 亦名爲惡中惡.… 肇曰: 波旬秦言或名殺者, 或名極惡. 斷人善根, 因名殺者, 違佛亂僧, 罪莫之大, 故名極惡也.)

2 존엄한 법왕 석가모니는 삼천리 밖으로 달아나고 도리어 마왕파순이 법왕의 궁전에 머물고 있다는 뜻으로서 임제스님의 뛰어난 역량과 그 법문에 담긴 독자적 경지를 성철스님이 역설적으로 표현한 말씀으로 보인다.

3 동산양개(洞山良价)의 말. "학인이 물었다. '화상께서는 남전스님을 처음으로 상견하셨으면서 어째서 도리어 운암스님의 재를 지내십니까?' '나는 돌아가신 운암스님의 도덕과 불법을 중히 여기는 것이 아니라, 운암스님이 내게 설파해주지 않으셨던 점을 소중히 여길 뿐이다.'"(『洞山語錄』 T.47 p.520b, 云, '和尙初見南泉, 爲甚麽却與雲巖設齋?' 師云, '我不重先師道德佛法, 祇重他不爲我說破.') 동산양개는 이전에 운암담성(雲巖曇晟)과의 문답에서 의심을 풀지 못한 채 헤어졌는데 후에 물을 건너다 물에 비친 그림자를 보고 깨닫고서는 다음과 같은 게를 남겼다. "결단코 남에게서 찾아서는 안 되니, 아득히 동떨어져 나에게는 실속 없나네. 내 이제 나의 늣대로 홀로 가노라니, 곳곳에서 그를 만나누나."(같은 책, T.47 p.520a, 切忌從他覓, 迢迢與我疎. 我今獨自往, 處處得逢渠.)

할 뿐이지 절대로 해석을 한다든가, 말로 그 뜻을 자세히 풀어 이야기하는 설파는 하지 않습니다. 이 법이라는 것이 본래 설파할 수 있는 것도 아니지만 설사 설파한다고 해도 이익이 되기보다는 사람을 다 죽이는 독이 될 뿐이기 때문에 법을 거량할 때는 절대로 설파하는 것이 아닙니다. 만약 설파한다면 이것은 법문이 아닙니다. 그것은 법을 다 부숴버리는 짓입니다. 법문하는 스님의 경지가 아무리 높다 해도 그 스님의 도덕보다 더 귀중하게 여겨야 할 것이 있으니, 그것은 바로 오직 본분사로만 사람을 대할 뿐 한마디로 해설을 한다든가 알아듣기 쉽도록 다 풀어주는 설파를 하지 않는다는 점입니다.

조주스님도 늘 이런 말씀을 하셨습니다.

노승은 본분사(本分事)로만 사람을 대할 뿐이다. 만약 근기에 따라 법을 설한다면 저절로 삼승십이분교가 벌어진다.[4]

---

[4] "노승은 이곳에서 본분사로서 학인들을 응대한다. 노승에게 그들 학인들의 근기에 따라 응대하라고 한다면 응당 삼승십이분교로 응대하면 될 일이다. 그러나 이 가르침을 이해하지 못한다면 이는 누구의 잘못인가? 이후에라도 작가라는 이를 만나게 된다면 노승은 그대들을 저버리는 따위를 하지 않는다고 말하리라. 누구라도 내게 물어오기만 하면 나는 본분사로서 응대할 뿐이다."(『趙州語錄』 古尊宿語錄13 X.68 p.79a, 老僧此間即以本分事接人. 若教老僧隨伊根機接人, 自有三乘十二分教接他了也. 若是不會, 是誰過歟? 已後遇著作家漢, 也道老僧不辜他. 但有人問, 以本分事接人.)

본분사로만 대중을 대할 뿐이지 절대로 근기(根機)를 살펴 설파하거나 해설하거나 하지 않는다는 바로 이 점이 우리 선불교의 근본 생명입니다.[5]

해인총림 방장이 된 후 몇 해 동안 상당법문을 한다고 이런저런 말들을 더러 해왔는데,[6] 오늘부터는 방침을 좀 고치려 합니다. 몇 해를 상당법문 식으로 설법했는데, 알아듣는지 못 알아듣는지 이익이 있는지 없는지 모르겠어요. 주변에서 "근본법은 아니지만 대중 귀에 좀 담기는 법문을 해주셨으면 어떻겠나?" 하는 말을 많이 듣기도 했습니다. 그런 말을 종종 들어도 그렇게 할 수는 없다고 늘 얘기해 왔는데, 퇴설삼승(退說三乘)[7]하는 마음으로 오늘부터는 『임제록(臨濟錄)』을 가지고 평석(評釋)을 하려고 합니다.

그렇다고 임제스님 법문의 골수를 설파한다든가 해설한다든가 이러지는 않을 것입니다. 임제스님이 어떠한 법문을 했다는 소개는 될지언정, 실지로 스스로가 확철히 깨쳐야만 알 수 있지 그냥 말만 들어서는 모르는 것입니다. 임제스님이 이런 법문을 하시고 저런 법문을 하셨다는 것을 소개할 생각입니다. 건강만 좋으면 대엿

---

5 이 부분까지의 성철스님 설법의 취지는 『大慧語錄』 권30 「答鼓山逮長老」 T.47 p.943a4-19 참조.
6 1967년부터 1973년 동안거까지 한 상당법문을 말씀하신 듯하다. 이 『임제록』 강설은 1974년 하안거 때 보름마다 대적광전에서 결제대중에게 한 말씀으로시 1975년 하안거 후에는 임세독 상설을 하지 않으셨다.
7 중생의 근기가 너무 하열함을 탄식하시고 부처님께서 부득이 삼승의 방편을 취하여 성문·연각·보살의 법문을 차례로 말씀하신 일을 말한다.

새 간격으로 자주 하겠지만 건강이 좋지 않아 그렇게는 못합니다. 건강만 좋으면 뭐, 날마다 하겠어요. 하지만 건강이 허락지 않으니, 보름마다의 상당법문 시간에 『임제록』을 평석하려고 합니다.

02

임제스님과 『임제록』

　임제스님이 언제 출생하여 몇 세에 돌아가셨는지는 확실히 알 수 없지만 돌아가신 연대는 분명하니, 서기로 867년에 돌아가셨어요. 그러니까 지금으로부터 1,100년이 넘었어요. 임제스님이 살던 시대가 중국 불교사에서 보면 어떤 상황이었나를 먼저 살펴보겠습니다.

　후한(後漢) 명제(明帝) 영평(永平) 10년에 불교가 중국에 처음 들어왔는데 그때가 서기 67년입니다.[8] 그러니 임제스님이 돌아가신 해와 딱 800년 차이입니다. 불법이 중국에 들어오고 500여 년 동안은 인도에서 부처님 경전을 가져와 번역을 주로 하던 시대입니

8　중국에 불교가 전래된 시기에 대해서는 이설(異說)이 있으나 '명제가 장육(丈六) 신장의 금인(金人) 꿈을 꾸고 나서 이것이 부처임을 알고는 서역으로 사신을 보내 불성을 가시고 오게 하셨다'는 『후한서(後漢書)』 「서역전(西域傳)」의 기사에 따라 이 시기로 보는 설을 따르신 것으로 보인다. 『歷代三寶紀』 권4 T.49 p.49b ; 『續高僧傳』 권8 T.50 p.485b 등 참조.

다. 이 번역의 시대를 거치면서 불교는 중국에 정착하게 됩니다.

불교가 중국에 전래된 지 약 500여 년부터 임제스님 때까지 약 300년 동안은 교학 불교가 크게 흥성했습니다. 그 대표적인 종파를 보면 첫째는 천태지자(天台智者) 대사의 천태종, 둘째는 현장(玄奘) 법사의 법상종, 셋째는 현수(賢首) 법사의 화엄종, 넷째는 불공(不空) 삼장의 밀종, 다섯째는 남산[도선(道宣)]의 율종 등 교가(敎家)로서는 그 다섯 종(宗)이 천하에 흥성했고, 선종(禪宗)은 달마대사가 전한 이래로 육조혜능 대사 이후 마조(709?~788) 시대에 이르러 크게 흥성하기 시작했습니다. 수(隋)나라 천태지자 대사로부터 시작해 당(唐)나라 중엽까지 교가의 위의 다섯 종파와 선종을 포함한 여섯 종이 흥성했습니다.

그러나 성당(盛唐) 현종(玄宗, 재위 712~755) 말기에 일어난 안사(安史)의 반란(755~763)을 계기로 종래의 귀족사회가 붕괴되기 시작하자 상층 귀족은 기존의 지배력을 잃고 새로운 사회의 실권은 토착 지방 관리들의 손으로 넘어갑니다. 임제스님이 태어난 때는 대략 9세기 초엽으로, 당나라의 명운이 다해가던 시기에 해당합니다. 환관들이 저지른 정권 농단과 파벌항쟁으로 내정의 황폐가 극에 달해 조정의 명령은 지방에까지 미치지 못하고 번진(藩鎭)이라 불리는 지방 군벌의 독재정권이 대두해 서로 패권을 다투었습니다. 하극상적인 권력투쟁이 되풀이되었고, 농민과 병사의 반란이 거의 해마다 일어났습니다. 임제스님의 포교지였던 하북(河北)도 하북삼진(河北三鎭: 范陽·成德·天雄)의 번진 가운데 하나로 임제스님은 성덕진이라는 곳에서 머물게 됩니다.

후에 임제장군(臨濟將軍)[9]이라고 평해질 만큼 역동적이고 시원시원한 임제의 선풍(禪風)은 하북의 번진인 신흥 무인사회 통치자들이 주요 설법 대상으로 등장하고 있는 점과 무관하지 않습니다. 낡은 전통의 권위를 부정하고 새로운 통치자로서 자기 권위를 확립하는 동시에 중앙정부와는 별개의 새로운 문화 형성을 필요로 하였던 무인집단들을 대상으로 설법해야 하는 시기였습니다. 그리고 임제스님은 후에 보는 것과 같이 인간을 향한 대긍정과 자유의 교의를 체득하여 기막히게 훌륭한 법문을 펼쳤는데 그 지방 사람들이 알아듣기 쉬운 토속적인 언어로 사용했습니다. 중국 조사들의 말씀 외에 『법화경』, 『유마경』, 『화엄합론』, 『법원의림장』 등의 경전과 논서도 임제스님이 자주 인용하신 것으로 보아 경·논에도 조예가 깊었음을 알 수 있습니다.

임제스님이 황벽스님 문하에 찾아간 때를 25, 26세 무렵이라고 추측할 때, 하북의 진주로 돌아간 시기는 당 무종(武宗) 회창(會昌)

---

9   법안(法眼) 선사의 『종문십규론(宗門十規論)』(X.63 p.37c)에 임제종을 평하여 "호환위기(互換爲機)"라 한 말이 보인다. 상대가 서로 번갈아가며 선기(禪機)를 활발하게 주고받는 작용을 임제종의 특징으로 포착한 평이다. 임제스님이 손님과 주인의 위치를 빈갈아들며 살활사새하게 펄치는 선기가 마치 전쟁터에서 시의에 맞게 전략 전술을 펼치는 장군과 같다 하여 이에 비유하여 '임제장군'이라 한 것이다.

연간(841~846)의 불법사태(佛法沙汰)¹⁰가 지난 대중(大中) 7년(853) 이전으로 임제스님의 나이 30세 후반 즈음이었을 것으로 짐작됩니다. 원화(元和) 연간(808~820)에 출생하여 50여 세의 비교적 짧은 생애를 살다 867년에 열반에 드셨다고 하겠습니다.

중화제국이 불국세계라고 할 만큼 흥성했다고 할 수 있는데 당 무종 황제의 회창 연간(841~846)에 불법사태를 만났습니다. 천하의 절들이 다 파괴되고 비구·비구니 스님들이 모두 강제로 환속되었으며, 청동으로 만든 불상과 불구들도 훼손되어 농기구 등으로 변했고, 경전은 전부 불태워졌습니다. 불법이 여지없이 망하게 되어버린 차에 무종이 죽고 삼촌인 대중천자(大中天子), 즉 선종(宣宗, 재위 846~859)이 즉위해 불법을 다시 크게 일으킵니다.

선종(宣宗)과 관련해서는 그 당시 역사를 좀 알아야 합니다. 헌종(憲宗, 재위 805~820)에게 두 아들이 있었는데, 목종(穆宗, 재위 820~824) 이항(李恆)과 대중천자 선종 이침(李忱)입니다. 목종은 장경(長慶) 4년에 붕어하고 슬하에 아들 셋을 두었는데 경종(敬宗, 재위 824~826), 문종(文宗, 재위 826~840), 무종(武宗, 재위 840~846)이 그들입니다. 경종은 부친의 제위를 계승한 지 2년 만에 역모에 의하

---

10 불법사태(佛法沙汰): 중국에서 일어난 대표적인 법난(法難)으로 삼무일종(三武一宗)의 법난을 꼽는다. 북위(北魏) 태무제(太武帝) 때의 '위무(魏武) 법난', 북주(北周) 무제(武帝) 때의 '주무(周武) 법난', 당나라 무종(武宗) 때의 '회창(會昌) 법난', 오대(五代)의 후주(後周) 세종(世宗) 때의 '후주(後周) 법난'이 그것이다.

여 제위를 빼앗겼고, 이어 문종이 제위를 계승한 지 14년 후에 무종이 즉위하였는데, 무종은 삼촌 이침을 극도로 미워했습니다.

그러던 어느 날 무종은 지난 날 이침(李忱)이 장난삼아 용상에 올라간 일에 원한을 품고 그를 때려 후원에 내다 버리고 더러운 똥오줌을 끼얹어 죽이려 했습니다. 주위의 도움을 받아 극적으로 살아난 이침은 남모르게 황궁을 빠져 나옵니다. 향엄지한(香嚴智閑, ?~898) 선사의 회상에 들어가 머리를 깎고 사미가 되었으나 구족계를 받지는 않았습니다. 뒤에 염관제안(鹽官齊安, 750?~842) 선사의 회상에서 서기 소임을 보게 되었는데, 당시 황벽희운(黃檗希運) 스님이 그곳의 수좌로 있었습니다. 훗날 대중천자가 되는 이침이 사미 신분으로 서기를 보다 황벽스님에게서 뺨을 세 차례나 맞는 일이 이때 벌어집니다.[11]

---

11 "황벽스님이 염관스님 회하에 있을 때, 후에 천자가 되는 대중(大中)은 사미로 있었다. 황벽스님이 불전에서 예불하자 대중 사미가 물었다. '부처에 집착하지 않고 구하고, 법에 집착하지 않고 구하며, 승중에 집착하지 않고 구하라 하였는데 장로께서 예배하심은 무엇을 구하고자 해서입니까?' '부처에 집착하지 않고 구하고, 법에 집착하지 않고 구하며, 승중에 집착하지 않고 구하며 항상 이와 같이 예배할 뿐이니라.' '예배는 해서 무엇 하려고요?' 이에 황벽이 사미의 뺨을 때리자 사미가 말했다. '너무 거치시군요.' 황벽은 '이 행위에 무슨 뜻이 있다고 거칠다느니 세밀하다느니 하느냐?'라 하고는 뒤이어 다시 뺨을 때렸고 사미는 곧장 달아나버렸다."(『宛陵錄』古尊宿語錄3 X.68 p.19b, 師在鹽官會裏, 大中帝爲沙彌. 師於佛殿上禮佛, 沙彌云, '不著佛求, 不著法求, 不著眾求, 長老禮拜, 當何所求?' 師云, '不著佛求, 不著法求, 不著眾求, 常禮如是事.' 沙彌云, '用禮何爲?' 師便掌. 沙彌云, '太麤生.' 師云, '者裏是什麼所在, 說麤說細?' 隨後又掌, 沙彌便走.);『碧巖錄』11칙 T.48 p.152b17-c11 참조.

이침(李忱)은 그렇게 사미로 절에서 살다 조카인 무종이 죽자 대궐로 복귀해 천자의 자리에 오릅니다. 소위 대중천자(大中天子)인데, 천자가 된 후에 원력을 세우고 불법을 복구하려고 노력했어요. 그렇게 힘을 기울이기는 했지만 원체 타격이 컸던 만큼 불교가 전처럼 완전히 복구되지는 못했습니다. 천태·법상·화엄·밀종·율종 등 다섯 교종은 다시는 그전과 같은 성황을 이루지 못하고 거의 괴멸되어 버렸습니다. 오직 선종만은 갑자기 전보다 훨씬 더 흥성하게 되었습니다.

위앙종(潙仰宗)이 제일 먼저 생기고 얼마 안 가 임제종(臨濟宗)이 생기고, 이어 조동종(曹洞宗), 운문종(雲門宗), 법안종(法眼宗)이 생겼습니다. 소위 선종오가(禪宗五家)라 하는 것인데, 교가는 무종의 폐불 이후로는 그전 같은 찬란함을 볼 수 없게 된 반면 선종만은 더 흥성해 온 천하가 선종 일색으로 되어갔습니다.

선종(禪宗)은 당나라 말기, 만당(晩唐) 시대부터 오대십국을 거치며 5가가 천하를 풍미하였습니다. 위앙종은 얼마 못 가서 법맥이 끊어지고, 법안종은 북송 초에, 운문종은 한참 내려오다가 북송 말에 끊어져 조동종과 임제종 두 종파만 남게 되었습니다. 그렇다면 조동종과 임제종의 상황은 어떠했느냐? 조동종은 교세가 미미한 채로 법맥만 근근이 이어 내려오는 형국으로, 종풍을 크게 떨치지는 못했습니다. 오직 임제종만이 성했는데, 그 시대의 한국이나 일본의 큰스님들이 중국에 가 보고는 "다른 종은 다 없어지고 임제종 하나만이 천하에 풍미하고 있다."고 입을 모아 평했습니다. 결국 선종이 천하를 풍미하는 가운데 오직 임제종이 실질적으로 천하의 제일인 상황이었습니다.

이는 선종사를 아는 사람은 상식적으로 다 하는 말인데, 어째서 다른 종은 얼마 안 가 다 끊어져버리고 조동종은 있다고 해도 미미하고, 임제종 하나만이 그대로 융성해서 송나라, 원나라, 명나라, 청나라에 이르기까지 참으로 임제종 일색으로 풍미하게 되었는가 말입니다. 어째서 그러냐 하면 임제스님 종풍이 누가 보든지 도저히 어느 종파든 따라갈 수 없는 독특한 종풍을 가지고 있는 동시에 도인이 나도 천하에 제일등 대종사들이 나지 시시한 종사는 나지 않았기 때문입니다.

임제스님 위로 보아도 마조, 백장, 황벽스님과 같이 천하 일등 대종사들이 계계승승(繼繼承承)해 임제스님에게 법이 전해진 것입니다. 그렇게 대종사들이 끊이지 않고 법을 이어 대대로 내려왔으니 그 종파가 성장해가는 것은 당연한 일 아니겠습니까? 그냥 어찌하다 보니 임제종이 성한 것이 아니고 종풍이 근본적으로 천하를 지배하고 불교 생명을 이어나갈 만한 실질적인 특징을 지니고 있었던 것입니다. 나만 이렇게 말하는 것이 아니라 천하가 다 공인하는 사실입니다.

그리고 『임제록』은 우리 불교에서만 권위가 있는 것이 아니라 전 세계적으로 보더라도 사대귀서(四大貴書)에 들어갑니다. 좋은 책

중에 가장 좋은 책 네 종을 꼽았는데 그중에 하나가 『임제록』입니다. 어느 종교가나 철학자가 보든지 간에 『임제록』은 세계적으로 권위가 높은 어록입니다. 그러니 임제종이든지 조동종이든지 무슨 종에 속하든지 간에 우리 선가(禪家)에 있는 사람이라면 상식적으로 『임제록』쯤은 알아야 합니다. 아직까지 우리나라에서 『임제록』이 널리 보급이 잘 안 돼 있는 것 같습니다.[12] 그래서 내가 『임제록』을 좀 설명해볼까 하는 생각을 가지고 이렇게 나섰습니다.

---

12 성철스님이 『임제록』을 평석하시던 1970년대 중반기의 상황을 말한 것이다.

03

선(禪)과 교(敎)

선(禪)이나 교(敎)나 회창 연간에 무종의 폐불 사태(沙汰)로 불법이 전면적으로 타격을 받은 와중에 교종의 다른 종파는 다시 재기하지 못하고 왜 선종만이 그전보다도 더 융성하게 성황을 이루었는가? 반드시 그 이유가 있을 것 아닙니까? 이유가 있습니다. 어떤 이유가 있는지 원인을 캐보면 저 부처님 당시까지 올라가야 됩니다.

"선시불심(禪是佛心)이요 교시불어(敎是佛語)라."[13] 선(禪)은 부처님의 마음을 그대로 전한 것이고 교(敎)는 부처님의 말씀을 전하는

---

13 『禪家龜鑑』 H.7 p.635b. 서산대사 청허휴정(淸虛休靜)은 『선교결(禪敎訣)』에서도 "선은 부처님의 마음이요, 교는 부처님의 말씀이다. 교란 말 있음으로부터 말 없음에 이르는 것이며, 선이란 말 없음에서 말 없음에 이르는 것이다."(『禪敎訣』 H.7 p.657b, 禪是佛心, 敎是佛語也. 敎也者, 目有言, 至於無言者也; 禪也者, 自無言, 至於無言者也.)라 하였다. 『치문경훈(緇門警訓)』 권7(T.48 p.1080b)에는 "經是佛言, 禪是佛心."과 같이 되어 있기도 하다.

것이다."라고 서산대사가 말씀하셨습니다. 경(經)은 부처님 말씀을 기록해 놓은 것이고 선(禪)은 부처님 속에 든 마음을 전한 것이니 그것은 깊고 알기 어렵습니다.

예를 들어 말하자면 그 말씀을 전하는 것은 밥 얘기를 하는 것이고, 마음을 전하는 것은 직접 밥을 먹는 것과 같다고 하겠습니다. 육조스님도 늘 그렇게 말씀하셨습니다. "설식종불포(說食終不飽), 밥 얘기만 천날만날 해봐야 끝내 배부를 리 없다."[14]고 말입니다. 밥 얘기만 하지 말고 밥을 직접 먹어라, 부처님 말씀도 결국 직접 밥을 먹어야 배가 부르듯이 스스로가 바로 깨쳐야 합니다. 밥 얘기를 하지 말라는 말이 아닙니다. 경(經)만 전공하다 보면 거기에만 정신이 팔려 가지고 실제 밥 먹는 것을 등한시하는 경향이 많아요. 그렇게 되면 밥 얘기 천날만날 해도 배가 부르지 않는 격이지만, 경(經) 한 장도 못 보았어도 밥 한 숟가락 직접 떠먹는 것이 실질적으로 이익이 있듯이, 경을 한 장도 못 보았더라도 스스로 깨쳐야만 합니다.

선과 교는 그렇게 커다란 차이가 있습니다. 선은 교외별전(敎外別

---

14 "세상 사람들 종일토록 입으로만 반야를 외울 뿐, 자성에 갖추어진 반야는 알지 못하니, 마치 아무리 밥에 대해 말해보았자 배가 부를 리 없는 이치와 같구나. 입으로만 그저 공(空)을 말할 뿐, 만겁토록 견성하지 못한다면 끝내 아무런 이익이 없으리라."(『壇經』 T.48 p.350a, 世人終日口念般若, 不識自性般若, 猶如說食不飽. 口但說空, 萬劫不得見性, 終無有益.) ; "몸에 옷을 걸쳐 입어야 비로소 추위 면하듯, 입으로 먹을 것 얘기해봐야 배부를 리 없네."(『大慧語錄』 권10 T.47 p.851a, 身上著衣方免寒, 口邊說食終不飽.)

傳)으로 부처님 말씀을 담은 교 밖에 별도로 부처님 마음을 전한 것입니다. 그렇다면 교외별전이라는 것은 불교가 전해지는 중간에 만들어진 것인가, 아니면 부처님 당시에도 그런 사실이 있었나 하는 점을 우리가 한 번 살펴 볼 필요가 있습니다.

결론적으로 말하면, 부처님이 돌아가시고 난 다음 첫 결집(結集) 과정에서 이것이 완전히 드러났습니다. 부처님이 돌아가신 후 상수제자인 가섭존자가 대중을 모아놓고 "부처님께서 돌아가셨는데 부처님 법문을 결집해야 되지 않겠습니까?" 하고 의논하였으니, 이것이 소위 칠엽굴(七葉窟) 첫 결집입니다. "우리가 여러 곳에서 부처님 법문을 많이 들었는데 한두 사람이 구술해서 될 일이 아니고 서로서로 기억을 더듬어 부처님 말씀을 완전히 송출(誦出)해 내어 합송하기로 합시다." 하여 후대에 전하기로 약속이 됐습니다.

그 대중 가운데 부처님 법문을 가장 많이 기억하는 사람이 누구냐 하면 아난존자(阿難尊者)라고 모든 대중들이 생각했습니다. 부처님 십대제자 중에 아난존자가 다문제일(多聞第一) 아닙니까? 아난존자의 기억력이라는 것은 녹음기 이상으로, 녹음기는 기계라서 혹 고장이라도 날 수 있지만 아난존자 기억은 고장도 안 나요. 한 그릇의 물을 이쪽 그릇에서 저쪽 그릇으로 전하는 것[瀉瓶]과 마찬가지로 한 방울도 떨어뜨리지 않고 그대로 전할 정도라 말입니다. 아난존자는 한 번 들으면 절대 잊어버리지 않고 다 기억했습니다. 부처님 시자를 삼십여 년 동안 했고 부처님 법회에 참석하지 않은 적이 없어요. 아난존자가 출가하기 이전의 법문은 그 법문을 들었던 스님들에게서 전해 들어, 출가하기 전의 법문까지 모두 기억하고 있었습니다. 그러니 아난존자를 빼고는 부처님 법문을 수집할 수 없는 그런 형편이었습니다. 대중 스님들은 아난이 있으니까 부처님 법문을 하나도 누락됨 없이 잘 수집하게 되리라고 온 기대를 아난한테 걸고 있었습니다.

그런 기대를 걸고 있었는데 가섭존자가 대중에게 말합니다. "우리는 부처님 법문을 수집해야 한다. 여기는 전부 사자가 모인 사자굴인데 여우 새끼가 한 마리가 있구나. 여우 새끼는 사자굴에 들어오지 못하니, 여우 새끼 저놈을 쫓아내라."고 하였습니다. 대중이 모두들 누구를 여우 새끼라 하는지, 누구를 쫓아내라 하는지 몰라 가섭존자에게 물으니, "아난, 저놈을 쫓아내라."는 것입니다. 대중의 기억을 다 모아도 아난 한 사람의 기억을 못 당해내는 상황입니다. 그래서 대중들이 "아난이 없으면 부처님 법문 결집을 제대로 못할 터인데, 어쩌려고 아난을 쫓아내라 합니까?" 하고 아우성이어도, 가섭존자는 "아니야, 아난은 앵무새처럼 입만 가지고 있지, 생명이 없는 말은 소용이 없어. 쫓아내 자기가 공부를 해 깨치고 오면 함께 할 수 있지만, 결집을 못하면 못했지 아난은 절대로 결집에 참석할 수 없다."며 기어이 아난을 쫓아내 버렸습니다.

아난은 "부처님은 돌아가셨고, 내가 부처님 법문을 제일 많이 기억하고 있으니 이제 봐라, 법상에 앉아서 한번 잘해보리라." 생각하고 있다가 이런 날벼락이 또 어디 있겠습니까?

아난존자에게는 이런 일도 있었습니다. 부처님이 돌아가실 때의 일입니다. "제가 부처님 시봉을 삼십여 년 동안 해서 부처님 말씀은 잘 기억하는데 부처님 법을 깨치지는 못했으니 이 일을 어찌해야 되겠습니까?" 하고 울면서 부처님께 여쭈었습니다. 부처님은 "내가 대법을 가섭에게 전했으니, 내가 죽고 난 뒤에 가섭을 의지해서 대법을 성취하라."고 하시면서 부촉인 동시에 유언을 남기셨습니다. 아난은 그 말을 가섭에게 전하며 "내가 사형을 의지해서 법을 성취하려고 결심했고, 부처님이 유촉까지 하셨는데 사형이 나를 쫓아내면 내가 누구를 의지해서 대법을 성취하라는 말씀입니까?" 하면서 남아 있기를 사정했습니다.

하지만 가섭존자는 노발대발하며 "너는 개소야간(疥瘙野干)이야." 바짝 마르고 옴 오른 병신 여우 새끼라고 욕설을 퍼부었습니다. 성한 여우도 아닌, 아주 바짝 마른데다 옴까지 오른 여우 새끼가 어디 사자굴에 어른거리느냐, 그러니 두말 말고 나가라며 소리를 지르고 멱살을 거머쥐고 문밖으로 쫓아내면서 문을 닫아버렸습니다.

결국 아난은 결집에 참석하지 못하고 쫓겨나서 비사리성(毘舍離城)으로 가서 용맹정진하여 확철히 깨쳤습니다. 그래서 다시 가섭존자를 찾아갔습니다. 그때서야 가섭존자가 인가를 했어요. 인가하면서 "네가 이만하면 부처님 법을 바로 알았으니 실제로 부처님 법문을 결집하는 자리에서 대변할 수 있는 자격을 구비했다." 하고는, 대중에게 좋은 소식을 전함과 동시에 아난을 중심으로 부처님 법문을 결집하게 된 것입니다. 그것이 1차 결집 상황입니다.

경전 맨 앞에 아난이 "여시아문(如是我聞), 나는 이렇게 들었다." 라고 하면서 부처님 말씀을 막힘없이 구술합니다. 그리고 대가섭존자가 대중들에게 "여기 아난이 구술해 전한 내용 중에 잘못된 것이나 혹 빠진 것이 있느냐?"고 물어, 대중들이 들어보고 "한마디도 잘못된 것이나 빠진 것이 없다."고 하면 만장일치가 되어, 그대로 암송하고 합송으로 전해 뒷날 팔만대장경이 되었습니다.[15]

교(敎)에 있어서만큼은 팔만대장경을 다 머릿속에 넣어놓고 있던 아난존자도 실지로 깨치기 전에는 개소야간, 아주 바짝 마르고 옴 오른 여우 새끼라는 낙인 패를 달고 쫓겨나지 않으려야 않을 수 없었습니다. 이것이 바로 불교의 근본 생명입니다. 불법은 실제 근본 마음을 전하는 데에 생명이 있는 것입니다. 말은 마음을 전하는 방편에 불과합니다. 불법의 근본은 달을 보는 데 있는데 교(敎)는 달을 가리키는 손가락과 같다고 부처님께서 늘 말씀하셨습

---

15 결집과 관련된 아난과 가섭 사이의 일화는 『大智度論』 권2 「序品」 如是我聞釋論 T.25 pp.66a21-70b11 ; 『摩訶僧祇律』 권32 T.22 p.491a19-b21 ; 성철스님 『禪門正路評釋』 pp.235-245 참조.

니다. 누구든 달을 봐야지 손가락만 보면 바보입니다. 손가락은 달을 보라는 방편이지 손가락을 보란 말이 아닙니다. 교외별전인 선(禪)은 실지로 달을 보는 것이고, 교(敎), 즉 부처님 말씀은 손가락이라는 말입니다. 이는 내 말이 아니라 부처님이 늘 그런 말씀을 하셨어요. 지월지지(指月之指), 달을 가리키는 손가락, 그 손가락만 천날만날 본들 정작 달은 보지 못합니다.

아난존자는 부처님 말씀을 소상하게 다 기억하고 있었지만 실제로 달을 보지는 못했습니다. 손가락만 본 사람에게 무슨 생명이 있겠어요? 그러니 안 쫓겨나려야 안 쫓겨날 수 없었단 말입니다. 아난존자가 부처님 십대제자 중 다문제일이지만 법을 전하는 데는 가섭존자 다음에 제2조라, 가섭존자의 제자입니다. 요새 말로 하면 은사는 부처님이고 실제 법은 가섭한테 받았습니다. 부처님한테서 깨치지 못하고, 법을 전해 받지 못했으니까 부처님의 법제자는 아니라는 말입니다. 가섭존자한테서 욕을 먹고 쫓겨나 나중에 깨쳐 부처님 근본법을 이었으나 실제 누구 제자냐 하면 가섭존자의 제자입니다.

불법은 깨치는 데에 있지, 언어문자에 있지 않다는 이것을 분명히 알아야 합니다. 팔만대장경 경판을 모셔 놓고 있는 해인사 법당에 앉아서 왜 교를, 경을 이렇게 천대하느냐고 혹시 대중들은 생각할지 모르지만, 경을 실지로 바로 알려면 이렇게 말을 하지 않으려야 않을 수가 없습니다. 천경만록(千經萬錄) 전체가 다 마음자리를 바로 보라[16] 이 말이지, 글자만 보고 뒷짐 지라는 말은 절대 아닙니다. 부처님께서 그런 말씀을 하신 적이 없습니다.

『능엄경』 같은 데서도 부처님이 아난존자를 꾸짖으며 늘 하신 말씀이 이런 내용이거든요. "저 과거 무수불이 출세해서 무수한 법문을 설했는데 그 많은 법문을 네가 미래겁이 다하도록 기억해 외운다 해도 잠깐 하루 동안 무루업을 닦는 것, 선정을 닦는 것, 참선하는 것만 못하다."[17]고 하셨습니다.

조금 전에도 내가 인용했지만 "선시불심(禪是佛心)이요 교시불어(敎是佛語)라, 선은 부처님 마음자리를 그대로 전한 것이고, 교는 부

---

16 "곧바로 본성을 깨치는 것을 선이라 하니, 본성을 깨치지 못한다면 선이 아니다. 가령 천경만론을 강설할 수 있다 해도 본성을 깨치지 못하였다면 범부일 뿐이지 부처의 법은 아닌 것이다. … 본성을 깨친다면 십이부경이 모두 한낱 쓸데없는 문자일 뿐이리라. 천경만론은 오직 마음을 밝힌 것일 뿐이니 말을 듣는 즉시 깨닫기만 한다면 교법이 무슨 소용이 있겠는가?"(『少室六門』「第六門 血脈論』 T.48 p.375a, 直見本性, 名之爲禪, 若不見本性, 卽非禪也. 假使說得千經萬論, 若不見本性, 只是凡夫, 非是佛法. … 若見本性, 十二部經, 總是閑文字. 千經萬論, 只是明心, 言下契會, 敎將何用?) ; "사량분별을 완전히 여의면 지혜가 법성과 동일하리니, 천경만론이란 다만 마음을 밝힌 것일 뿐이다."(『景德傳燈錄』 권28 「荷澤神會傳」 T.51 p.439c, 遠離思量, 智同法性. 千經萬論, 只是明心.)

17 "비록 시방여래의 십이부경에 담긴 항하의 모래처럼 수많은 청정하고 오묘한 이치를 되풀이해 기억하여 지니고 있을지라도 그저 희론만 더할 뿐이니라. … 그러므로 아난아, 네가 비록 억겁토록 여래의 비밀하고 오묘하며 빈틈없는 법을 기억하여 지니더라도 하루 동안 무루업을 닦아 세간의 미움과 사랑이라는 두 고통에서 완전히 벗어남만 못하니라."(『首楞嚴經』 권4 T.19 p.121c, 雖復憶持十方如來, 十二部經, 淸淨妙理, 如恒河沙, 祇益戲論. … 是故阿難, 汝雖歷劫憶持如來祕密妙嚴, 不如一日修無漏業, 遠離世間憎愛二苦.)

처님 말씀을 전한 것"이라는 서산대사의 그 '말씀'이라 함은 부처님 마음자리를 바로 보라고 하는, 달을 가리키는 손가락입니다. 누구든지 그 뜻을 알 것 같으면 어쨌든 달을 봐야 합니다. 손가락만 본 사람은 일평생 헛일한 사람일 뿐이요, 밥 얘기 천날만날 해봤자 배만 더 고프니 실제로 밥을 떠먹어야지 밥 얘기만 해서는 아무런 소용이 없습니다.

그것이 선과 교의 근본적인 차이입니다. 교외별전, 교 밖에 따로 전한 것, 가섭이 아난한테 전하고 아난이 상나화수(商那和修)에게 전하여 저 달마스님에까지 28대로 전해 내려와 육조스님께 전해지고, 육조스님 이후 후대에 법이 전해져 무종의 회창 사태 이후에는 선종 5종이 천하에 퍼져 불교 생명선이 이어져 내려왔습니다.

선은 실제로 밥 먹는 것이요 실제로 달을 보는 것이고, 우리 불교 근본 생명을 그대로 살리는 부처님 법입니다. 그렇기 때문에 이것은 없어지려야 없어질 수도 없고 흥성하지 않으려야 않을 수가 없습니다. 회창사태 이후 교는 자연히 쇠퇴하고 선은 그대로 융성해 나갔습니다. 그중에서도 특히 임제종 하나만 더 융성한 까닭은 임제스님 법문이 실제로 사람을 제접(提接)하는 데 다른 종파에 비해 독특한 점이 있었기 때문입니다. 그래서 선이라 하면 임제스님을 대표적으로 떠올리고 선종이라 하면 임제종을 빼놓을 수 없게 된 것입니다.

임제스님의 법문을 기록해 놓은 책이 『임제록』입니다. 이 책은 선종에서만 권위를 갖는 것이 아니라, 교가에서도 참 수승한 좋은 법문인 동시에 세계적으로도 어느 종교, 어느 철학서와 비교해도 뛰어납니다. 세계 4대 귀서(貴書)로 으뜸가는 유명한 법문입니다. 아무것도 잘 알지 못하는 내가 이런 참 좋은 법문을 소개한다는 것이 너무나 외람된 일이지만 임제스님의 거짓말은 좀 들어야겠다고 기어이 법상에 앉히니, 거짓말을 안 하려야 안 할 수 없습니다. 내가 거짓말을 한다는 전제하에 이제 내 생각대로 앞으로 『임제록』을 설해볼까 생각합니다.[18]

---

18 무엇에도 집착해서는 안 된다는 성철스님의 생각을 읽을 수 있는 대목이다. 말 그대로 거짓을 말해 대중을 속이겠다는 말씀이 아니다. 선사들은 간과 쓸개, 즉 간담(肝膽)을 다 드러내어 숨김없이 가리켜 보인다. 명백하게 가리켜 보여주었음에도 듣는 이들이 그 말에 무언가 확정적이고 가치 있는 뜻이 있다고 집착하는 것일 뿐이다. 확정적인 답을 주었다면 그것이 거짓일 뿐이다. 성철스님이 임종게에서 "일생 동안 남녀의 무리를 속여서"라고 하신 뜻도 이러한 맥락에서 이해해야 한다. 이에 대해서는 김영욱, 「퇴옹의 간화선」, pp.128~130(조성택 편, 『퇴옹성철의 깨달음과 수행』, 예문서원, 2006) 참조.

04

모든 법문은 독약

만곡영주신수나   각인일립옹탄사
萬斛盈舟信手拏   **却因一粒甕吞蛇**
염제백전구공안   살각시인기안사
拈提百轉舊公案   **撒却時人幾眼沙**[19]

만 섬 곡식 배에 가득 실어 마음대로 집게 두었는데,
오히려 한 톨 쌀알 때문에 뱀이 독 안에 갇혔구나.
옛 공안 일백여 개를 설명해 들려주었으니,
사람들 눈에 얼마나 많은 모래를 뿌린 것일까!

  이것은 원오극근(圜悟克勤, 1063~1135) 선사가 '종문제일(宗門第一)의 서(書)'로 평가되는 『벽암록』 제100칙의 마지막 끝에서 한 말씀입니다.
  '만 섬 곡식을 배에 가득 싣고', 여기서 곡식이란 우주 법계에 꽉

---

19 『碧巖錄』100칙 T.48 p.224b.

찬 보배를, 배는 우주 전체를 비유합니다. 우주 법계 전체에 꽉 찬 보배를 마음대로 자유자재로 쓰도록 하였건만 독 안의 쌀 한 톨 때문에 큰 뱀이 독에 빠져 죽는다, 아무것도 아닌 조그마한 일 때문에 자기 생명을 잃어버렸다는 말입니다.

'백 개의 옛 공안을 염고(拈古), 문제제기를 하고 평창(評唱), 비평했는데, 몇 사람의 눈에다 얼마나 많은 모래를 뿌렸는지 알지 못하겠구나.' 백 칙의 옛 공안을 가지고 『벽암록』을 지었는데, 그것은 무엇과 같으냐 하면 멀쩡한 눈에, 눈병이 전혀 없는 사람 눈에 모래를 한 주먹 집어넣은 것과 마찬가지라는 말입니다. 성한 사람의 눈에 모래를 집어넣으면 눈이 어찌 되겠습니까? 『벽암록』이라는 법문이 우리 종문에서 제일가는 법문이라 하지만 사실 알고 보면 사람 눈을 뜨게 하는 것이 아니라, 성한 눈을 도로 멀게 하는 법문이라는 것입니다. 무슨 말일까요? 사람 눈을 멀게 하는 법문일 것 같으면 왜 그런 법문을 했느냐, 사람 눈을 뜨게 하는 법문이어야 할 텐데 말입니다.

이것은 부득이해서 한 말입니다. 또, 다른 사람 눈만 멀게 하는 것이 아니라 원오스님 자기 자신이 우주 법계에 가득 찬 보배를 가지고 마음대로 자유자재로 쓰다가 그 『벽암록』이라는 조그맣고 아무 가치도 없는, 쌀 한 톨 때문에 죽은 뱀처럼, 자기 자신 역시 이 법문 때문에 생명을 잃어버렸다는 것입니다. 사실로 보면 눈 뜬 사람, 실제로 알고 보면 『벽암록』 같은 만고에 뛰어난 '종문제일서'

를 설하는 원오스님도, 그 법문 때문에 완전히 죽어버리고, 듣는 대중도 모두 눈이 멀어 앞이 캄캄한 봉사가 되어버렸다. 결국은 말한 사람도 죽고, 듣는 사람도 다 죽는다는 것입니다.

이 말이 『벽암록』에만 국한되느냐? 아닙니다. 일체 법문에 다 해당하는 말입니다. 앞에서 팔만대장경이 다 지월지지(指月之指), 달을 가리키는 손가락이라고 했는데, 누구든지 달을 봐야지 손가락을 보지 말라고 부처님이 늘 그렇게 말씀하셨습니다.

그러면 교를 떠나 따로 마음으로 전하였다는 선, 조사 스님들이 한 법문, 그것은 손가락이 아니라 실지 달이 아닌가 생각하는데, 그렇지 않습니다. 그 역시 법문을 말한 사람도 죽고 듣는 사람도 다 죽는 설비상(雪砒霜), 독입니다. 여기에서 참으로 출격장부(出格丈夫)가 되어서 살아남는 사람이 되어야 합니다.

그런데, 그처럼 사람 죽이는 설비상 같은 법문을 왜 스님은 해서 우리한테 먹이려고 하느냐? 사람 죽이는 독을 분명히 쓰긴 하지만 여기에서 여러분은 살아나야 합니다.

그럼 어떻게 살아날 수 있느냐? 결국은 어떤 스님이 어떤 법문을 했든지 간에 그 말을 따라가면 설비상이 되는 것이고 그 말에 다 죽습니다. 누구든지 간에 어떤 큰스님, 어떤 대조사의 법문이라도 말을 따라가면 결국은 다 죽고 마니 참으로 살려면 절대로 말을 따라가지 말고 말 밖에 있는 근본 뜻을 알아야 됩니다.

그래서 이전 조사 스님들 법문을 격외현지(格外玄旨), 격 밖에 깊은 참 뜻이 있다. 그 뜻은 말 밖에 있지 말 속에 들어있지 않다고 하는 것입니다. 조주스님도 늘 하신 말씀이 "내가 무슨 말을 하든지 간에 내 말 따라오지 말라. 말 따라오면 너희 전부 다 죽으니까 내 말 따라오지 말라."[20]고 했습니다. 이제 예전 큰스님들이 횡야설수야설(橫也說竪也說), 이런 말 저런 말 되는대로 하며 온갖 법문을 다 하셨지만, 근본목표는 어디에 있는가 하면 자기 말 따라오지 말고, 그 말 밖에 있는 뜻을 이해하는 사람을 보라고 말한 것입니다.

오늘부터 내가 『임제록』을 조금씩 얘기해 보고자 하는데 누구든지 임제스님이 하신 말씀, 이것을 실법(實法)인 줄 알고 임제스님 말만 따라가고 내 입만 따라오는 사람한테는 이것이 자기도 남도 전부 죽이는 설비상(雪砒霜)이 될 것입니다. 절대로 임제스님 말도 따라가지 말고 내 입도 따라오지 말고, 임제스님이 말씀한 그 뜻이 어디에 있는지, 내가 지금 얘기하는 뜻이 어디에 있는지, 저 삼천리 밖에 서서 말 밖의 뜻을 알아야 합니다. 나는 말을 따라오지 않는 사람을 바라고 말을 하는 것이지, 말을 따라와 말밑에서 고꾸라져 죽는 사람은 절대로 바라지 않습니다. 그러면 어떤 사람이 참으로 말을 따라오지 않을지, 살아남는 사람이 다만 한 명이라도 있게 될는지, 전체가 다 살게 될는지 나중에 두고 봅시다.

---

20 『趙州語錄』古尊宿語錄14 X.68 p.88a, "師云, '自作活計, 莫取老僧語.'"

2장 마방의 서문

01

『진주임제혜조선사어록(鎭州臨濟慧照禪師語錄)』
마방(馬防)의 서(序)에 붙이는 말

진주는 임제스님이 주석하시던 곳의 이름인데, 지금의 하북성(河北省) 서남쪽의 정정구(正定區)에 위치하고 있습니다. 하북성은 북경(北京)과 천진(天津)을 아우르는 지역입니다. 하북은 황하 북쪽이라는 말로서 북경과 천진이 모두 하북성에 있고 임제스님이 사시던 곳이 북경 근방 황하 유역의 정정구라는 곳입니다. 당나라 안사의 난(755~763) 이후 중당시기에는 군벌정권인 번진(藩鎭)이 할거했던 성덕군(成德軍) 지역이었습니다.

임제(臨濟)의 제(濟)는 물을 가리키니 강가에 임해 산다는 말입니다. 임제스님이 계시던 곳 부근에 호타하(滹沱河)라는 강이 있습니다.[1] 황하보다는 작지요. 호타하라는 강 옆에 임제원(臨濟院)이라는 절을 짓고 임제스님이 살고 계셨어요. 특별한 뜻이 있어서 임제

---

1 지금은 물이 말라 강이라 하기 힘듦.

라 한 것은 아니고 호타하라는 강 옆에 살았다는 말입니다. 혜조(慧照)는 임제스님이 돌아가시고 난 뒤에 당(唐)나라 17대 의종(懿宗, 재위 859~873)이 내린 시호(諡號)입니다.

이 서문은 '금자광록대부(金紫光祿大夫)'라는 벼슬을 가진 마방(馬防)²이라는 재상이 지은 것입니다. 그런데 역사서에 마방이라는 이름이 전해지지 않고 있습니다. 마방이 지은 서문은 『임제록』 전체의 요지를 4언(四言) 58구(五十八句)로써 간략하게 서술하고 있지만 매우 뜻이 깊은 글입니다. 지금까지 네 가지의 임제록 서문이 전해지고 있는데, 송대 사대부들의 어록으로써 『임제록』의 가치는 이 '마방의 서문'으로 결정되었다고 할 만큼 제일로 칭송받고 있습니다.

---

2   107쪽 참조.

02

『진주임제혜조선사어록』에 마방이 붙이는 말

●

연강전학사 금자광록대부 진정부로안무사 겸
봉마보군도총관 겸 지성덕군부사 마방 지음
延康殿學士 金紫光祿大夫 眞定府路安撫使 兼
馬步軍都總管 兼 知成德軍府事 馬防 撰

황벽산두 증조통방   대우늑하   방해축권
黃檗山頭에 曾遭痛棒하고, 大愚肋下에 方解築拳이로다.

요설노파 요상귀자   저풍전한   재날호수
饒舌老婆와 尿床鬼子여! 這風顚漢이 再捋虎鬚로다.

암곡 재송 후인표방   곽두 촉지 기피활매
巖谷에 栽松은 後人標榜이라 하네 钁頭로 斸地하니 幾被活埋로다.

긍개후생 맥구자괵 사분궤안   좌단설두
肯箇後生하야 驀口自摑하고 辭焚机案하고 坐斷舌頭라 하네.

불시하남 변귀하북
不是河南이면 便歸河北이로다.

원임고도 운제왕래   파정요진   벽립만인
院臨古渡에 運濟往來이니다 하고 把定要津하여 壁立萬仞이로다.

     탈인탈경   도주선타   삼요삼현   검추납자
奪人奪境하야 **陶鑄仙陀**하고, **三要三玄**으로 **鈐鎚衲子**로다.

     상재가사   불리도중   무위진인   면문출입
常在家舍하야 **不離途中**하니, **無位眞人**이여! **面門出入**이로다.

     양당 제할   빈주역연   조용동시   본무전후
兩堂이 **齊喝**에 **賓主歷然**이요, **照用同時**하고 **本無前後**로다.

     능화대상   허곡 전성   묘응무방   불류짐적
菱花對像하고 **虛谷**에 **傳聲**하니, **妙應無方**하고 **不留朕蹟**이로다.

     불의남매   여지대명   흥화사승   동당 영시
拂衣南邁하야 **戾止大名**하여 **興化師承**이라 **東堂**에 **迎侍**로다.

     동병철발   엄실두사   송로운한   광연자적
銅缾鐵鉢이요 **掩室杜詞**하니, **松老雲閑**에 **曠然自適**이로다.

     면벽미기   밀부장종   정법 수전   할려변멸
面壁未幾에 **密付將終**하심이여! **正法**을 **誰傳**고 **瞎驢邊滅**이로다.

     원각노연   금위유통   점검장래   고무차천
圓覺老演이 **今爲流通**하니, **點檢將來**관대 **故無差舛**이로다.

     유여일할   상요상량   구안선류   기무잠거
唯餘一喝하고는 **尙要商量**하니, **具眼禪流**는 **冀無賺擧**어다.

     선화경자중추일   근서
宣和庚子仲秋日에 **謹序**하노라.

1. 황벽산에서 (황벽스님으로부터) 일찍이 (임제스님은) 호되게 몽둥이를 맞고,
2. 대우스님 옆구리에 비로소 주먹질할 수 있었네.
3. 황벽스님의 간절한 노파심을 깨우쳐준 대우스님은 오줌싸개 못된 아이라고 임제스님을 나무리고,
4. "이 미친놈이 다시 와 범의 수염을 잡아당긴다."고 황벽스님이

고함치네.

5. 바위 골짜기에 소나무 심는 것은 뒷사람을 위한 본보기요,
6. 괭이로 땅을 파니 하마터면 황벽스님과 유나가 생매장 당할 뻔 했네.
7. 후배를 인정하다 황벽스님은 수좌의 타박에 돌연 자기 입을 쥐어박았네.
8. 임제스님은 황벽스님을 하직하며 책상을 불사르라 하고, 천하 노화상들의 혀를 끊으리니 황벽스님은 가져가라 하네.
9. 하남 아니면 하북으로 교화하러 가겠다고 임제스님이 말하고,
10. 옛 나루터 부근 임제원에서 오가는 사람들을 건네주며 제도하였네.
11. 요긴한 나루터를 단단히 지키고 앉았으니 만 길이나 깎아지른 절벽 같았도다.
12. 사람과 경계를 빼앗아 뛰어난 기봉의 선객들을 길러내고,
13. 삼요와 삼현으로 운수납자들을 단련시켰네.
14. 항상 집안에 있으면서 길 가운데를 떠나지도 않으니,
15. 무위진인이 바로 그대 얼굴로 드나드는구나.
16. 양당 수좌가 동시에 고함치자 주인과 손님이 분명히 구분되고,
17. 비춤[照]과 작용[用]을 함께 행하니 앞뒤가 본래 없도다.
18. 거울이 만상을 비추고, 빈 골짜기가 메아리를 잘 전하니,

19. 미묘하게 응대하여 법을 펼치니 모든 경계에 어떤 자취도 남기지 않도다.
20. 옷깃을 떨치며 남쪽으로 내려가 대명부에 이르니,
21. 흥화의 존장 스님이 법을 이어받고 임제스님을 동당에 모셨도다.
22. 가진 물건은 구리 물병과 철 발우뿐이요, 동당 문 걸어 닫고 입 다무니,
23. 늙은 소나무 한가로이 구름은 떠돌고 걸림 없이 유유자적하도다.
24. 홀로 벽을 보고 앉은 지 오래지 않아 은밀히 법 부촉하고 임종에 들려 하심이여,
25. 나의 정법을 누구에게 전할까, 눈먼 나귀에게서 없어지는구나!
26. 원각종연 노스님이 이제 『임제록』을 널리 유통시키니,
27. 내용을 자세히 점검해 보건대 참으로 틀림없도다.
28. 오직 한마디 할(喝)을 남기노니 오히려 헤아려 보아야 할지니라.
29. 바라노니 안목 갖춘 선객들은 부디 (임제스님의 가르침을) 잘못 말하지(전하지) 말지어다.

선화(宣和) 경자(庚子; 1120) 한가위에 삼가 쓰다.

1.
황벽산두   증조통방
黃檗山頭에 **曾遭痛棒**하고,

황벽산에서 (황벽스님으로부터) 일찍이 (임제스님은) 호되게 몽둥이를 맞고,

'황벽산에서 일찍이 호되게 두들겨 맞았다.' 황벽이라고 하는 약초가 많이 나는 산이라 해서 황벽산이라 하는데 복건성에 있습니다. 복건성은 황하를 건너고 양자강도 건너 남방에 있습니다. 임제스님 계신 데는 황하 북쪽 하북성이니 남과 북으로 멀리 떨어진 곳입니다.

임제스님이 무슨 일로 황벽산에서 두드려 맞았는가 하면 임제스님의 법사되는 황벽스님[3]이 그곳에 살고 계셨거든요. 스님의 법명이 희운(希運)인데, 황벽산에 계셨기에 황벽스님이라 불렀습니다. 당호도 아니고 이름도 아니고 황벽산에 사는 스님이라는 뜻입니다.

법통으로 보면 황벽스님은 달마에서 육조로 내려와 남악, 마조, 백장스님의 정안을 얻은 육조의 적손으로, 정법안장을 남김없이 전

---

3   황벽스님: 복건성(福建省) 복주(福州) 민현(閩縣) 출신. 황벽산에서 출가하였다. 백장산(百丈山) 회해(懷海)스님의 제자가 되어 그 현지(玄旨)를 얻었다. 배휴(裵休)가 스님의 법어를 집록(集錄)한 『전심법요(傳心法要)』가 있다. 대중(大中) 연간에 입적하였고, 시호는 단제선사(斷際禪師)이다.

해 받은 참으로 드문 대종사입니다. 황벽스님은 어디 누구한테 가서 무슨 공부를 하고, 뭔가를 배워서 깨치고 이러지도 않았습니다. 천성(天性)이 회성(會聖)이라. 즉, 생이지지(生而知之), 태어날 때부터 이미 아는 분이었다는 것입니다. 백장스님을 찾아가 법 거량하고 백장스님 법을 받기는 하였지만, 백장스님 밑에 가서 비로소 깨친 것이 아닙니다. 본래가 응화대성(應化大聖)[4]으로, 태어날 때부터 탁월했던 스님입니다.

또 이런 일화가 있어요. 황벽스님 당시에 대중천자(大中天子)라고, 이 대중천자가 바로 당나라 선종(宣宗)이에요. 이 선종을 황벽스님이 때렸어요. 아직 왕위에 오르기 전이라고는 하나, 천자가 될 사람을 때리기는 이 황벽스님 한 분밖에 없습니다.

다음은, 대중천자가 천자가 되기 전의 일로 염관제안 선사의 회상에서 사미로 서기 소임을 볼 때, 수좌이던 황벽스님과 법거량 하다가 세 번 두드려 맞은 일화입니다.

대중천자가 사미 시절에 하루는 예불하는 황벽 수좌 스님을 보고서 물었습니다.

"부처님에게도 집착하지 말고, 법에도 집착하지 말고, 스님들에게도 집착하지 말아야 한다고 하는데, 예배는 해서 무엇하려 합니까?"

---

[4] 응화대성(應化大聖): 부처나 보살이 중생을 교화하기 위하여 대성(大聖)의 몸을 나타냄.

"부처에게도 집착하지 않고, 법에도 집착하지 않고, 스님들에게도 집착하지 않으면서 항상 이처럼 예배하느니라."

대중사미가 다시 "예배는 해서 무엇 하려고요?" 하니,

황벽스님이 갑자기 사미의 뺨따귀를 두 번 좌우로 후려쳤고 대중사미가 "몹시 거친 스님이군요."라고 하자,

황벽스님은 "여기에 무엇이 있다고 거칠다느니 세밀하다느니 지껄이느냐?" 하며 또다시 한 차례 뺨따귀를 쳤습니다.[5]

이 대화가 천추만고에 둘도 없는 일화가 되어 전해오고 있습니다.

『벽암록』 제11칙[6]에서 설두중현(雪竇重顯, 980~1052) 스님이 이 일화와 관련된 송(頌)을 읊었습니다.

늠름고풍부자과　단거환해정용사
凜凜孤風不自誇　端居寰海定龍蛇
대중천자증경촉　삼도친조농조아
大中天子曾輕觸　三度親遭弄爪牙

늠름하고 고고한 품성으로 조금도 자기 자랑 않고,
단엄하게 세상에 거처하며 용과 뱀을 구분하였네.
대중천자가 황벽스님한테 일찍이 경솔히 덤볐다가,
발톱과 어금니에 세 번이나 친히 호되게 긁혔네.

5　주석11) 참조.
6　『碧巖錄』 11칙 T.48 p.152b.

온 천하 법계에 걸터앉아 황벽스님이 누구든지 보고 저건 뱀이다 하면 그것은 뱀이고, 저건 용이다 하면 그것은 용입니다. 황벽스님 당시에는 천하에 어떤 종사이든지 황벽스님의 인정을 받아야 되지 황벽스님의 인정을 받지 못하는 사람은 실제에 있어서 가치를 발휘하지 못했습니다. 용이란 깨친 사람을, 뱀이란 깨치지 못한 사람을 비유한 말이니 깨쳤다, 못 깨쳤다 하는 것은 황벽스님의 인정을 받았나, 못 받았나 하는 여기에 있습니다. 황벽스님은 천하의 법을 쥐고 앉아 천하 선지식의 안목을 가려내고 천하 사람을 지시하는 참 출중한 대종사였습니다.

임제스님이 바로 그 황벽스님의 제자입니다. 임제스님은 황벽스님 회하에서 3년 정도 공부했는데, 당시 황벽스님 회상에 제일 수좌가 진존숙(陳尊宿)이라고도 불리는 목주도명(睦州道明, 780~877) 선사였습니다.

목주 진존숙은 신장 7척에, 눈은 중동(重瞳)[7]인 동시에 얼굴에는 칠성별이 박혀 있는 모습의 유명한 큰스님입니다. 나중에 출세해 법문해 놓은 『목주록(睦州錄)』이 있습니다. 『임제록』도 유명하지만 법을 고준하게 쓰고 엄정하게 쓴 대표적 인물이 목주스님이라고 합니다. 그래서 목주스님 법문은 청룡도를 가지고 사람의 목을 치듯 고준하게 법을 쓴 것으로 평가됩니다. 목주스님도 황벽스님의

---

7 중동(重瞳): 겹으로 된 눈동자.

제자로서 임제스님의 사형이 됩니다.

　임제스님이 황벽스님 휘하에 있을 때 목주스님이 수좌로 있었는데, 젊은 납자로 임제스님이 와서 참으로 열심히 공부를 잘하고 있어서 한번 물어봤습니다.

"그래 자네가 여기 와서 몇 해를 공부하고 있는가?"

"예, 제가 여기서 한 3년 공부를 하고 있습니다."

"그래. 내가 보아도 자네는 참으로 발심한 수좌여. 철저한 발심을 한 사람이 아니고서야 어떻게 목숨도 돌아보지 않고 공부를 철저히 할 수 있는가? 그런데 3년 동안 있으면서 황벽 방장 스님께 혹 무슨 법을 물어본 적이 있는가?"

"3년 동안 공부를 하고는 있지만 제가 원래 우둔하고 법을 물을 줄도 모르고 해서 한 말씀도 여쭤본 일이 없습니다."

"그래도 자네가 3년 동안 공부를 그렇게 열심히 하였으니 무슨 법문 한마디라도 물어봐야 되지 않겠는가? 그러니 방장 스님께 가서 법문 한번 물어보게."

"글쎄요, 법문을 여쭤보면 좋겠는데, 무슨 법문을 여쭈어보면 될지 그것도 모르겠습니다."

"그럼 내가 하나 가르쳐주지. 방장실에 가서 법문을 물을 때 큰 가사를 입고 향을 올리고 절을 세 번 하고, '어떤 것이 불법의 적적대의(的的大意)입니까?'라고 물어보게."

　목주스님이 시키는 대로 임제스님이 황벽스님에게 위의(威儀)를 갖추고 가서 물었습니다.

"어떤 것이 불법의 적확한 큰 뜻입니까?" 하고 묻자마자 황벽스님이 몽둥이를 들고 와서는 무조건 20여 차례 때립니다. 아무리 생각해도 왜 때리는지를 임제스님은 알 수가 없었습니다. 그날은 실컷 두드려 맞고 나오면서 '목주 수좌스님도 보통스님이 아니고 때린 황벽 방장 스님도 보통스님이 아니니 무슨 곡절이 있을 것'이라고 생각하였습니다.

임제스님이 방장실에서 내려오자 목주 수좌스님이 "문답은 어떻게 되었는가?" 하고 물었습니다. 임제스님은 있었던 일을 이야기하였습니다. 목주스님이 듣고는 "어쨌든 다시 가서 물어보게." 하며 권해서, 다음 날 또 가서 물으니 황벽스님이 또 20방을 때립니다.

그렇게 세 번을 가서 물었는데 그때마다 20방을 맞았습니다. 세 번에 60대를 두드려 맞고 나니 몸은 아픈데 아무리 생각해도 무슨 이유로 황벽스님이 자기를 때렸는지 도무지 이유를 알 수 없었습니다.

목주스님이 또 묻습니다.

"그래 자네 큰스님께 법문 물어봤는가?"

"예, 여쭈어봤습니다. 여쭈어보긴 했는데 대답은 없으시고 몽둥이로 한 차례에 20방씩 60방을 맞았는데 그 뜻을 도저히 알 수가 없습니다. 저는 업장이 두터워 깊은 뜻을 깨닫지 못함을 스스로 한탄하고 있습니다. 아무리 생각해도 여기서는 인연이 없는가 싶은데 하직하고 어디 다른 곳으로 찾아가 봐야겠습니다."

"자네 생각이 정 그렇거든, 갈 때 큰스님께 인사는 드리고 가게."

목주스님이 임제스님에게 그렇게 애기를 하고 나서 방장 황벽스님을 찾아갔습니다.

황벽스님께 말씀드리기를, "세 번 법문을 물은 그 젊은이가 비록 나이는 어리지만 정진을 열심히 하고 있습니다. 뒷날 한 그루 큰 나무가 되어 천하 사람들에게 시원한 그늘을 만들어 줄 납자입니다. 큰스님께서 좋은 방편으로 지도해주셨으면 좋겠습니다."

황벽스님은 "걱정하지 말라."고 했습니다. 그러고 조금 있으니까 임제스님이 와서 하직 인사를 합니다.

"큰스님에게 맞기만 했지 인연이 없어서 그 까닭을 깨칠 수 없으니 어디 다른 곳으로 떠나야겠습니다."

"다른 곳에는 가지 말고, 저기 고안(高安)이라 하는 곳에 대우(大愚)스님이라고 한 분 계시니, 그 노스님을 찾아가 보아라."

그래서 임제스님이 대우스님을 찾아갔습니다.[8]

임제스님은 황벽스님 회상에서 3년 동안 열심히 정진하며 보내다가, 수좌 목주스님의 권유로 "어떤 것이 불법의 적확한 뜻입니까?" 하는 질문을 황벽스님께 올리게 되었습니다. 그러자 황벽스님은 다짜고짜 몽둥이로 임제스님을 20방 때렸습니다. 세 번 똑같은

---

[8] 『景德傳燈錄』 권12 「臨濟義玄傳」 T.51 p.299b17-23 ; 『碧巖錄』 11칙 T.48 pp.151c27-152a8 참조.

질문을 올리고 그때마다 20방씩 모두 60방을 맞게 되었다는 뜻입니다.

2.
<small>대우늑하　방해축권</small>
大愚肋下에 **方解築拳**이로다.

대우스님 옆구리에 비로소 주먹질할 수 있었네.

황벽스님의 권유로 대우스님을 찾아가 깨친 후, 대우스님 옆구리를 주먹으로 세 번 때릴 줄 알게 되었다는 말입니다.

황벽스님이 "다른 데 가지 말고 대우스님을 찾아가라."고 하여 임제스님이 대우스님을 찾아가자, 대우스님이 물었습니다.

"그대는 어디서 오느냐?"

"황벽에서 옵니다."

"그래, 황벽스님이 요새 법문을 어떻게 하던가?"

"법문을 어떻게 하는지 그것은 제가 모르겠습니다. 저는 불법의 대의를 세 번 물었다가 세 번 다 모두 20방씩 60방을 두드려 맞고 쫓겨났습니다. 그런데 도대체 제게 무슨 허물이 있기에 세 번을 물었는데 세 번 다 심하게 두드려 패고 때립니까?"

이렇게 물으니 대우스님이 말씀하시기를,

"황벽스님이 노파심절(老婆心切)로 너를 위하여 그렇게 철두철미

한 법문을 했는데 여기까지 와서 아직도 이 미친놈이 허물이 있는지 없는지 그것을 따지고 있어!"하고는 벽력같이 야단을 쳤습니다.

그때 대우스님이 야단치는 벽력같은 고함소리를 듣는 순간 임제스님은 확철대오(廓徹大悟)했습니다. 깨치는 순간 황벽스님이 자기에게 몽둥이질 한 도리가 전율처럼 온몸을 엄습해 왔습니다.

그래서 임제스님이 내뱉듯이 "아이고, 황벽불법(黃檗佛法) 무다자(無多子)[9]라." 황벽스님의 불법이 이렇게 본래 단순한, 별것 아니라고 말했습니다.

"황벽스님에게 60방을 두드려 맞았을 때는 천지가 아득하더니, 깨치고 보니 황벽스님의 가르침이 이렇게 간단하고 별것 아닌 것이었구나." 하고 불현듯 한마디 한 것입니다. 대우스님이 듣고 보니까 그놈 참 고약한 놈입니다.

"야, 침상에서 똥오줌이나 싸는 이 못된 아이 놈아, 금방 와서는 내게 무슨 허물이 있는지 없는지 모르겠다고 징징대며 묻더니, 지금은 또 어째서 황벽의 불법이 이렇게 단순하고 별것 아니라고 하느냐? 도대체 네가 무슨 도리를 보았다고 그런 건방진 소리를 하느냐." 하면서 대우스님이 임제스님의 멱살을 콱 거머쥐고 "빨리 말

---

[9] 무다자(無多子): 원래는 감탄사다. 보통 '별것 아니다'라고 번역하는 것은 글을 축자적으로 번역하는 것이다. 경전과 어록에 대화체나 방언이 많은데, 무다자(無多子)도 지방 속어로 '이렇게 간단명료한 줄 몰랐다'는 뜻이다. 조작이나 작위성, 번잡함 등이 없이 단적인 상태를 뜻한다.

해라! 빨리 말해!"라고 다그쳤습니다.

만약 그 상황에서 한마디도 못하면 또 대우스님에게 두드려 맞아 뼈도 못 찾고 쫓겨날 판입니다. 아, 그런데 임제스님이 대우스님의 갈빗대 밑 옆구리를 주먹으로 세 번 쥐어박아 버렸습니다. 맞기는 황벽스님한테 맞고 원수는 대우스님한테 가서 갚는 식으로 쥐어박아버렸다 말입니다. 그때는 임제스님이 바로 깨친 것이라, 깨치지 못하였으면 대우스님의 옆구리를 주먹으로 세 번 쥐어박지 못했을 것입니다. 임제스님이 주먹을 쥐고 옆구리를 세 번 쥐어박으니까, 대우스님이 임제스님을 확 밀어버리면서 "여사(汝師)는 황벽(黃檗)이니 비간아사(非干我事)라." 너의 스승은 황벽이라, 나와는 아무 관계없는 일이라고 하고는 임제스님에게 "가라."고 했습니다.[10]

마방(馬防)의 서(序), 첫머리는 바로 임제스님이 깨친 상황을 말하는 것입니다. 황벽스님에게 "어떤 것이 불법의 적확한 뜻입니까?" 하고 세 번 물었다가 세 번 다 20방씩 두드려 맞고는, 황벽스님 지시에 따라서 대우스님을 찾아갔습니다. 대우스님한테 가서 대우스님 말끝에 확철히 깨치고, 자기가 대우스님의 옆구리를 세 번 주먹질해버렸다 말입니다. 그러니까 대우스님도 "여하간 너의 스승은 내가 아니라 황벽이다."라고 척 분간해버립니다. 실제로 임

---

10 『景德傳燈錄』 권12 「臨濟義玄傳」 T.51 p.299b23-c4 ; 『碧巖錄』 11칙 T.48 p.152a8-13 참조.

제가 그때 깨쳤어도 황벽스님이 때린 바로 그것을 깨쳤지, 대우스님 법을 깨친 게 절대 아닙니다. 이것이 유명한 임제의 삼돈방(三頓棒), 세 차례 60방망이를 두드려 맞고 깨친 내용입니다.

3.
饒舌老婆(요설노파)와 尿床鬼子(요상귀자)여!

황벽스님의 간절한 노파심을 깨우쳐준 대우스님은 오줌싸개 못된 아이라고 임제스님을 나무라고,

"황벽이 간절한 노파심으로 법문을 해주었는데 요상귀자(尿床鬼子), 상(床)에서 똥오줌이나 지리는 아이 같은 새끼가 여기 와서 무슨 허물이 있느니 없느니 하고 묻느냐?"고 대우스님이 임제스님을 보고 크게 야단을 치자, 그 말끝에 임제스님이 확철히 깨쳤습니다. 황벽스님과의 기연을 전체적으로 표현한 구절입니다.

임제스님이 실제 뭘 깨쳤느냐 하면, "불법의 적확한 뜻이 무엇입니까?" 하고 물었을 때 황벽스님이 세 차례 60방을 몽둥이질 한 그 소식을 깨친 것입니다. 부처님의 정법안장을 그대로 깨쳐 참으로 불조정안(佛祖正眼)을 열기 전에는 두드려 패고 맞고 한 소식, 그 뜻을 알 수 없습니다. 절대로 모릅니다. 그런데 이것을 바로 깨쳐야만 비로소 출격장부(出格丈夫), 격을 벗어난 장부요 명안종사

(明眼宗師), 참으로 눈 밝은 종사라 할 수 있으며, 참다운 납자라 할 수 있습니다. 만약 이 소식을 확철히 깨치지 못하면 『임제록』을 듣는 것뿐만 아니라, 천만 번 미래 겁이 다하도록 외워도 아무 소용이 없습니다.

결국은 이 삼돈방(三頓棒) 소식을 알아야지, 세 번에 60방망이 맞은 이 소식을 모르면 『임제록』을 외워도 소용없고, 법문을 들어도 소용없습니다. 소용없는 것뿐만 아니라 설비상(雪砒霜), 독을 먹은 사람과 똑같이 자기도 죽고 남도 죽고 다 죽는 판이 될 뿐입니다.

4.
저 풍 전 한   재 날 호 수
這風顚漢이 **再捋虎鬚**로다.

"이 미친놈이 다시 와서 범의 수염을 잡아당긴다."고 황벽스님이 고함치네.

임제스님은 대우스님을 하직하고 다시 황벽스님에게로 왔습니다. 황벽스님은 임제스님이 오는 것을 보고는 야단을 쳤습니다.

"이놈이 왔다갔다 하기만 하니 언제 공부가 끝날 날이 있겠느냐!"

왜 왔다갔다 하는지 황벽스님이 모르고 하는 말씀이 아니라 그것이 다 법문입니다. 황벽스님의 나무람을 듣고서 임제스님이 대답합니다.

"지위노파심절(祇爲老婆心切), 방장 스님께서 간절한 노파심절로 저에게 법문해주신 그 은혜를 갚을 수 없어서 다시 찾아왔습니다."

그러면서 그동안 대우스님한테 가서 겪은 여러 가지 인연을 말씀드렸습니다. 그러니까 황벽스님 하시는 말씀이, "이놈의 작자가 오기를 기다렸다가 뼈다귀도 안 남기고 두들겨 팰 것이다."라고 합니다.

이렇게 말을 하니까 임제스님이 척 달려들면서 "대우스님이 오시길 기다릴 것 뭐 있습니까. 지금 한 방 맞으시지요." 하고는 황벽스님의 뺨을 세차게 때려버렸습니다.

먼저는 몽둥이로 세 번 두드려 맞았는데, 뺨을 세차게 때려서 이번에는 원수를 갚는 판입니다. 황벽스님도 임제스님이 이제는 다 깨치고 와 법거량 하는 줄 아시기에 하시는 말씀이 "저풍전한(這風顚漢)이 재날호수(再捋虎鬚)로다, 이 미친놈이 여기 다시 와서 범의 수염을 잡아당기는구나."라고 하였습니다. 자기는 범같이 무서운 사람인데 미친놈이 아니고서야 범 수염 잡아채려고 달려들겠어요? 자기한테 임제스님이 달려든다 이 말입니다.

임제스님이 "할!" 하고 고함치자 황벽스님이 말씀하십니다.

"시자야, 이 미친놈을 선방으로 데려가라."

이것이 임제스님의 깨친 기연입니다.

실지로 법문을 바로 들으려면 삼돈방, 세 차례 60방 맞은 소식, 이것을 바로 알아야 합니다. 그렇지만 이것이 어디 쉬운 일이겠습니까? 이 임제종이라는 것이 삼돈방, 세 차례 60방 두드려 맞은 여기에서 출발했다고 해도 과언이 아닙니다. 임제스님은 몽둥이로 두들기는 대신에 입문변할(入門便喝), 누구든 눈앞에 어른거리면 "할"하고 고함을 쳤습니다. 몽둥이로 때리려면 쫓아가야 하고, 다리도 아프고 한참 시간이 걸리거든요. 그러니 몽둥이로 때리는 게 아니고 소리로 때리는 것입니다. 눈앞에 누구든지 어른거리면 고함을 치거든요. 거기 와서는 부처도 상신실명(喪身失命), 몸을 상하고 목숨을 잃고, 조사도 상신실명하고 마니, 누구든지 거기서는 죽지 않으려야 죽지 않을 수 없습니다.

『임제록』에서 하는 말이 "적수단도(赤手單刀)로 살불살조(殺佛殺祖)여",[11] 빈손에 무엇을 드느냐면 관운장(關雲長)의 청룡도(靑龍刀)보다 무서운 짧은 칼을 거머쥐고, 조사도 죽이고 부처도 죽이고, 닥치는 대로 다 죽여 버린다는 말입니다. 임제스님이 사람만 보면 깨친 사람이든 못 깨친 사람이든, 부처고 조사고 할 것 없이 뭣이 눈에 어른거리면 고함을 지르니, 이 고함 아래에서는 부처도 살 수

---

11 이 구절은 『禪家龜鑑』에서 임제기풍(臨濟家風)을 설명하는 글 중에 나온다. 『禪家龜鑑』 H.7 p.644c 참조. 『臨濟錄』에는 "逢佛殺佛, 逢祖殺祖"(T.47 p.500b)로 실려 있다.

없고 조사도 살 수 없는데, 하물며 보통사람은 말해 뭐 하겠습니까? 이것이 바로 실제에 있어서 "적수단도(赤手單刀)로 살불살조(殺佛殺祖)여, 빈손에 짧은 칼을 거머쥐고 조사도 죽이고 부처도 죽인다"는 뜻이니, 누구라도 거기서는 살아날 수 없습니다. 그 소식이 황벽스님한테 세 번이나 두드려 맞고 임제스님 자기가 깨친 소식이자, 불조(佛祖)의 정맥, 영산(靈山)의 정맥으로 내려오는 근본 소식입니다.

여기서 임제의 정맥으로 내려오는 백운수단(白雲守端, 1025~1072) 선사 이야기를 하지 않을 수 없습니다. 이 스님은 오조법연(五祖法演, ?~1104) 선사의 법사(法師)입니다. 임제종의 중흥조라 불리는 오조법연 선사는 또 원오극근(圜悟克勤) 스님의 법사가 됩니다.

오조법연 선사가 공부한다고 돌아다니면서, 부산법원(浮山法遠, 991~1067) 선사를 찾아갔어요. 부산법원 선사를 찾아가니 "자네 근기를 보니 대근기인데 크게 깨칠 납자여. 그런데 나는 벌써 늙었어. 나한테 있어봤자 별 이익이 없어. 그러니 내가 스님을 한 분 천거할 테니까 그 스님을 찾아가라." 합니다.

"어느 스님을 찾아가라는 말씀입니까?"

"백운산에 있는 백운수단 선사를 찾아가라. 내가 그를 보지는 못했지만 그 스님이 이 임제의 삼돈방 소식, 임제가 황벽에게 세 차례 두드려 맞고 깨친 인연에 게송을 지은 것이 있는데, 실제에 있어서 그 게송이 천추만고에 뛰어나다. 확실히 임제 정법의 정맥을 이은 사람이 아니면 그런 게송이 나오질 않아. 그러니까 수단선사를 찾아가라."고 했습니다.[12] 그 게송입니다.

일권권도황학루 일척척 번앵무주
一拳拳倒黃鶴樓하고, 一踢踢[13]飜鸚鵡洲로다.
유의기시   첨의기   불풍류처야풍류
有意氣時에 添意氣하고, 不風流處也風流라.[14]

한 주먹으로 황학루를 거꾸로 뒤엎고,
한 번 발길질로 앵무주를 차서 뒤집도다.
기운이 있을 때 기운을 더해주고,
풍류 보잘것없는 거기에 참다운 풍류가 있도다.

겉으로 봐서는 무슨 집을 한 주먹으로 쳐부수고 물속의 섬을 발로 차서 뒤집는다고 하는데, 실지 내용은 그게 아닙니다. 한 주먹으로 온 진법계(盡法界)를 두드려 부수고, 한 발로 온 진법계 삼천대천세계를 발로 차서 뒤엎었다 일으켰다 하는, 그런 참으로 무서운 수완을 가진 스님이란 말입니다. 그리고 그 표현 밖에는 또 천만 배 더 무서운 뜻이 들어앉아 있습니다. 보통 볼 때는 별 의미가

---

12 이 일화에 대해서는 『嘉泰普燈錄』 권8 X.79 p.336a8-13 ; 『宗門武庫』 T.47 p.956b13-26 ; 『法演語錄』 권상 T.47 p.656a6-9 등 참조.
13 '척척(踢踢)'이 '격격(趲趲)'으로 되어 있는 곳도 있다.
14 『白雲守端廣錄』 권4 「臨際三頓棒」 X.69 p.322a ; 『禪宗頌古聯珠通集』 권 21 X.65 p.602b ; 『禪門拈頌說話』 607칙 H.5 p.471b 참조.

없어 보이지만, 그 내용이 실제에 있어서 임제스님의 근본 골수를 바로 깨치지 않고서는 절대로 그런 말이 나오지 않습니다.

누구든지 실제에 있어서 임제스님이 삼돈방에서 깨친 그 뜻을 바로 못 깨치면 백운수단 선사의 게송도 모르고 지나칠 수밖에 없습니다. 깨치면 임제스님도 볼 수 있고, 황벽스님도 볼 수 있고, 육조스님도 볼 수 있고 가섭도, 아난도, 석가도 다 볼 수 있습니다. 그렇지만 여기에서 조금이라도 생각으로 분별하며 우물우물 의의(擬議)하면 결국은 상신실명(喪身失命)하고 맙니다. 설비상(雪砒霜)을 살포하는 일이 되고 말아 다 죽고 맙니다.

5.
암곡   재송   후인표방
巖谷에 **栽松**은 **後人標榜**이라 하네.

바위 골짜기에 소나무 심는 것은 뒷사람을 위한 본보기요,

저, 바위 첩첩, 절벽에 둘러싸인 골짜기에 소나무를 심는 까닭은 뒷사람을 위한 본보기이다. 이것은 임제스님과 황벽스님이 나누신 법문을 언급한 구절입니다.

한번은 저 산에 가서 소나무를 심는데, 황벽스님이 임제스님에게 "우리가 여기 소나무를 심는데, 소나무를 심는 것은 무엇 때문에 심는 것인고?" 하고 묻습니다.

임제스님이 "첫째는 산에 경치가 좋으라고 심고, 둘째는 뒷사람들에게 본보기가 되기 위해서 심습니다." 하고 답합니다. 그렇게 말하고는 괭이를 가지고 땅을 세 번 탁! 탁! 탁! 두드렸습니다.

"왜, 여기에 우리가 나무를 심는가?" 하는 황벽스님의 물음에 "예, 첫째는 산에 경치가 좋으라고 심고요, 둘째는 뒷사람들에게 본보기를 위해서 심는 것입니다."라고 임제스님이 대답한 문답만 보자면 지극히 평범한 대화 같지만 여기에는 깊은 뜻이 있습니다. 그렇게 말해 놓고 임제스님은 또 괭이로 세 번 땅을 두드렸습니다. 땅을 두드리는데 왜 세 번을 두드려요? 이 뜻을 알아야 합니다.

그러니까 황벽스님은 또 뭐라고 말씀하는가 하면, "수연여시(雖然如是)나 자이끽오삼십방료야(子已喫吾三十棒了也)라, 비록 그러하나, 네가 벌써 나한테 삼십 방망이를 맞았다."라고 합니다. 나무를 왜 심느냐 하는데 '경치를 위해서, 후인의 본보기로 심는다 하고 땅을 괭이로 세 번 두드리는데', 왜 저 황벽스님은 "네가 벌써 나한테 30방을 맞아 죽었다."라고 할까요? 임제스님이 뭘 어쨌는데 황벽스님은 "너는 내게 30방을 맞아 죽었다."라고 하느냐 말입니다.

이 말씀에 임제스님은 또 괭이를 가지고 땅을 세 번 탁! 탁! 탁! 두드리면서 "허허!" 웃습니다. 결국 일종의 비웃는 웃음으로, "같잖군요. 허허!" 이렇게 헛웃음을 칩니다.

그러자 황벽스님이 뭐라 말씀하셨겠습니까? "오송(吾宗)이 도여(到汝)하여 대흥어세(大興於世)하리라, 나의 종지가 너에 이르러 크게 세상에 퍼져서 천하를 풍미할 것이다."라고 이렇게 수기를 주었습니다. 이것이 유명한 재송화(栽松話), 소나무 심은 법문입니다.

6.
钁頭로 **钁地**하니 **幾被活埋**로다.
_{곽두　　촉지　　　기피활매}

괭이로 땅을 파니 하마터면 황벽스님과 유나가 생매장 당할 뻔 했네.

괭이로 땅을 쪼아 파니 하마터면 황벽스님과 유나가 산 채로 끌려가 묻힐 뻔했다. 이것은 무슨 일이냐 하면, 임제스님이 밭에서 울력을 하고 있다가 황벽스님이 오시는 것을 보고는 괭이를 턱 놓아 버리고 서 있더란 말입니다.

괭이를 놓고 서 있으니까 황벽스님이 뭐라 하시느냐 하면 "저한(這漢)이 곤야(困耶)아, 이놈이 좀 고단한 모양이지?"라고 한번 슬쩍 말을 걸어 봅니다. "왜, 일은 하지 않고 내가 온다고 떡 서 있느냐, 네가 벌써 힘들어서 그러는 건가?", 쉬운 말로 하면 그렇다 말입니다.

임제스님이 말하기를, "괭이도 아직 들지 않았는데 무엇이 피곤하겠습니까?" 하니, 황벽스님이 들고 있던 주장자로 그대로 때리자 임제스님은 또 얼른 그 주장자를 잡고는 확 밀어버렸고, 덩치 큰

황벽스님은 뒤로 벌렁 나자빠졌습니다. 그 상황에서는 황벽스님도 안 때릴 수 없었던 것이고, 임제스님 정도 되기 때문에 도로 반격을 한 것입니다.

그런데 그때 옆에 유나가 있었어요. 황벽스님이 넘어져 있으면서 "유나야, 유나야, 날 좀 구해다오, 날 좀 일으켜 다오."라고 하면서 유나에게 도움을 청합니다. "저놈 임제가 어떻게 된 일인지 나를 이렇게 처박았으니 날 좀 구해 달라."고 합니다.

느닷없이 닥친 일이지만 그 유나스님은 아직 공부가 안된 눈먼 봉사의 납자더란 말입니다. 황벽스님이 그러니까 진짜로 와서 "아이구, 임제, 이 고약한 놈이 큰스님을 이렇게 밀치다니…" 하면서 몸을 부축해서 일으키려고 하니까, 황벽스님은 도리어 유나를 두드려 패버렸습니다. 일으켜 달라고 해서 일으키는데 고맙다고 하기는커녕 왜 또 두드려 패느냐 말입니다. 일으켜 달라고 한다 해서 몸에 손을 대고, 일으키려 하다가는 맞아 죽습니다. 맞아 죽어요.

이 광경을 본 임제스님은 괭이를 가지고 땅을 파면서, "제방(諸方)은 화장(火葬)이어니와 아저리(我這裏)는 일시활매(一時活埋)하노라." 제방에서는 스님이 죽으면 다 화장을 하지만 나는 이곳에서 일시에 황벽이고 유나고 할 것 없이 산 채로 생매장을 해버리겠다고 말합니다. 당신들이 아무리 발버둥 쳐도 나는 괭이를 가지고 당신들을 다 생매장해 묻어버리겠나는 그런 내용의 법문입니다.

황벽스님 같은 그런 무서운 큰스님도 임제스님한테는 처박히고 두드려 맞고 합니다. 사실이지 평생을 참말로 횡야설수야설 법문하는 것은 이런 납자를 만나기 위함입니다. 법문을 귀로 듣기만 하고 천날만날 두드려 맞기만 하는 그런 송장은 천 명 만 명 있어도 소용없습니다. 임제스님처럼 자기의 견지를 터득하고 스승에게 달려들어 밟고 두드리고 하는 이런 상좌, 이런 납자를 나는 바랍니다.

그렇지만 이것은 실지로 알고 해야 하는 거지, 모르고 흉내만 내다가는 참말로 그땐 그만 생매장당하고 마니 그런 짓은 안 될 일입니다. 황벽스님 같은 이를 두드려 패고, 처박고, 생매장하려 하고 별짓 다 할 때는, 저 임제스님처럼 무서운 눈을 가지고 달려들어야지, 봉사같이 무조건 하고 덤벼들었다가는 그때 가서는 참말로 거꾸로 생매장 당합니다. 뼈도 못 찾습니다.

임제스님은 법을 이렇게 무섭게 썼어요. 그리고 황벽스님도 "유나야, 유나야, 나를 일으켜 다오." 해서 일으켜 세워주는데 왜 유나를 두드려 패느냐 말입니다. 손만 대면 두들겨 맞습니다. 그러니 황벽스님의 뜻이 어디에 있는지도 잘 살펴야 합니다.

7.
긍 개 후 생　　맥 구 자 곽
肯箇後生하야 **驀口自摑**하고

후배를 인정하다 황벽스님은 수좌의 타박에 돌연 자기 입을 쥐어박았네.

후생이란 뒷사람, 후배라는 말입니다. 후배를 턱 인가해 주었어요. 그러고는 맥구자괵(驀口自摑), 자기 입을 탁 쥐어박았습니다. 이 얘기는 임제스님, 황벽스님, 목주도명 스님 세 분과 관계된 얘기입니다.

임제스님이 한번은 선방 앞에 와서 앉아 있었습니다. 황벽스님이 그 앞을 지나가는데 임제스님이 눈을 감아버립니다. 자기 스승이 지나가는데 일어서든가 하여 인사를 해야 될 건데, 모른 척 왜 눈을 감아버리느냐 말입니다. 인사하기 싫어서 못 본 척 하려고 그러는 건가? 그게 아닙니다. 보통 같으면 앉아 있다가도 어른이 오면 일어서서 인사를 해야 될 것 아닙니까? 그런데 임제스님은 앉아 있다가 스승 황벽스님이 앞을 지나가는데도 눈을 딱 감아버렸어요. 왜 눈을 감았을까? 이것을 바로 알아야 합니다.

임제스님이 눈을 감아버리니까 황벽스님은 임제스님 앞에 가서 손을 마주잡고 입을 딱 벌리고는 겁먹은 흉내를 냅니다. 눈을 부릅뜨고 달려들어도 겁날 게 하나 없는데 도리어 황벽스님이 왜 겁을 내느냐 말입니다. 황벽스님이 아니면 임제스님의 뜻을 모르고 임제스님이 아니면 황벽스님의 뜻을 모릅니다. 스승이 자기 앞을 지나가는데도 턱 하니 앉아서는 인사도 하지 않고 눈을 감아버렸는데 황벽스님은 그 뜻을 알았다 이 말입니다. 그래서 입을 벌리고 손을 늘고서 겁내는 흉내를 낸 것입니다. 눈을 감았는데 왜 겁내는 흉내를 내는가? 바로 여기에 실제에 있어서 무서운 게 있습니다.

그러고는 변귀방장(便歸方丈)이라, 바로 방장실로 들어가 버립니다. 그러자 임제스님은 뒤따라 방에 들어가서 사죄를 해요. 그때 마침 제일 수좌인 목주도명 스님이 옆에서 모시고 서 있었어요. 황벽스님이 하는 말이 "이 선객이 아직 젊지만 쓸 만하다."라고 칭찬하며 인정하는 말을 합니다. 목주도명 스님은 그 말을 듣고 "저 노장이 안목이 어두워서 젊은 선객을 인가한다고 말하네."라고 합니다. 이것은 또 무슨 말입니까? 황벽스님 같은 큰스님이 "저 사람이 젊긴 젊지만 참말로 앞으로 쓸 만하다."고 인가를 해주었습니다. 그런데 목주스님이 그 말을 듣더니 "이 늙은이야, 자기 눈도 캄캄하게 멀어가지고 남을 어떻게 인가해준단 말이야." 하고 그만 한 방망이 놓으니까, 맥구자괵(驀口自摑), 황벽스님이 손으로 자기 입을 탁 쥐어박아버렸어요. 자기 입을 자기 손으로 왜 쥐어박느냐 말입니다. 그러니까 목주스님이 또 황벽스님을 보고 지즉득(知卽得), 알았으면 됐다라고 합니다. 이것이 다 법문거량입니다.

8.
사 분 궤 안　　　좌 단 설 두
辭焚机案하고 **坐斷舌頭**라 하네.

임제스님은 황벽스님을 하직하며 책상을 불사르라 하고, 천하 노화상들의 혀를 끊으리니 황벽스님은 가져가라 하네.

궤안은 책상인데, 백장선사에게서 받은 이것을 다 불태워버리라고 임제스님은 말하고, 황벽스님은 좌단설두(坐斷舌頭), 천하 노화상들의 혀를 다 끊어버릴 터이니 가져가라고 넌지시 다짐을 둔다 말입니다.

임제스님이 다른 곳에 가서 하안거를 나다가 그 중간에 황벽스님 계신 곳에 왔습니다. 산림 중에 와서 보니까 황벽스님이 마침 책을 보고 있었습니다. 임제스님이 그 모습을 보고 "아이고! 노장이 그래도 소견이 좀 있는 줄 알았더니 검정콩이나 주워 먹는 멍텅구리 암흑두(揞黑豆)로구먼요." 하고 핀잔을 줘버렸어요. 그런데 핀잔을 들은 황벽스님이 아무 말도 안하고 가만히 있습니다. 임제스님한테 핀잔을 들어서 가만히 있는 게 아닙니다. 가만히 있단 말입니다.

그러고 며칠이 지나 임제스님이 자기가 있던 토굴로 돌아가려 하니, 황벽스님이 "여(汝)가 파하래(破夏來)더니 부종하거(不終夏去)여." 네가 하안거를 깨뜨리고 오더니 하안거를 마치지도 않고 간단 말이냐고 나무랍니다. 하안거 산림 중에 왔거든 해제를 하고 가든지 할 것이지, 왜 파하래(破夏來) 파하거(破夏去), 하안거를 깨뜨리고 중간에 오더니 또 하안거를 깨뜨리고 가려 하느냐고 나무란 것입니다. 이것도 법문입니다. 뜻이 저 다른 데 있어요.

이에 임제스님은 "제가 뭐 다른 이유가 있어서 온 것도 아니고 잠깐 스님이 좀 보고 싶어서 왔습니다. 이제 스님을 뵈었으니 가려고 합니다."라고 대답합니다. 그러니까 황벽스님이 "이놈 봐라." 하고는 그만 몽둥이로 두드려 패버렸어요. 탕! 탕! 두드려 패서 쫓아냈어요. 그렇게 대답하면 안 맞을 수 없는 노릇입니다. 거기에 아주 무서운 법문이 들어앉아 있습니다. 그만 임제스님은 두들겨 맞고 쫓겨났어요.

9.
불시하남　　변귀하북
不是河南이면 **便歸河北**이로다.

하남 아니면 하북으로 교화하러 가겠다고 임제스님이 말하고,

맞고 쫓겨나서 요즘 같으면 한 5리쯤 가다가 임제스님이 생각하니 의심이 났습니다. 자기가 황벽스님의 뜻을 잘 몰라서 그만 두드려 맞고 쫓겨났으니 말입니다. 그래서 바로 다시 황벽스님께 돌아와 거기서 하안거 해제를 했습니다. 해제를 하고 돌아가려 하니까, 황벽스님이 "그럼 너는 어디로 가려 하느냐?"고 물었습니다. 임제스님이 대답하기를, "불시하남(不是河南)이면 변귀하북(便歸河北)이라, 하남 아니면 하북으로 가려 합니다." 강남 쪽 아니면 강북 쪽으로 간다 말입니다.

그러니까 황벽스님이 또 몽둥이로 두들겨 패려고 달려듭니다. 임제스님도 이번에는 가만있지 않고 한쪽 손으로 몽둥이를 거머쥐

고 다른 한 손으로 그만 황벽스님의 뺨을 때려버렸습니다. 그러자 황벽스님이 큰소리로 한바탕 웃으시고는 시자를 불러서 앞 문단의 일로써 "시자야, 백장선사의 선판과 궤안을 가져오너라."라고 말합니다. 선판이란 요즘말로 좌선할 때 기대는 물건인데, 이것을 가져오라 한 것은 백장스님한테서 전해 받은 주장자를 가져오라는 말입니다.

황벽스님이 "주장자를 가져오너라."고 시자에게 말하니, 이번에는 또 임제스님이 시자에게 소리 지르기를, "장화래(將火來)!" 하는데 '불을 가져오너라' 이 말입니다. 이것이 어떤 상황이냐 하면, 황벽스님이 참으로 법을 전하려고 백장스님한테서 전해 받은 "주장자를 가져오라." 하니, 임제스님은 또 "불을 가져오너라."고 대응한 것입니다. "주장자를 가져오면 나는 그 주장자를 불 질러버리겠다, 주장자 따위 필요 없다."며 주장자를 받지 않으려고 하는 것입니다.

그러니까 황벽스님이 말하기를, "그렇지만 이 주장자를 가지고 가거라. 이후에 좌각천하인설두거재(坐却天下人舌頭去在)리라." 네가 앉아서 천하 사람들 입을 다 막아버릴 것이라고 하였습니다. "이제는 네가 어디에 가든지 간에, 어떤 선지식을 만나든지 간에, 너한테는 입조차 벌릴 수도 없을 것이고, 너한테는 결국 누구도 덤빌 수 없다는 말이니, 이것은 황벽스님이 임제스님을 완전히 인가한 것입니다.

이것이 소위 말하는 임제스님의 제창기연(提唱機緣)[15]인데 황벽스님과 임제스님과의 사자상승(師資相承), 스승의 법을 제자가 계승하는 도리는 여기서 완전히 끝났습니다. 그런데 이런 도리는 실지에 있어서 자기가 확철히 깨쳐야지, 깨치기 전에는 천년만년 부처님 이상으로 어떤 장광설을 가지고 설명해 봤자 아무 소용이 없는 것입니다. 저 허공에 단청하는 것 같다고 하는 말과 같으니, 허공에 단청을 어떻게 한다 말입니까? 이것은 꼭 스스로 깨쳐야 알지 깨치기 전에는 모릅니다. 그래서 법문을 소개할 뿐이지, 내가 설파할 수도 없고 설파해서도 안 된다고 누차 말했던 것입니다.

　내가 황벽스님과 임제스님 간에 스승과 제자로서 법을 전수한 법문을 소개했는데, 이 법문을 듣고 실지로 자기가 확실히 깨쳐야 되지 말만 따라가고 자꾸 해석에만 귀를 기울이면 영원토록 깨치지 못하는 동시에 영원히 살아날 수도 없습니다. 살아나는 길은 황벽스님이 세 차례에 걸쳐 60방을 때리고 임제스님이 세 차례 60방을 맞고서 깨친 그 도리를 확철히 바로 깨치는 데 있습니다.

10.
원임고도　운제왕래
院臨古渡에 **運濟往來**이니다 하고

15　제창기연(提唱機緣): 불법의 핵심적인 뜻을 제기하고 명쾌하게 논한 일화라는 정도의 뜻.

옛 나루터 부근 임제원에서 오가는 사람들을 건네주며 제도하였네.

황벽스님한테서 완전히 인가를 받고 임제스님은 어디로 갔느냐 하면 저 북쪽으로 갔어요. 황벽스님은 남쪽 복건성에 있지만 임제스님은 저 북쪽, 하북성으로 갔습니다. 호타하(滹沱河)라는 강이 있는데 가서 보니까 참 경치가 좋아서 거기에 자리를 잡았는데 그곳이 바로 소위 임제(臨濟)이고, 고도(古渡), 옛 나루터 옆에 임제원(臨濟院)을 짓고 살았습니다. "운제왕래(運濟往來)라", 오고가는 사람을 건네주었다, 배로 사람을 건네주듯이 사람을 제도하였다 이 말입니다.

그곳에서 실제 임제종이 처음 시작된 것입니다. 임제원에서 법문을 시작했고 임제스님 밑에 큰 제자들이 많이 났습니다. 배를 가지고 나루터에서 사람을 건네주듯이 참 좋은 법문으로 사람을 제접(提接)해 훌륭한 제자들을 많이 배출하였습니다.

11.
파정요진   벽립만인
把定要津하여 **壁立萬仞**이로다.

요긴한 나루터를 단단히 지키고 앉았으니 만 길이나 깎아지른 절벽 같았도다.

임제스님이 어떻게 사람을 제접했느냐 하면 요긴한 나루터에 딱 버티고 앉아서, 항상 제일의(第一義)로써 사람을 이끄니 벽립만인(壁立萬仞)이여, 마치 천 길 높이 우뚝 솟은 절벽과 같았단 말입니다. 천 길 높은 절벽을 사람이 어떻게 붙잡고 올라갈 수 있겠어요? 뛰어 올라갈 수 있는가? 날아 올라갈 수 있는가? 참으로 눈을 바로 뜬 사람이 아니면 한 치도 다가갈 수 없는 경계입니다.

임제스님은 법을 쓰되 천 길 만 길 높은 절벽같이, 참으로 무서운 법을 썼습니다. 무서운 법을 써서 아무나 쉽게 드나들지 못하게 했습니다. 앞에서도 말했지만 적수단도(赤手單刀)로 살불살조(殺佛殺祖), 부처를 만나면 부처를 죽이고, 조사를 만나면 조사를 죽이는 그 경계에서 참으로 눈 뜬 사람이 나오고, 참으로 살아 있는 사람이 나올 수 있는 것입니다.

12.

탈인탈경　　도주선타
奪人奪境하야 **陶鑄仙陀**하고,

사람과 경계를 빼앗아 뛰어난 기봉의 선객들을 길러내고,

임제스님 법문에, "나는 법을 쓰되 유시(有時)에는 탈인불탈경(奪人不奪境)이요, 유시(有時)에는 탈경불탈인(奪境不奪人)이요, 유시(有時)에는 인경구탈(人境俱奪)이요, 유시(有時)에는 인경구불탈(人境俱

不奪)이니라."라는 사료간(四料簡)의 유명한 구절이 있습니다. 어떤 때는 사람은 뺏고 경계는 빼앗지 않으며, 어떤 때는 경계는 뺏고 사람은 빼앗지 않으며, 어떤 때는 경계도 뺏고 사람도 빼앗으며, 어떤 때는 경계도 빼앗지 않고 사람도 빼앗지 아니한다는, 손자병법같이 자유자재하게 법을 쓰는 수단을 네 가지 경우로 표현한 것입니다.

그리하여 도주선타(陶鑄仙陀)야, 선타(仙陀)란 아주 영리한 사람을 말합니다. 예전에 선타바(先陀婆)라는 사람이 있었습니다.[16] 이 사람이 왕을 시봉하는데, "선타바야!" 하고 부르면 왕이 요구하는 소금이든, 그릇이든, 물이든, 말을 대령하는 일이든 필요로 하는 것이 무엇인지 가리키지 않아도 대번 알아차리고 가져다줍니다. 자기 이름만 불러도 벌써 '아, 저건 소금을 가져오라는 뜻이구나', '아, 이번은 물을 가져오라는 뜻이구나' 하고 알았어요. 그릇을 가져오라는 소리를 안 해도 이름만 부르면 벌써 그릇을 가져와요.

그래서 아주 참으로 영리한 사람을 표현할 때 '선타바'라 합니다. 소금 가져오라고 하는데 소금을 누가 못 가져오나요. 아무나 가져갈 수 있습니다. 그러나 자기 이름을 부를 때 벌써 알아차리고 소금을 가져가야 살아 있는, 영리한 사람입니다. 실제로 깨친 사람은 그렇다는 말입니다. 말을 듣고 그제야 소금 가져오는 사람은 죽은

---

16 『大般涅槃經』 권9 「如來性品」 T.12 p.421a29-b7 참조.

사람입니다.

"아무개야!" 할 때 이미 소금 가져오라 하는지, 물을 가져오라 하는지, 그릇을 가져오라 하는지, 말을 가져오라는지 알아야 합니다. 직하(直下)에 언전천득(言前薦得)이라,[17] 곧바로, 그 즉시에 말하기 전에 벌써 알아버린다는 말입니다.

그러니까 임제스님은 이 사료간 법문으로, 말하기 전에 알아듣는 그런 선타바 같은 뛰어난 수행자를 만들었다는 말입니다. 말을 하고 난 뒤에야 아는 것은 송장일 뿐입니다.

13.
삼요삼현 검추납자
三要三玄으로 鈐鎚衲子로다.

삼요와 삼현으로 운수납자들을 단련시켰네.

---

[17] 이 말은 보통, "설령 말 이전에 알아차린다 해도 여전히 껍질 속에 갇혀 길을 헤매는 꼴이며, 구절에 정통하였다 하더라도 이르는 곳마다에서 잘못된 견해를 피하지 못할 것이다(設使言前薦得, 猶是滯殼迷封, 縱然句下精通, 未免觸途狂見.)"와 같은 상용구에 쓰인다. 『경허집(鏡虛集)』「합천군가야산해인사수선사창건기(陜川郡伽倻山海印寺修禪社創建記)」(H.11 p.609b)에도 "그 자리에서 말 이전에 알아차린다 해도 어디에서든 잘못된 견해를 벗어나지 못할 것이요, 설령 구절에 정통하였다 해도 화살은 이미 서천으로 날아가 버린 뒤이리라.(直下言前薦得, 未免觸途狂見, 縱饒句下精通, 也是箭過西天.)"라는 구절이 있다. 성철스님이 여기에서 말씀하신 뜻은 "그대가 진실하게 참구하여 깨달은 선자라면 말로 하기 이전에 바로 알아차릴 것이다"(『正宗心印後續聯芳』X.87 p.136a14, 汝若是箇眞參實悟禪和, 言前薦得.)는 구절의 뜻에 가깝다.

임제스님이 이렇게 법문한 적이 있습니다. "내가 법문을 할 때 일구(一句) 중에 수구삼현(須具三玄)하고, 말 한마디에 삼요를 갖추고 있고, 일현(一玄) 중에 수구삼요(須具三要)여, 일현 가운데 삼현을 갖추고 있다." 그러니까 말 한마디 가운데 삼현삼요(三玄三要)가 다 갖추어져 있다는 말입니다. 바로 여기에 실제에 있어 "유조유용(有照有用), 비춤도 있고 작용도 있고 유권유실(有權有實), 방편으로서의 권도 있고 진실한 가르침으로서의 실도 있어[18] 살활자재한 대기대용이 삼현삼요에 다 있다."고 이렇게 법문한 일이 있습니다.

삼현삼요 법문을 가지고 검추납자(鈐鎚衲子)라, 대장간 대장장이가 쇠망치를 가지고 시뻘건 쇠를 두드려 칠성검 만드는 그것과 마찬가지로 삼현삼요, 그 무서운 쇠망치를 가지고 눈 푸른 납자(衲子)를 길러낸다는 말입니다.

14.
상재가사　　불리도중
常在家舍하야 **不離途中**하니,

18　"선사께서 말씀하셨다. '대체로 종승을 주창컨대 하나의 구절에 삼현문을 갖추고 하나의 현문에 삼요를 갖추어야 하니, 권도 있고 실도 있으며, 비춤도 있고 작용도 있다. 그대들은 이 뜻을 어떻게 이해하는가?' 후에 분양선소 화상이 이 말씀을 제기하고 말했다. '어느 것이 삼현삼요의 구절인가?'"(『人天眼目』권1「三玄三要」T.48 p.301c, 師云, '大凡演唱宗乘, 一語須具三玄門, 一玄門須具三要, 有權有實, 有照有用. 汝等諸人, 作麼生會?' 後來汾陽昭和尚, 因擧前話乃云, '那箇是三玄三要底句?')

항상 집안에 있으면서 길 가운데를 떠나지도 않으니,

　항상 집안에 있으면서 길에서 떠나지도 아니한다. 있기는 여기 해인사에 있는데, 몸뚱이는 저기 해인사 옆 마을 고령에 있다는 말과 같습니다. 그 무슨 거짓말 안 같아요? 그럼, 두 사람이란 말인가? 있기는 집에 있는데 길 가운데 있다, 옆 마을 고령에 있단 말입니다. 내가 해인사에 살긴 사는데 사실은 옆 마을 고령에 있고, 또 내가 옆 마을 고령에 있는데 사실상 해인사에 있다 말입니다. 그것은 무슨 말입니까? 신통력인가? 이것이 지금 법문입니다.

　상재가사(常在家舍), 항상 집에 있는데, 한마디로 늘 사는 곳인 해인사에 있는데, 불리도중(不離途中), 길 가운데를 떠나지 않으니 저 옆 마을 고령에 가 있기도 하고 저 대구에 가 있기도 하다는 것입니다.

15.
무위진인　　면문출입
無位眞人이여, **面門出入**이로다.

　무위진인이 바로 그대 얼굴로 드나드는구나.

　이는 임제스님 법문 중에서도 손꼽을 만한 유명한 말씀입니다. 한번은 상당하여 말하길, "유일무위진인(有一無位眞人), 걸림없이 깨달은 이가 있는데, 얼굴로 출입한다."고 했습니다. 면문, 얼굴에 어떻게 들어갔다 나왔다 한단 말인가? 그리고 또 말하길, "미증거자(未證據者)는 간간(看看)하라." 미증거자, 아직까지 증거하지 못한, 그러니까 무위진인을 확실히 깨치지 못한 사람은 이것을 바로 알라고 했습니다. 무위진인을 알라 이 말입니다.

이렇게 말씀하시니 한 스님이 나와서 "여하시무위진인(如何是無位眞人)고?" 어떤 것이 무위진인이냐고 묻습니다. 공부하는 사람은 한번 물어봐야 될 것 아닙니까? 그러자 임제스님은 법상에서 내려와 묻는 그 스님의 멱살을 꽉 거머쥐며, "도도(道道)하라." 말해보라, 말해보라고 다그칩니다. 임제스님이 무위진인이 있다고 하니 어떤 게 무위진인이냐고 물어본 것인데 임제스님은 법상에서 내려와 도리어 묻는 스님의 멱살을 거머쥐며 "네가 말해보라."라고 한 것입니다. 법은 이렇게 쓰는 것입니다.

당연히 물어본 스님은 그만 어리둥절해버리지 않겠어요? 그 스님이 어찌할 줄 몰라 하니 임제스님은 거머쥔 멱살을 확 밀어 자빠뜨리면서 "무위진인(無位眞人)은 시십마간시궐(是什麼乾屎橛)고?" 무위진인은 무슨 마른 똥 막대기 같은 소리냐고 힐책합니다.

무위진인, 무위진인 하니까 거기 뭐 대단히 거룩한 뜻이라도 붙었는가 하고 임제스님한테 달려들었지만 사실 알고 보면 무위진인 이런 이것은 마른 똥 막대기보다 더 너저분한 물건이다 이 말입니다. 이것이 무위진인이 면문에 출입한다는 임제스님의 유명한 법문입니다.

16.
양당   제 할   빈주역연
兩堂이 **齊喝**에 **賓主歷然**이요,

양당 수좌가 동시에 고함치자 주인과 손님이 분명히 구분되고,

하루는 또 어떤 일이 있었느냐 하면 양당 수좌가 만나자 원수진 것처럼 서로 동시에 고함을 질렀습니다. 양당 수좌란 동당과 서당의 수좌를 말합니다. 누가 보면 미친 스님들 아니겠어요. 서로들 반갑다고는 못할망정 무슨 원수라고 서로 쳐다보더니 그만 고함을 지르니 말입니다. 아니, 그러면 임제스님 흉내 낸다는 말인가? 원숭이가 흉내 내듯이 그런단 말인가? 임제스님 밑에 있는 수좌라면 공부를 할 만큼 한 사람들이니, 아는 사람들이기 때문에 서로 한번 턱 만나 법거량을 한 거예요. 그래서 만나자마자 동시에 고함을 확 같이 질러버렸단 말입니다.

그러니까 어떤 스님이 임제스님께 양당 수좌가 둘이서 할(喝)을 하는데 "환유빈주야무(還有賓主也無)아?, 손님(賓)과 주인(主)이 있습니까? 없습니까?" 하고 물으니 임제스님이 뭐라고 답하시는가 하면 "빈주역연(賓主歷然), 손님과 주인이 분명하다."고 답했습니다.

실제에 있어서 법을 바로 알려면 빈주역연, 손님은 어디까지나

손님으로, 주인은 어디까지나 주인으로 항상 독립된 존재이며 서로 침범하지 않는다는 것을 알아야 된다 말입니다. 고함지르는 데 무슨 손님이 있으며, 무슨 주인이 있겠어요? 그렇지만 소리를 한 번 지르는 그 속에 손님과 주인이 분명합니다. 그것이 실제에 있어서 할(喝), 고함을 친 근본 취지입니다.

17.
조용동시   본무전후
照用同時하니 **本無前後**로다.

비춤[照]과 작용[用]을 함께 행하니 앞뒤가 본래 없도다.

조(照)와 용(用), 비춤과 작용 이 두 가지를 선후와 쓰임에 따라 나눈 것이 소위 임제의 4조용(四照用)이라 하는 것입니다. 유시(有時)에는 선조후용(先照後用), 어떨 때는 먼저 비추고 나중에 작용하고, 유시(有時)에는 선용후조(先用後照), 어떨 때는 먼저 작용하고 나중에 비추며, 유시(有時)에는 조용동시(照用同時), 어떨 때는 비춤과 작용을 같이 쓰며, 유시(有時)에는 조용부동시(照用不同時), 어떨 때는 비춤과 작용을 같이 쓰지 않는다는 말입니다.

조(照)와 용(用), 비춤과 작용이 동시야, 그러니 본무전후(本無前後)야, 본래에 있어서는 앞과 뒤가 없다, 앞에 쓰고 뒤에 쓰고 하는 게 없다는 말입니다. 조용동시, 이것을 바로 알면 '할(喝)'한 까닭도 알 수 있고, 앞에서 한 말 전부 다 꿰뚫어 알 수 있습니다.

　오늘 내가 임제스님이 법을 쓰는 수단에 대해 좀 소개를 했는데, 여기에서 한 가지만 알면 전체를 다 알 수 있습니다. 그 한 가지란, 첫 번째 황벽스님이 임제스님을 몽둥이로 60방 두드려 팬 일, 이것만 알면 4료간(四料揀)도 알 수 있고, 조용동시 등 4조용(四照用)도 알 수 있고, 빈주(賓主), 손님과 주인도 알 수 있고 전체를 다 알 수 있다 말입니다. 그렇지만 양당 수좌가 '할(喝)'한 이것을 모르면 전체를 다 모르는 것입니다. 어떻게 해서든 '할(喝)'한 이 근본을 바로 깨쳐야 합니다.

　어- 억!

[성철스님이 법상에서 '할!', 고함치셨다.]

18.
능화대상　　허곡　　전성
菱花對像하고 **虛谷**에 **傳聲**하니,

거울이 만상을 비추고, 빈 골짜기가 메아리를 잘 전하니,

　능화(菱花)는 마름꽃인데, 육각 모양의 구리거울 뒷면에 이 꽃 모양을 새겼던 데서 거울을 '능화' 또는 '능화경'이라고 합니다. 능화대상(菱花對像)이라 함은 깨끗하고 맑은 거울에 물건이 비친다는 말이니, 임제스님이 법을 쓰는 수단이 바로 이러하다는 표현입니

다. 무엇이든지 오면 거울이 물건을 비추듯이 척척 비춰서 조금도 틀림없이 분명하게 드러낸다는 말입니다. 거울은 진실하게 대상을 비출 뿐, 미운 대상, 고운 대상을 가리지 않습니다. 어떤 분별도 끼어들지 않고 그대로 비출 뿐입니다.

'허곡(虛谷)에 전성(傳聲)'이라는 것은 빈 골짜기에서 소리쳐 소리를 그대로 전달한다는 말입니다. 능화대상(菱花對像)과도 같은 맥락입니다. 하지만 그 소리, 메아리는 빈 골짜기에서 흩어지고 어떤 흔적도 남기지 않습니다.

한마디로 임제스님이 법을 쓰는 수단이 마치 아주 맑은 거울이 모든 물건을 분별없이 비추는 것과 같고, 텅 빈 골짜기에서 친 소리가 어떤 흔적도 남기지 않는 것과 마찬가지라는 말입니다.

19.
묘응무방　　불류짐적
妙應無方하고 **不留朕跡**이로다.

미묘하게 응대하여 법을 펼치니 모든 경계에 어떤 자취도 남기지 않도다.

법을 쓰는 수단이 위와 같으니 묘응무방(妙應無方)이 여러 가지 방편과 수단을 가지고서 무엇에도 구애되지 않고 자유자재하게 법을 쓴다는 말입니다. 그리고 불류짐적(不留朕跡), 자유자재하게 법을 쓰는데 자취를 남기지 않습니다. 법을 쓰는 데 있어 어떤 법을 쓰든지 간에 자취를 남기면 안 됩니다. 자취가 없다는 것은 저 허공에 칼을 휘두르는 것과 마찬가지니, 허공에 아무리 칼을 내둘러봐야 자취가 있는가 말입니다.

  누구든지 법을 쓰면서 사량복탁(思量卜度)하여 무슨 지식을 가지고 이해할 수 있게 법을 쓰면 자취가 있는 것이고, 참으로 법을 쓰는 수단이 깊고 높고 아주 엄중해서 그 법의 근본 뜻을 설사 부처나 달마가 와도 제대로 포착할 수가 없게 쓰면 이것이 바로 자취가 없는 것입니다. 그렇게 저 깊은 법을 쓴다는 말입니다.

  법을 쓰되 자취가 있게 쓰면 진흙 위를 사람이 걸어가는 것과 마찬가지로 발자국이 남게 마련입니다. 반면에 자취 없음은 허공에 칼을 내두르는 것과 마찬가지여서 이것은 세지변총(世智辯聰), 즉 세상일을 약게 처리하는 총명이나 지식 따위로는 자취를 포착하려야 할 수 없을 뿐만 아니라, 부처나 조사가 와도 그 사람의 법 쓰는 도리를 알아차리지 못한다는 말입니다. 아주 신출귀몰(神出鬼沒)하고 무애자재하기에 누구든지 참으로 확철대오하여 임제스님이나 그 이전의 대조사 스님이나 고불고조와 같은 정법안장(正法眼藏)을 갖추기 전에는 그 사람의 법 쓰는 도리를 도저히 모릅니다. 이것을 자취 없이 법을 쓴다고 말하는 것입니다. 그렇게 임제스님이 모든 방면으로 신묘하게 응하여 자취를 남기지 않고 깊이 법을 쓰더라 말입니다.

20.
拂衣南邁하야 戾止大名하여
불의남매　　　여지대명

옷깃을 떨치며 남쪽으로 내려가 대명부에 이르니,

처음 임제원에 계시다 뒤에는 남쪽 대명부(大名府)로 왔습니다. 대명부는 임제원에서 그리 멀지 않아요. 거기도 다 같은 하북성입니다.

21.
興化師承이라 東堂에 迎侍로다.
흥화사승　　　동당　영시

흥화의 존장스님이 법을 이어받고 임제스님을 동당에 모셨도다.

흥화(興化)는 흥화존장(興化存獎, 830~888) 선사를 가리킵니다. 흥화사의 존장선사는 임제스님의 수제자입니다. 임제스님에게 이름난 제자가 많이 있었지만 그중에서도 흥화존장 선사가 임제스님의 정법안장을 이어 전해 임제종이 천하에 퍼졌습니다. 우리가 으레 선(禪)이라 하면 임제종, 불교라 하면 선(禪)이라 할 정도로 종풍을 크게 선양한 선사입니다.

그리고 동당(東堂)에 영시(迎侍)라. 동당은 별당을 말합니다. 다른 절, 큰 총림에서 방장을 지낸 큰스님은 서당에 모시고, 그 절의 전임 방장화상은 동당(東堂)에 모셔요. 임제스님을 동당에 모셨다는 것은 임제스님이 흥화스님의 본사(本師)이기 때문에 특별히 동당에 모셨단 말이니, 절에서 제일 높은 처소에 모셨다는 말입니다.

22.
동병철발   엄실두사
銅瓶鐵鉢이요 **掩室杜詞**하니,

가진 물건은 구리 물병과 철 발우뿐이요, 동당 문 걸어 닫고 입 다무니,

임제스님이 가진 행장(行裝)이라고는 동병(銅瓶), 구리쇠병 조그마한 것과 철발(鐵鉢), 쇠로 만든 바리때 하나뿐이라는 말입니다. 다른 것은 아무것도 없어, 살림살이라 할 것이 물을 마시려면 병(瓶)이 있어야 되니까 구리 물병 하나 하고, 공양 받아 드시는 바리때 그것밖에는 없습니다.

그리고 엄실두사(掩室杜詞)야. 문을 딱 걸어 닫고 아무 말씀 안 한다는 말입니다. 예전 임제원에 계실 때는 참으로 만고에 특출한 법문을 많이 하셨거든요. 그래서 『임제록』이라는 어록이 남게 되었지만, 이제는 은거(隱居)해서 요즘말로 은퇴해 조용히 별당에 떨어져 있으면서 아무 말씀 안 하시고, 달마대사가 9년 면벽하듯이 앉

아 계셨습니다.

이처럼 임제스님은 법을 쓸 때는 온 대천세계를 덮고, 법을 거둬들일 때는 바늘 끝 하나 들어갈 여지도 없었습니다. 세상에 나아가 교화를 펼치고 법문을 하실 때에는 큰 바다에 파도가 치듯이 그렇게 무진장 법문을 하셨지만, 일단 물러서서는 아주 저 장승같이, 돌미륵같이 아무 말 없이 가만히 계셨으니, 이것이 깨친 이의 본색입니다.

23.
松老雲閑에 **曠然自適**이로다.
(송로운한)　(광연자적)

늙은 소나무 한가로이 구름은 떠돌고 걸림 없이 유유자적하도다.

송로운한(松老雲閑)이여, 백년천년 오래된 소나무가 심산구곡에 낙락장송으로 서 있는데 한가한 구름이 와서 떠돌더라. 임제스님이 물러나 은거해 있으면서 한가롭게 지내는 모습을 표현한 말입니다. 임제스님이 천년만년 된 낙락장송 그 자체야. 그 낙락장송은 천년만년 아무리 세월이 지나도 춘하추동 언제나 푸르고 허공에 늘 우뚝 서 있습니다. 거기에 한가한 구름만 왔다갔다 할 뿐이라 말입니다. 광연자적(曠然自適)이라, 광연(曠然)은 드넓게 확 트인 온 법계, 10리, 20리, 천리만리 정도가 아니라 무연법계, 진시방법계(盡

十方法界)에서 유유자적 모든 것을 푹 쉬어버리고 한가로이 계시더라 이 말입니다.

24.
면벽미기　밀부장종
面壁未幾에 **密付將終**하심이여!

홀로 벽을 보고 앉은 지 오래지 않아 은밀히 법 부촉하고 임종에 들려 하심이여,

면벽미기(面壁未幾)야. 가만히 계시면서 엄실두사(掩室杜詞), 문 딱 걸어 잠그고 입 다물고 앉아 계신 지 얼마 지나지 않아 밀부장종(密付將終), 친밀히 법을 부촉하고 떠날 임종의 시간이 이르렀다는 말입니다. 꼭 방에 앉아서 면벽해야만 이게 면벽이 아니라 언제든지 입 딱 다물고 아무 말씀도 없이 계시면 이것이 면벽입니다. 면벽한 지 오래지 않아 정법을 친밀히 부촉하고 세상 인연이 다해 다른 인연 처소로 가려는 참이라 말입니다.

25.
정법　수전　할려변멸
正法을 **誰傳**고 **瞎驢邊滅**이로다.

나의 정법을 누구에게 전할까, 눈먼 나귀에게서 없어지는구나!

그러면 임제의 정법을, 저 석가와 달마로부터 내려온 임제의 정법을 누구한테 전하느냐? 임제스님이 열반에 드시려고 할 때에 삼성스님에게 말씀하시기를, "내가 죽고 난 뒤에 나의 정법안장이 없어지지 않도록 하라."고 하니, 삼성스님이 나서며 "큰스님의 정법안장을 어찌 없애버릴 수 있겠습니까?" 하였습니다.

삼성혜연(三聖慧然) 스님은 그 당시 임제스님의 맏상좌로 나중에 『임제록』을 편집하였고, 홍화스님 못지않게 이름을 떨친 큰스님입니다.

임제스님이 묻기를, "누가 너에게 법을 묻는다면 너는 어떻게 말하겠느냐?" 하니, 삼성스님이 "할(喝)!" 하고 벽력같이 고함을 쳤습니다. 그러자 임제스님이 "나의 정법안장이 할려변멸(瞎驢邊滅)이여. 저 눈먼 나귀한테 가서 아주 없어지겠구나."라고 했습니다. 법을 전해야 하는데, 사람도 아니고 눈먼 나귀, 아무 짝에도 못 쓰는 어리석은 눈먼 나귀한테로 가서 정법안장이 완전히 멸망해버리리라고 한 것입니다.

아니, 삼성혜연 같은 걸출한 제자가 할(喝) 하고 고함치며 응대하면 "아이고, 네가 그만하면 법을 장하게 쓸 줄 아니, 내 법은 삼성, 너한테 가서 참말로 멸실되지 않도록 네가 법을 잘 전해라." 하고 이렇게 말씀해주실 법도 한데, 정반대로 말씀하셨습니다. 삼성스님은 정안을 갖춘 내소사인데, "사람도 아니고 짐승, 죽생 중에도 눈먼 나귀여, 아, 저런 놈한테 가서 내 정법안장이 완전히 없어져버리겠구나!" 하고 한탄스럽게 말씀하신 것입니다.

하지만 임제스님의 이 말을 이렇듯 피상적으로만 이해하면 상신실명(喪身失命)하고 맙니다. 말은 동쪽에 있는데 뜻은 서쪽에 있기 때문입니다. 그래서 언제든지 이런 법문은 말을 따라가지 말고 꼭 말속에 든 근본 뜻을 바로 깨쳐야 합니다.

보통으로 볼 때는 '법이 아주 없어져버리겠구나'라고 말씀한 것처럼 보이지만 사실은 그것이 아니고 저 깊은 뜻이 있습니다. 이 깊은 뜻이라는 것은, 누구든지 임제나 삼성스님처럼 참으로 정법안장을 확철히 깨쳐 일체만법에 자유자재한 대종사가 아닐 것 같으면 알지 못합니다.

또, 말은 동쪽에 있는데 뜻은 서쪽에 있다고 하니까, '그럼 없어지지 않는다는 말 아닌가?' 하고 이렇게도 이해할지 모르겠습니다. 그렇지만 그것이 아니다 말입니다. 여기서는 '멸(滅)이다 혹은 멸(滅)이 아니다, 없어졌다 혹은 없어진 것이 아니다'라는 데에 핵심이 있는 것이 아닙니다. 이 말씀의 근본 뜻은 금방도 말했지만 임제스님이나 삼성스님 같은 대조사가 아니면 모릅니다.

임제스님의 정법안장이 그때 다 없어져버렸으면 어떻게 대조사들이 계계승승해서 대를 이어 그렇게 많이 나오고, 임제종이 천하에 퍼질 수 있었겠습니까? 이것은 바로 깨쳐야 알지 그전에는 모릅니다.

26.
_{원각노연   금위유통}
圓覺老演이 **今爲流通**하니,

원각종연 노스님이 이제 『임제록』을 널리 유통시키니,

원각노연(圓覺老演)은 원각사(圓覺寺)라는 절에 거처하던 종연(宗演)선사를 가리키는데, 운문종의 운문스님 밑에 8세손입니다. 하북(河北) 출신으로서 선화(宣和, 1119~1125) 연간에 궁중으로 초대받아 설법하였으며, 천자의 신임이 두터운 명승이었습니다. 그 종연 스님이 『임제록』을 수집해 1120년에 다시 펴냈습니다. 이제, 원각사의 늙은이가 임제의 어록을 수집해서 천하에 유통을 시켰다는 것입니다.

27.
_{점검장래   고무차천}
點撿將來관대 **故無差舛**이로다.

내용을 자세히 점검해 보건대 참으로 틀림없도다.

내용을 자세히 점검하고 검사해 보니, 글자든 뜻이든 무엇이든 간에 잘못된 부분이 하나도 없이 아주 완벽하다는 말입니다. 실제에 있어서 원각종연 선사 전에도 『임제록』이 전해지기는 했지만 이렇게 널리 천하에 유통되지는 못했어요. 그런데 원각종연 선사가 원을 세우고 『임제록』을 펴내서 천하에 유통시켰습니다. 출판을 하다보면 그래도 혹 착오가 있을 수 있고 글자도 잘못되고 와전도 될 수 있다 말입니다. 그렇건만 모든 것을 어떻게나 정밀하게 잘했는지 아무 착오도 없이 완전한 『임제록』을 전했다는 말입니다.

28.
유여일할　　　상요상량
唯餘一喝하고는 **尙要商量**하니,

오직 한마디 할(喝)을 남기노니 오히려 헤아려 보아야 할지니라.

임제스님은 입문변할(入門便喝), 찾아오는 사람 누구에게나 할(喝)을 하였는데 할(喝)한 이것, 고함 한 번 확 지른 이것만은 상요상량(尙要商量), 아직 더 상량을 필요로 합니다. 이리저리 횡야설수야설(橫也說豎也說)하면서 무슨 잡된 말들이 들어가지는 않았나 살펴보아야 한다는 말입니다. 진짜 법문은 일할(一喝)하는 거기에 다 있고, 그 외의 여러 가지 법문은 부득이해서 방편으로 한 것이므로 여기서 알아야지 일할(一喝), 이 뜻을 모를 것 같으면 『임제록』을 전부 다 외우더라도 실제 임제의 뜻을 모르는 것입니다.

그래서 누구든지 임제스님 말을 따라가지 말고 임제스님이 소리 한 번 지른, 이 일할(一喝)을 분명히 바로 깨쳐야만 임제스님의 법을 알 수 있는 것이지 말을 따라가기만 해서는 안 된다는 것입니다.

29.
구안선류　　기무잠거
具眼禪流는 **冀無賺擧**어다.

바라노니 안목 갖춘 선객들은 부디 (임제스님의 가르침을) 잘못 말하지(전하지) 말지어다.

구안선류(具眼禪流), 바른 눈을 갖춘 선수행자 무리라는 말입니다. 눈을 갖춘다 함은, 보통 양쪽 눈 이것만 가지고서는 안 되고 참으로 법안, 혜안, 정법안(正法眼)을 갖추어야 한다는 말입니다. 이 정법안이란 것이 어디에 붙었느냐 하면 저 정문, 정수리에 붙어 있습니다. 정문에 무슨 눈이 있어 정문에 눈을 갖추라 하는가? 실제에 있어서 보통 사람이 가지고 있는 양쪽에 박힌 그 눈으로 봐서는 『임제록』을 억천만겁이 지나도 결코 보지 못합니다. 그 눈으로 봐서는 보이지 않습니다. 하지만 확철히 깨칠 것 같으면 어떤 눈이 생기느냐 하면 저 정문에 눈이 하나 크게 뚫려요. 이 정문에 제3의 눈이 뚫어져 삼천대천세계를 비춰줍니다

그런 참으로 정안을 갖춘 선류(禪流)일진대 기무잠거(冀無賺擧),

임제스님의 법문을 잘못 전하지 말라, 속이지 말라는 말입니다. 공연히 자기도 알지 못하면서 쓸데없는 사량복탁(思量卜度), 번뇌 망상을 가지고 임제스님 법이 이러니저러니 한다면 임제스님의 법만 망치고 마는 것이 아니라, 자기 자신이 먼저 죽는다 말입니다.

참으로 정문에, 이마 한가운데에 정법안을 갖춘 매서운 납승이 아닐 것 같으면 『임제록』을 천년만년 외우더라도 끝내 이해를 못하고 맙니다. 그러니까 누구든지 이 『임제록』을 보는 이라면 정문안을 갖추어 조금도 그릇됨이 없이 법을 바로 전해라, 바로 전하려면 확철히 바로 깨쳐야 하고 바로 깨치기 전에는 모른다 이 말입니다.

그래, 바로 깨치려면 공부를 부지런히 해야 될 일 아니겠어요? 공부하지도 않고 어찌 깨칠 수 있나요? 그러니까 누구든지 여기에서 지금 법문을 듣고 있는 사람들도 어떻게 해서든지 화두공부를 부지런히 해 가지고 확철히 깨쳐 임제스님 법을 바로 알아야 합니다. 그리하기 전에는 내가 미래 겁이 다하도록, 귀에 못이 박히도록 아무리 얘기를 해 보아도 우비독경(牛鼻讀經)이야. 쇠코에 경 읽어주는 것과 한가지다 이 말입니다. 쇠귀에 경을 읽어도 안 되는데, 쇠코에 경을 읽어주어서야 무슨 소용이 있어요? 아무 소용없다 말입니다. 그래서 실제 임제스님을 아느냐 모르느냐, 이 법문을 이해하나 못하나 하는 것은 공부를 부지런히 해 바로 깨쳐야지, 바로 깨치지 못한다면 『임제록』뿐 아니라 팔만대장경을 거꾸로 외우고 모로 외워도 아무 소용이 없습니다.

선화경자중추일　　근서
宣和庚子中秋日에 **謹序**하노라.

선화(宣和) 경자(庚子, 1120) 한가위에 삼가 쓰다.

선화경자중추일(宣和庚子·中秋日)은 북송 휘종 2년 때의 중추절입니다. 서기로 보면 1120년이에요. 임제스님이 돌아가신 지 254년 뒤에 원각종연 선사가 『임제록』을 천하에 널리 유통케 했습니다. 그렇다고 그 이전에는 『임제록』이 천하에 유통되지 않았나 하면 그건 아니에요. 조금씩 베껴 쓰고 했지만 이렇게 천하에 널리 유포된 것은 임제스님이 돌아가신 지 254년이나 후의 일이었습니다.

마방의 서문을 마칩니다.[19]

---

19 「마방의 서」에 대한 평석의 첫 머리에서 성철스님은 "역사서에 마방이라는 이름이 전해지지 않고 있습니다. 다만 임제스님 어록의 서문을 지은 것으로 보아 불교에 조예가 있었던 분으로 생각됩니다."고 해설하고 있다. 그런데 『성철스님 임제록 평석』을 정리하는 과정에 마방과 관련된 역사적 기록들을 적지 않게 찾았기에 간략히 소개하고자 한다. 마방과 관련된 기록을 비교적 많이 전하는 역사서는 『송회요집고(宋會要輯稿)』이다. 대만 중문대사전편찬위원회가 1982년 발행한 『중문대사전(中文大辭典)』(중국문화대학출판부) 제3권(p.416)에 의하면, 총 4백60권으로 이뤄진 『송회요집고(宋會要輯稿)』(한국·일본에서는 『송회요(宋會要)』라 부르기도 한다)는 청나라 사람 서송(徐松. 1781~1848)이 가경(嘉慶, 1796~1820) 연간에 편집한 역사서로서 송나라 당시 편수된 『회요(會要)』와 명나라 때 편찬된 『영락대전(永樂大典)』 등에 산재된 사료들을 한곳에 모아 편집한 것인데, 유감스럽게도 정식으로 출판되기 전에 서송이 타계하고 말았다. 오랜 세월 묵혀있던 원고를 광서(光緖, 1875~1908) 연간에 쥐늑한 장지동(張之洞)이 중화민국 4년(1915)에 교감했고, 그 뒤 유승간(劉承幹)이 다시 정리·보강한 원고를 북평도서관(北平圖書館. 북평은 당시 북경의 명칭)이 중화민국 20년(1931)에 구입해 중화민국 24

년(1935)에 영인·출간함으로써『송회요집고(宋會要輯稿)』의 존재가 비로소 세상에 알려지게 됐다. 그 후 북경의 중화서국이 1957년 복제·발행했고, 1997년 제3쇄를 출판했다. 대만의 신문풍출판사(新文豊出版社) 또한 북평도서관의 이 책을 1976년 영인·출간했다. 주목할 것은 왕덕의(王德毅)가 편저(編著)하고, 대만의 신문풍출판사가 1978년 출판한『송회요집고인명색인』이 2014년 상해고적출판사가 펴낸 표점본(전16권)과 함께『송회요집고(宋會要輯稿)』의 학술적 연구와 활용에 새로운 장을 열었다는 점이다.

『송회요집고(宋會要輯稿)』와 더불어 마방 연구에 자료를 제공하는 역사서로는 송나라 이도(李燾. 1115~1184)가 저술한『속자치통감장편(續資治通鑑長編)』이 있다. 이 책 제339권에 마방에 관한 기록이 한 줄 나온다. 북경의 중화서국 편집부가 1990년 출간한『속자치통감장편(續資治通鑑長編)』제339권(제23책. p.8162)에 있는, "도적을 사로잡은 공로로 건주(虔州) 감현위 마방에게 선덕랑(宣德郎)을 제수했다."는 서술이 그것이다. 마방에 관한 보다 자세한 기록은『송회요집고(宋會要輯稿)』에 있다. ①『송회요집고』제30책(중화서국 영인본 제2권 p.1282)에 "대관(大觀) 2년(1108) 상서형부시랑 마방…"의 기록, ②『송회요집고』제30책(중화서국 영인본 제2권 p.1284)에 "대관2년(1108) 12월… 형부시랑 마방…"의 기록, ③『송회요집고』제34책(중화서국 영인본 제2권 p.1441)에 "선화(宣和) 6년(1124) 4월 연강전학사 마방에게 은 3백 냥과 비단 3백 필을 특별히 하사하다…"의 기록, ④『송회요집고』제51책(중화서국 영인본 제2권 p.2029)에 "선화 6년(1124) 4월 연강전학사광록대부 마방을 특진시키다."는 기록, ⑤『송회요집고』제73책(중화서국 영인본 제3권 p.2898)에 "숭녕(崇寧) 5년(1106) 6월 7일 마방의 관직을 특별히 한 등급 올렸다."는 기록, ⑥『송회요집고』제90책(중화서국 영인본 제4권 p.3540)에 "숭녕(崇寧) 5년(1106) 정월 20일 마방을 형부시랑에서 파직시키고, 중봉대부(中奉大夫)에 임명했다."는 기록, ⑦『송회요집고』제95책(중화서국 영인본 제4권 p.3744)에 "정화(政和) 2년(1112) 8월 29일 형부시랑 마방…"의 기록, ⑧『송회요집고』제95책(중화서국 영인본 제4권 p.3754)에 "정화 2년(1112) 형부시랑 마방…"의 기록, ⑨『송회요집고』제99책(중화서국 영인본 제4권 p.3918)에 "대관(大觀) 4년(1110) 형부시랑 마방의 관직을 한 등급 강등해 지기주로 삼았다…"는 기록, ⑩『송회요집고』제120책(중화서국 영인본 제5권 p.4768)에 "정화(政和)원년(1111) 5월 26일 복중대부 지기주 마방…"의 기록, ⑪『송회요집고』제168책(중화서국 영인본 제7권 p.6638)에 "정화 2년(1112) 2월 13일 상서형부시랑 마방…"의 기록, ⑫『송회요집고』제168책(중화서국 영인본 제7권

p.6664)에 "숭녕(崇寧)2년(1103) 대리사소경(大理寺少卿) 마방…"의 기록, ⑬ 『송회요집고』 제190책(중화서국 영인본 제8권 p.7452)에 "정화 6년(1116) 6월 18일…경략사(經略使) 조적(趙適)·마방 등의 관직을 한 등급 올렸다…"는 기록 등 13건의 자료들을 종합하면, 마방은 숭녕(崇寧) 5년(1106) 요나라에 사신으로 갔다가 명(命)을 제대로 이행하지 못했다는 이유로 중봉대부(中奉大夫)로 강등됐으나, 대관(大觀) 2년(1108) 예전의 관직인 상서형부시랑(尙書刑部侍郞)에 복직된다. 대관(大觀) 4년(1110) 요나라에 다시 사신으로 갔다가 손가락을 잘리는 아픔을 겪을 뿐 아니라, 관직도 지기주로 강등된다. 그러나 정화원년(1111) 수현전수찬지소주(修賢殿修撰知蘇州)에 오르며 승진을 거듭, 연강전광록학사대부를 거쳐 정화(政和) 6년(1116) 경략사(經略使)가 된다. 『송회요집고』 제51책(중화서국 영인본 제2권 p.2029)에 "선화(宣和) 6년(1124) 4월 연강전학사광록대부(延康殿學士光祿大夫) 마방을 특진시키다."는 기록이 있는 것으로 보아 당시 그의 직책은 연강전학사광록대부였던 것으로 판단된다. 여기서 주목할 것은 선화(宣和) 2년(1120) 집필된 『임제록』 「마방의 서」에 '연강전학사금자광록대부'라는 직책이 적혀 있다는 점이다. 따라서 마방은 적어도 1116년 이전에 연강전학사대부에 승진한 것으로 판단된다. 문제는 마방의 타계에 관한 기록이 아직까지 발견되지 않았다는 것이다. 일본학자 야나기다 세이잔은 2004년 펴낸 『임제록』(중앙공론사, p.14)에서, 『동양사학논총(東洋史學論叢)·속편(續編)』(2002년, 급고서원[汲古書院] 간행)에 나가지마 토시씨가 발표한 논문을 인용해 "마방이 선화(宣和) 6년(1124) 4월 연강전학사광록대부(延康殿學士光祿大夫)에 특진됐으나 이미 타계했다."고 기술해 놓았다. 그렇다면, 1120년 『임제록』 서문을 쓴 이후부터 1124년 사이의 어느 날 마방이 서거한 셈이다. 어찌됐든 그동안 잘 알려지지 않았던 마방이 실존인물이며, 역사서에 그의 행적이 비교적 자세히 기술될 정도로 비중 있는 사대부였음을 『송회요집고』를 통해 알 수 있다. 물론 『송회요집고』의 기록만으로는 마방이 얼마나 불교에 조예가 깊었는지 또는 선사들의 행적에 대해 어느 정도로 잘 알았는지 등을 자세히 파악하기는 힘들다.

그러나 적어도 『임제록』 서문이 보여주듯 마방은 당나라의 배휴나 송나라의 왕안석·소동파 등 여타 사대부들처럼 불교에 상당히 조예가 깊었고, 임제스님의 일대기를 세밀하게 기술할 정도로 선사들의 행장에 대해서도 만만찮은 내공을 가졌던 인물이었음은 분명하다. 불교와 관련된 송나라 사대부들의 행적을 새롭게 연구할 필요가 있음을 새삼 부각시켰다는 점에서도 『송회요집고』에 있는 마방의 기록들을 주목할 필요가 있다고 생각한다.

3장 상당

01

일대사인연(一大事因緣)

부주왕상시　　여제관　　　청사승좌　　　사상당운
府主王常侍가 與諸官으로 請師升座하니 師上堂云,
　산승　금일　　사불획이　　곡순인정
　山僧이 今日에 事不獲已하야 曲順人情하여
　방등차좌　　약약조종문하　　청양대사
　方登此座하나 若約祖宗門下에 稱揚大事인대
　직시개구부득　　　무이조족처
　直是開口不得이며 無爾措足處니라.
　산승　차일　이상시견청　　나은강종
　山僧이 此日에 以常侍堅請이니 那隱綱宗이리요!
　환유작가전장　　직하　전진개기마　　대중증거간
　還有作家戰將하야 直下에 展陣開旗麽아 對衆證據看하라.
　승문　여하시불법대의
　僧問, 如何是佛法大意오?
　사변할　　승　예배
　師便喝한대 僧이 禮拜라.
　사운　저개사승　　각감지론
　師云, 這箇師僧이 却堪持論이로다.

문 사 창수가곡 종풍 사아수
問, 師는 唱誰家曲이며 宗風은 嗣阿誰오?

사운 아재황벽처 삼도발문 삼도피타
師云, 我在黃檗處에 三度發問하야 三度被打라.

승 의의 사변할 수후타운
僧이 擬議한대 師便喝하고 隨後打云,

불가향허공리정궐거야
不可向虛空裏釘橛去也니라.

유좌주문 삼승십이분교 기불시명불성
有座主問, 三乘十二分敎[1]가 豈不是明佛性고?

사운 황초 부증서
師云, 荒草를 不曾鋤로다.

주운 불기잠인야
主云, 佛豈賺人也리오!

사운 불재십마처
師云, 佛在什麼處오?

주무어 사운 대상시전 의만노승
主無語어늘 師云, 對常侍前하야 擬瞞老僧이로다.

속퇴속퇴 방타별인제문
速退速退하라. 妨他別人諸問인저.[2]

부운 차일법연 위일대사고 갱유문화자마
復云, 此日法筵은 爲一大事故니 更有問話者麼아?

속치문래 이재개구 조물교섭야
速致問來하라. 爾纔開口하면 早勿交涉也니라.

---

1 삼승십이분교: 일체의 경전을 가리킨다. 삼승은 성문승·연각승·보살승 각각에 대한 세 가지 교법을 가리키고, 십이분교는 십이부경이라고도 하는데 경전을 서술하는 형식과 내용에 따라 12가시로 나눈 것이나.

2 『臨濟錄』古尊宿語錄4 X.68 p.23b;『天聖廣燈錄』권10 X.78 p.467b 등에는 "妨他別人請問"이라 되어 있다.

하이여차   불견   석존   운
何以如此오? 不見가! 釋尊이 云하되

법리문자   불속인부재연고
法離文字며 不屬因不在緣故라 하니라.³

위이신불급   소이금일갈등
爲爾信不及일새 所以今日葛藤이라

공체상시여제관원   매타불성   불여차퇴
恐滯常侍與諸官員하여 昧他佛性이니 不如且退하리라.

할일할   운 소신근인   종무요일   구립진중
喝一喝하고 云, 少信根人은 終無了日이로다. 久立珍重하라.

하북부 성덕군의 지방장관인 왕상시(王常侍)가 관원들과 함께 임제스님에게 법좌에 올라 설법할 것을 청하니, 임제스님이 법좌에 올라 말했다.

"산승이 오늘 형편상 마지못해, 인정에 따라 어쩔 수 없어 이 자리에 오르게 되었다. 하지만 조사의 문하에 일대사인연을 들어 보이는 것은 입을 열어 말할 수도 없고, 그대들도 발 디딜 곳이 아무 데도 없다.

그러나 오늘 왕상시가 간절히 청하니 산승이 어찌 근본도리를 숨기겠는가! 또한, 뛰어난 본색종장(本色宗匠)이라면 당장 진을 치

---

3 "대혜야, 나를 비롯하여 모든 부처님과 여러 보살들은 한 글자도 설하지 않고 한 글자도 답하지 않는다. 왜 그러하겠느냐? 법은 문자를 벗어나 있기 때문이다."(『楞伽經』 권4 「一切佛語心品」 T.16 p.506c, 大慧, 我等諸佛, 及諸菩薩, 不說一字, 不答一字. 所以者何? 法離文字故.); 『維摩詰所說經』 권상 「弟子品」 T.14 p.540a, "法不屬因, 不在緣故."

고 깃발을 꽂고 법전(法戰)을 펼쳐볼 만하지 않겠는가? 대중 앞에 증명해 보여라!"

그때 한 스님이 "어떤 것이 불법의 큰 뜻입니까?"라고 묻자, 임제스님이 곧장 '할(喝)!' 하고 그 스님은 절을 하였다.

임제스님이 말했다. "이 스님과는 그래도 말을 나눌 만하구나."

그 스님이 임제스님에게 물었다. "스님은 누구의 노래를 부르시며, 어느 분의 종풍을 계승했습니까?"

임제스님이 답했다. "나는 황벽스님 회하에서 세 번 물었다가 세 번 얻어 맞았다."

그 스님이 머뭇거리며 무어라고 말하려는데, 임제스님은 '할(喝)!' 하고 나서 바로 한 차례 때리면서 말했다.

"허공에 말뚝 박지 마라."

어떤 좌주가 임제스님에게 물었다.

"삼승십이분교가 어찌 불성을 밝힌 것이 아니겠습니까?"

임제스님은 "잡초를 호미로 맨 적이 없다."[4]고 했다.

좌주가 "부처님께서 어찌 사람을 속이셨겠습니까!" 하니

임제스님은 "부처가 어디에 있단 말인가?"라고 하였다.

좌주가 말이 없자 임제스님이 말했다.

"상시 앞에서 이 노승을 속이려 하는구나. 속히 물러나라, 물러

---

4 잡초는 번뇌를 비유한다. 애써 번뇌를 제거하고 불성을 드러낼 필요가 없다. 즉 번뇌즉보리(煩惱卽菩提)라는 맥락이다.

나. 다른 사람들이 묻는 것까지 방해하고 있다."

다시 임제스님이 말했다.

"오늘 이 법회는 일대사(一大事)를 밝히기 위한 것이니, 더 묻고자 하는 이가 있는가? 있거든 빨리 나와서 물어라. 그런데 그대가 조금이라도 입을 열기만 해도 깨달음과는 이미 어긋나버리고 만다. 어째서 그러한가? 부처님께서 '법은 문자를 여의었으므로, 인(因)에도 속하지 않고 연(緣)에도 있지 않는 까닭'이라고 말씀하신 것을 들어보지 못했는가!

그대들의 믿음이 철저하지 못하기에 오늘 번다하게 말했다. 이 말이 상시와 그들 관원들을 가로막아 불성을 어둡게 할까 걱정이니, 산승도 그만 물러가는 것이 좋겠다."

임제스님이 한소리 크게 내지르고 말했다. "믿음이 부족한 사람은 영영 깨달을 날이 없다. 오래 서서 듣느라 수고했으니 편안히 쉬어라."

02

천수천안의 바른 눈〔正眼〕

師因一日에 到河府한대 府主王常侍가 請師升座하니라.
時에 麻谷이 出問하되 大悲千手眼에 那箇是正眼고 하니 師云,
大悲千手眼에 那箇是正眼고? 速道速道하라 하시다.
麻谷이 拽師下座하고 麻谷이 却坐하니
師近前하여 云, 不審이로다.
麻谷이 擬議한대 師亦拽麻谷下座하고 師却坐라.
麻谷이 便出去어늘 師便下座하니라.

임제스님이 하루는 하북부(河北府)에 가니 부주인 왕상시가 임제스님께 법문해 수시기를 청하여 법좌에 올랐다. 그때 마곡(麻谷)스님이 나와서 물었다.

"대비관세음보살의 천 개 손의 천 개 눈 가운데 어느 눈이 바른 눈[正眼]입니까?"

임제스님이 말하기를, "대비관세음보살의 천 개 손의 천 개 눈 가운데 어느 눈이 바른 눈인가? 어서 말하라, 어서!"라고 하였다.

마곡스님이 임제스님을 법좌에서 끌어내리고 도리어 자기가 법좌에 올라앉자, 임제스님이 앞으로 다가가 "오늘은 어떠하십니까?" 하고 문안 인사를 했다.

마곡스님이 머뭇거리자 임제스님도 똑같이 마곡스님을 법좌에서 끌어내리고 다시 법좌에 앉았다. 마곡스님이 휙 나가버리자 임제스님도 법좌에서 곧바로 내려왔다.

03

걸림 없이 깨친 사람〔無位眞人〕

　　상당운　적육단상　　유일무위진인
　　上堂云, 赤肉團上에 **有一無位眞人**이라
　　상종여등제인면문출입　　　　미증거자　간간
　　常從汝等諸人面門出入하나니 **未證據者**는 **看看**하라.
　　시　유승출문　　　여하시무위진인
　　時에 **有僧出問**하되 **如何是無位眞人**고?
　　사하선상　파주운　도도　　기승　의의　　사탁개
　　師下禪床하여 **把住云, 道道**하라! **其僧**이 **擬議**한대 **師托開**하고
　　운　무위진인　시십마간시궐　　변귀방장
　　云, 無位眞人은 **是什麽乾屎橛**고! **便歸方丈**하다.

임제스님이 상당하여 말했다.

"붉은 살덩어리에 무위진인(無位眞人)이 있어, 항상 그대들의 얼굴로 드나드니, 아직 보지 못한 사람은 잘 살펴보고 살펴보아라."

그때 한 스님이 나와 물었다.

"무엇이 '걸림없이 깨친 사람[無位眞人]'입니까?"

임제스님은 선상에서 내려와 그 스님의 멱살을 움켜잡고 말했다.
"말해라, 말해봐!"
그 스님이 무슨 말을 하려 머뭇거리자 임제스님은 그 스님을 탁 밀치며 말했다.
"걸림없이 깨친 사람이라니, 이 무슨 마른 똥막대기 같은 소리인가!"
하고는 곧바로 방장실로 돌아가 버렸다..

04
주인의 할(喝)과 손님의 할(喝)

　　상당　　유승출예배　　　사변할
上堂에 **有僧出禮拜**어늘 **師便喝**하니라.

　　승운　노화상　　　막탐두호
僧云, 老和尙은 **莫探頭好**로다.

　　사운 이도　　　낙재십마처　　승　변할
師云, 爾道하라. **落在什麽處**오? **僧**이 **便喝**하니라.

　　우유승문　　　여하시불법대의
又有僧問하되 **如何是佛法大意**오?

　　사변할　　승　예배　　　사운 이도　　　호할야무
師便喝한대 **僧**이 **禮拜**어늘 **師云, 爾道**하라. **好喝也無**아?

　　승운 초적　대패　　　사운 과재십마처
僧云, 草賊이 **大敗**로다. **師云, 過在什麽處**오?

　　승운 재범　　불용　　　사변할
僧云, 再犯을 **不容**이로다. **師便喝**하니라.

　　시일　양당수좌　　상견　　동시　　하할　　승　문사
是日에 **兩堂首座**가 **相見**하고 **同時**에 **下喝**하니 **僧**이 **問師**호되

　　환유빈주야무　　　사운 빈주역연
還有賓主也無아? **師云, 賓主歷然**이로다.

師云, 大衆아, 要會臨濟賓主句인댄 問取堂中二首座하라 하고
便下座하다.

임제스님이 상당하자, 어떤 스님이 법상 앞으로 나와서 절을 하였다. 임제스님이 곧장 '할!' 하니 그 스님이 말했다.

"노스님께서는 쓸데없이 남의 속을 떠보지 않는 것이 좋을 것입니다."

임제스님이 "네가 말해 보아라. 이 고함은 어디에 귀착되느냐?" 하였다.

그 스님이 별안간 '할!' 했다.

또 다른 한 스님이 물었다.

"어떤 것이 불법의 큰 뜻입니까?"

임제스님이 '할!' 하자 그 스님이 절을 함에, 임제스님이 말했다.

"말해 보아라. 너는 훌륭한 고함이었다고 생각하느냐?"

"좀도둑이 크게 실패하였습니다."

"허물이 어디에 있느냐?"

"다시 죄를 범하면[再犯] 용서치 않겠습니다."

임제스님이 바로 '할!' 했다.

그날 양당의 두 수좌가 서로 만났는데, 동시에 고함치니 이를 본 한 스님이 임제스님께 물었다.

"손님[賓]과 주인[主]의 구별이 있습니까?"

"손님과 주인의 구별이 분명하다."

그러고는 임제스님이 말했다.

"대중들이여! 손님과 주인에 관한 임제의 법문을 알고자 한다면 선당의 두 수좌에게 묻도록 하라." 하고는 곧바로 법좌에서 내려왔다.

05

법을 구하는 마음가짐

상당 승문 여하시불법대의
上堂에 僧問호되 如何是佛法大意오?

사수기불자 승 변할 사변타
師竪起拂子하니라. 僧이 便喝하니 師便打하다.

우승문 여하시불법대의
又僧問호되 如何是佛法大意오?

사역수기불자 승 변할 사역할 승 의의
師亦竪起拂子한대 僧이 便喝이어늘 師亦喝하니 僧이 擬議라.

사변타
師便打하니라.

사내운 대중 부위법자 불피상신실명
師乃云, 大衆아! 夫爲法者는 不避喪身失命이니라.

아이십년 재황벽선사처 삼도문불법적적대의
我二十年에 在黃檗先師處하야 三度問佛法的的大意라가

삼도몽타사장 여호지불착상사
三度蒙他賜杖하야 如蒿枝拂著相似하니라.

여금 갱사득일돈방끽 수인 위아행득
如今에 更思得一頓棒喫하니 誰人이 爲我行得고?

시 　 유승 　 출중 　 　 운 　 　 모갑 　 행득
時에 **有僧**이 **出衆**하여 **云**하되 **某甲**이 **行得**이니다.
사 염 방 여 타 　 　 기승 　 의접 　 　 사 　 변타
師拈棒與他한대 **其僧**이 **擬接**이어늘 **師**가 **便打**하다.

임제스님이 상당하자 한 스님이 물었다.

"어떤 것이 불법의 큰 뜻입니까?"

임제스님이 불자(拂子)를 세워 들자 그 스님이 별안간 고함치니, 임제스님이 바로 후려쳤다.

또 다른 스님이 물었다.

"어떤 것이 불법의 큰 뜻입니까?"

임제스님이 또 불자를 세워 드니 그 스님이 고함쳤다.

임제스님도 역시 고함치니, 그 스님이 우물쭈물하자 임제스님이 바로 때렸다.

곧 이어서 임제스님이 말했다.

"대중들이여! 무릇 불법의 진리를 구하는 이는 목숨 잃는 것도 피하지 말아야 한다. 나는 20년 전에 황벽스님 회상에 있으면서 세 차례 불법의 큰 뜻을 물었다가 세 차례 다 몽둥이로 얻어맞았지만, 마치 쑥대[蒿枝]로 살짝 쓰다듬는 것과 같았다. 지금 다시 한 차례 일돈방, 20방의 방망이를 얻어맞고 싶은데, 누가 나를 때려주겠는가?"

그때 한 스님이 대중 가운데서 나와 말했다.

"제가 때려 드리겠습니다."

임제스님이 몽둥이를 집어 건네주자, 그 스님이 받아 쥐려는 순간 임제스님이 곧바로 그 스님을 때렸다.

06

진퇴양난의 관문

상당 승문   여하시검인상사
上堂에 **僧問**호되 **如何是劍刃上事**오?
사운 화사화사   승   의의   사변타
師云, 禍事禍事로다! **僧**이 **擬議**한대 **師便打**하다.
문   지여석실행자   답대망각이각   향십마처거
問호되 **秖如石室行者**가 **踏碓忘却移脚**하니 **向什麼處去**오?
사운 몰닉심천
師云, 沒溺深泉이니라.
사내운 단유래자   불휴흠이   총식이래처
師乃云, 但有來者하면 **不虧欠伊**하야 **總識伊來處**노라.
약여마래   흡사실각   불여마래   무승자박
若與麼來하면 **恰似失却**이요 **不與麼來**하면 **無繩自縛**이니
일체시중   막란짐작   회여불회   도래시착
一切時中에 **莫亂斟酌**하라. **會與不會**에 **都來是錯**이라.
분명여마도   일임천하인폄박   구립진중
分明與麼道거니와 **一任天下人貶剝**하노라. **久立珍重**하라.

임제스님이 상당하자 한 스님이 물었다.

"어떤 것이 칼날 위[5]의 일입니까?"

"위험하다, 위험해!"

그 스님이 무언가 말하려고 머뭇머뭇하자, 임제스님이 그대로 주장자로 후려쳤다.

한 스님이 물었다.

"저 석실행자가 방아를 찧다가 발 떼는 것을 잊었다 하니 어느 곳으로 간 것입니까?"

임제스님이 말했다. "깊은 샘 속에 빠져버렸다."

임제스님이 이어서 말했다.

"나는 나에게 찾아오는 어떠한 사람에 대해서도 잘못 보는 일이 없으니, 나는 그가 어디서 왔는지 모두 알아낸다.

만약 이처럼 온다면 그 사람은 자기를 잃어버린 것과 같고, 만약 이처럼 오지 않는다면 그는 오랏줄이 없는데도 스스로 묶여 있는 것과 같으니, 항상 어느 때라도 함부로 어림잡아 짐작하지 마라.

알거나 알지 못하거나 모두가 틀린 것이다. 나는 분명히 말하거니와 천하 사람들이 다 비방한다 해도 상관하지 않겠다. 오래 서 있었으니, 편안히 쉬어라."

---

5 "칼날 위의 일'이란 본분사[此事]에 대해 말하자면 한 자루 칼과 같다는 뜻이다. '위험하다, 위험해'라고 한 말은 머뭇거리면 목숨을 잃는다는 뜻이다. 그 스님이 과연 머뭇거렸기 때문에 곧바로 때린 것이니, 이것이 바로 칼날 위의 일을 활용해보인 것이다."(『禪門拈頌說話』 621칙 H.5 p.483c, 劍刃上事者, 若論此事, 如一口劍也. 禍事禍事者, 擬議則喪身失命也. 其僧果然擬議故便打, 是用得劍刃上事也.)

07

고봉정상(高峰頂上)과 십자가두(十字街頭)

_{상당운}
上堂云,

_{일인}　_{재고봉정상}　_{무출신지로}　_{일인}　_{재십자가두}
一人은 **在孤峰頂上**하야 **無出身之路**요, **一人**은 **在十字街頭**하야

_{역무향배}　_{나개재전}　　_{나개재후}
亦無向背니 **那箇在前**이며 **那箇在後**요?

_{부작유마힐}　　_{부작부대사}　　_{진중}
不作維摩詰하며 **不作傅大士**하노니 **珍重**하라.

임제스님이 상당하여 말했다.

"한 사람은 높디높은 산봉우리 꼭대기에 있으니 몸을 벗어날 길이 없고, 한 사람은 번화한 네거리에 있으면서 앞도 없고 뒤도 없도다.

누가 앞에 있고 누가 뒤에 있느냐? 유마힐(維摩詰)이라고도 하지

말고, 부대사(傅大師)⁶라고도 하지 말라. 편히 쉬어라."

---

6   부대사(497~569)는 중국 양나라 사람으로 속성은 부(傅) 씨, 이름은 흡(翕)이며 선혜대사(善慧大士)라고도 부른다. 동토의 유마, 미륵의 분신이라고도 불린다. 『전등록』 제28권과 『속고승전』에 전한다. 그 외 『심왕경』은 선승들이 많이 인용하고 있다. 특히 아래의 시는 유명하다.
"빈손에 호미들고(空手把鋤頭)
걸어가며 물소 타네(步行騎水牛)
사람이 다리위를 가는데(人從橋上過)
다리는 흘러도 물은 흐르지 않네(橋流水不流)."

08

가사(家舍)와 도중(途中)

上堂하여 云,
有一人은 論劫在途中호되 不離家舍하고 有一人은 離家舍호되
不在途中하니 那箇合受人天供養고? 便下座하다.

임제스님이 법좌에 올라 말했다.

"한 사람은 무궁한 세월을 길 위에 나와 있으면서도 집을 떠나지 않고, 한 사람은 집을 떠났으나 길에도 있지 않다. 어느 쪽이 인간과 천상의 공양을 받을 만한가?"

그러고는 법좌에서 바로 내려왔다.

09

삼구(三句)와 삼현삼요(三玄三要)[7]

상당 승문   여하시제일구
上堂에 僧問하되, 如何是第一句오?
사 운 삼요인개   주점측   미용의의주빈분
師云, 三要印開에 朱點側이요 未容擬議主賓分이로다.
문   여하시제이구
問하되 如何是第二句오?
사 운 묘해기용무착문   구화쟁부절류기
師云, 妙解豈容無著問이며 漚和爭負截流機리오!
문   여하시제삼구
問하되 如何是第三句오?
사 운 간취붕두농괴뢰   추견   도래이유인
師云, 看取棚頭弄傀儡하라 抽牽이 都來裏有人이로다.
사우운 일구어 수구삼현문   일현문 수구삼요
師又云, 一句語에 須具三玄門이요 一玄門에 須具三要니
유권유용   여등제인   작마생회   하좌
有權有用이라. 汝等諸人은 作麼生會오? 下座하다.

임제스님이 상당하자 한 스님이 물었다.

"무엇이 제1구입니까?"

"삼요(三要)의 도장을 찍으니 붉은 점이 비뚤어지고, 말을 하려고 머뭇거리기도 전에 주인과 손님이 분명히 나누어진다."

---

7   중국 선종의 언어관은 대체적으로 불립문자(不立文字) → 불리문자(不離文字) → 불립문자(不立文字)의 과정을 거쳤다. 초기엔 일체의 언어·문자·이론을 마설(魔說)·희론(戱論)·사어(死語) 등으로 부르며 배격했다. 나아가 언어를, 증오(證悟)의 장애물로 파악했다. 이러한 언어관은 물론 선종의 태동과 밀접한 관련이 있다. 전쟁과 반란이 끊이지 않았던 위진남북조 시대의 혼란한 시대적 분위기 속에서 태동한 초기 선종의 언어 속에는 교종의 언어를 죄악시 하고, 하층과 기층 민중이 사용하던 말들이 많이 혼입됐다. 똥 닦는 휴지, 똥 막대기, 호미, 괭이, 삽베 등등이 이를 방증한다. 당시는 불립문자의 시대였다. 그러다 안록산 사사명의 반란이 평정된 이후(763) 시승(詩僧) 등이 출현하는 등 출가자들의 지적 수준이 높아지고 선종의 사상적 체계가 잡혀갈 즈음, 언어와 선 사이엔 점차 떨어지기 힘든 관계가 형성됐다. 송고·염고·평창 등 새로운 문자적 형식들이 출현해 선을 설명하기 시작했다. 소위 불리문자의 시대였다. 이러한 시대적 분위기는 북송 말기까지 (1127) 계속됐다. 그러나 정강의 사변으로 북송이 망하고, 문자에 의지해서는 결코 선리를 증득할 수 없을뿐더러 죽음이라는 절체절명의 순간에 선이 전혀 힘을 발휘할 수 없다는 사실을 체득한 선승과 사대부들은 다시금 불립문자의 세계에 발을 들여놓았다. 소위 말하는 간화선과 묵조선의 시대가 도래한 것이다. 여기서 주목할 것은 제2기, 즉 불리문자의 시대에 등장하는 선종의 언어에는 신비화(神秘化)·현학화(玄學化)의 경향이 나타나기 시작한다는 점이다. 임제의 삼현삼요, 조동종의 군신오위 등이 대표적이다. 따라서 임제의 삼구와 삼현삼요를 접할 때 이러한 역사적 언어학적 변천 과정을 염두에 두고 읽을 필요가 있다. 그래야만 현실의 살아있는 선의 언어를 만날 수 있기 때문이다. 한편, 성철 큰스님께서 여러 선사들의 송고를 끌어와 삼현삼요를 고구정녕하게 평석하신 뜻은 독자들을 진정한 깨달음의 세계로 나아가도록 하기 위한 배려가 담겨 있다. 지금의 선림에 미만(彌滿)해 있는 선에 대한 잘못된 이해와 억측들을 넘어서 올바른 진정견해를 확립하고자 노심초사하는 노사(老師)의 염원이 그 인에 들이있다. 그렇기에 심린심요를 읽을 때, 선사들이 개당설법 할 때 향을 사르어 법을 이음을 천명하는 '염향사법(拈香嗣法)'과 사법사(嗣法師)의 계보를 밝히는 '사법전등(嗣法傳燈)'으

"무엇이 제2구입니까?" 하고 어떤 스님이 물으니 임제스님이 말했다.

"근본지인 문수보살[妙解]이 어찌 무착(無著)의 후득상대지의 물음을 용납할 수 있겠으며, 방편의 차별상대지가 어찌 평등절대지를 저버릴 수 있겠는가!"

"무엇이 제3구입니까?" 하고 물으니, 임제스님이 답했다.

"무대 위의 꼭두각시놀음을 잘 보아라. 줄을 당겼다 놓았다 하며 움직이는 것이 모두 무대 뒤의 사람에게 달려 있는 것이다."

임제스님이 또 말했다.

"한 구절[一句]에 반드시 '세 가지 현묘한 방편'을 갖춰야 하고, 하나의 현묘한 방편엔 반드시 '세 가지 핵심'을 갖춰야 하니, 방편도 있고 활용도 있다. 그대들은 어떻게 이해하느냐?" 하고는 법좌에서 내려오셨다.

로 한국불교의 법맥에 대한 각종 이설들을 잠재운 『한국불교의 법맥』(장경각. 1990)과 그 책에 수록된 「백파의 파경(破鏡)」, 「승고의 삼현에 대한 잘못된 이론」 등을 함께 읽으면 삼현삼요에 대한 의미를 더욱 분명하게 파악할 수 있을 것이다.

4장 시중

01

사료간(四料簡)

<small>사 만참 시중운 유시 탈인불탈경</small>
師가 晩參에 示衆云, 有時에는 奪人不奪境이요

<small>유시 탈경불탈인 유시 인경구탈</small>
有時에는 奪境不奪人이요 有時에는 人境俱奪이요

<small>유시 인경구불탈</small>
有時에는 人境俱不奪이니라.

<small>시유승문 여하시탈인불탈경</small>
時有僧問호되 如何是奪人不奪境고?

<small>사운 후일 발생포지금 영해수발백여사</small>
師云, 煦日에 發生鋪地錦이요 瓔孩垂髮白如絲로다.

<small>승운 여하시탈경불탈인</small>
僧云, 如何是奪境不奪人고?

<small>왕령이행천하편 장군새외절연진</small>
王令已行天下遍이요 將軍塞外絶烟塵이로다.

<small>승운 여하시인경 양구탈</small>
僧云, 如何是人境을 兩俱奪고?

<small>사운 병분절신 독처일방</small>
師云, 幷汾絶信하야 獨處一方이로다.

<ruby>僧云<rt>승운</rt></ruby>, <ruby>如何是人境<rt>여하시인경</rt></ruby>을 <ruby>俱不奪<rt>구불탈</rt></ruby>고?
<ruby>師云<rt>사운</rt></ruby>, <ruby>王登寶殿<rt>왕등보전</rt></ruby>하니 <ruby>野老謳歌<rt>야로구가</rt></ruby>로다.

임제스님이 오후 법회에서 대중에게 말했다.

"어떤 때는 사람[人:주관]은 빼앗으나 경계[境:객관]는 빼앗지 않으며, 어떤 때는 경계는 빼앗으나 사람은 빼앗지 않으며,

어떤 때는 사람과 경계를 모두 빼앗으며,

어떤 때는 사람과 경계를 모두 빼앗지 않는다."

그때 한 스님이 임제스님에게 물었다.

"어떤 것이 사람은 빼앗고 경계는 빼앗지 않는 경지입니까?"

"따스한 봄날에 만물이 소생하니 대지는 비단을 깔아놓은 듯 하고, 어린아이의 늘어뜨린 머리카락은 명주실처럼 하얗구나."

어떤 스님이 임제스님에게 물었다.

"어떤 것이 경계는 빼앗고 사람은 빼앗지 않는 경지입니까?"

"왕의 법령이 천하에 두루 잘 시행되고,

변방의 장수는 전쟁을 종식시켰네."

어떤 스님이 물었다.

"어떤 것이 사람과 경계를 모두 빼앗는 경지입니까?"

"병주(幷州)와 분주(汾州)는 소식이 끊어지고

각기 한 지방에서 독립하였네."

어떤 스님이 물었다.

"어떤 것이 사람과 경계를 모두 빼앗지 않는 경지입니까?"

"제왕은 보배 궁전에 오르고 시골노인은 태평가를 부르네."

02

참되고 올바른 견해〔眞正見解〕

사내운 금시학불법자 차요구진정견해 약득진정견해
師乃云, 今時學佛法者는 **且要求眞正見解**니 **若得眞正見解**면

생사불염 거주자유 불요구수승 수승 자지
生死不染하고 **去住自由**하여 **不要求殊勝**이나 **殊勝**이 **自至**니라.

도류 지여자고선덕 개유출인지로
道流야! **秖如自古先德**은 **皆有出人底路**니라.

여산승지시인처 지요이불수인혹 요용변용
如山僧指示人處는 **秖要爾不受人惑**이라. **要用便用**하야

갱막지의 여금학자부득 병재심처 병재불자신처
更莫遲疑하라. **如今學者不得**은 **病在甚處**오? **病在不自信處**라.

이약자신불급 즉변망망지 순일체경전
爾若自信不及하면 **即便忙忙地**하고 **徇一切境轉**하여

피타만경회환 부득자유
被他萬境回換하고 **不得自由**요.

이약능헐득념념치구심 변여조불불별
爾若能歇得念念馳求心하면 **便與祖佛不別**이니라.

이욕득식조불마 지이면전청법지시 학인
爾欲得識祖佛麼아? **秖爾面前聽法底是**니 **學人**이

신불급　　　변향외치구　　　설구득자　　　개시문자승상
信不及하고 **便向外馳求**라 **設求得者**라도 **皆是文字勝相**이요

종부득타활조의　　　막착　　　제선덕　　　차시　　불우
終不得他活祖意니라. **莫錯**하라. **諸禪德**아, **此時**에 **不遇**하면

만겁천생　　　윤회삼계　　　순호경철거　　　여우두리생
萬劫千生을 **輪回三界**하고 **徇好境掇去**하야 **驢牛肚裏生**이로다.

도류　　약산승견처　　　여석가불별
道流야! **約山僧見處**건대 **與釋迦不別**이라.

금일다반용처　　　흠소십마　　　육도신광　　　미증간헐
今日多般用處에 **欠少什麼**오? **六道神光**이 **未曾間歇**이라.

약능여시견득　　　지시일생무사인
若能如是見得하면 **秪是一生無事人**이니라.

임제스님은 이어서 말했다.

"오늘날 부처님 법을 배우는 수행자들은 무엇보다도 반드시 참되고 올바른 견해, 진정견해(眞正見解)를 구해야 할 것이니, 만약 그대들이 참되고 올바른 견해를 얻는다면 나고 죽음에 물들지 않고, 가고 머무름에 자유로워져 수승함을 구하려 하지 않아도 수승함이 저절로 이뤄진다.

수행자들이여! 옛날부터 훌륭한 큰스님들은 모두가 사람을 깨달음으로 인도하는 특별한 길을 가지고 있었다. 지금 산승이 그대들을 가르치는 핵심은 다만 '그대들이 남의 잘못된 주장에 속지 말라'는 것이다. 자신의 지혜의 바른 안목을 사용하고 싶으면 곧바로 사용하고 결코 머뭇거리거나 의심하지 말라.

요즈음 공부하는 그대들이 참되고 올바른 견해를 얻지 못하는 그 병통이 어느 곳에 있는가? 그 병은 스스로를 철저하게 믿지 못하는 데 있다. 그대들이 만약 자기 스스로를 철저하게 믿지 못하면, 곧 허둥지둥 바깥의 일체 경계를 쫓아다니며 온갖 경계에 이끌리고 휘둘려 자유롭지 못하게 된다.

그대들이 만약 한 생각 한 생각마다 밖으로 치달려 구하는 마음을 쉴 수만 있다면, 조사인 부처와 다를 바가 없다. 그대들은 조사인 부처를 알고자 하는가? 바로 나의 면전에서 법문을 듣고 있는 그대 자신이 조사인 부처다. 공부하는 수행자들이 이를 철저히 깨닫지 못하기에 곧장 저 밖으로 내달려 조사인 부처를 찾아 헤매고 있다. 설사 밖에서 무언가 구해 얻는다 해도 모두 번지르르한 문자일 뿐, 끝내 살아 숨 쉬는 저 조사의 생생한 마음은 얻지 못한다.

착각하지 말라. 참선하는 여러 선덕(禪德)들이여. 지금 바로 자신이 부처라는 사실을 깨닫지 못한다면 천생만겁토록 삼계에 윤회하며 자기가 좋아하는 달콤한 경계만 쫓아 취하다가 나귀나 소의 배 속에 태어날 것이다. 도 닦는 수행자들이여! 산승의 입장에서 분명히 말하건대, 지금 여기의 자기는 석가세존과 다름이 없다. 지금 여러 가지로 마음을 쓰는 가운데 무엇이 부족하단 말인가? 여섯 갈래[六道: 6근]의 신령스러운 빛이 잠시도 쉰 적이 없었다. 만약 이와 같이 볼 수 있는 견해를 얻을 때, 비로소 참으로 평생 아무 일 없는 사람[無事人]이 된다.

03

삼종불신(三種佛身)

대덕   삼계무안   유여화택   차불시이구정주처
大德아! 三界無安이요 猶如火宅이라 此不是爾久停住處니

무상살귀   일찰나간   불간귀천노소
無常殺鬼가 一刹那間에 不揀貴賤老少니라.

이요여조불불별
爾要與祖佛不別인댄

단막외구   이일념심상   청정광   시이옥리법신불
但莫外求어다. 爾一念心上의 淸淨光은 是爾屋裏法身佛이며

이일념심상   무분별광   시이옥리보신불   이일념심상
爾一念心上의 無分別光은 是爾屋裏報身佛이요 爾一念心上의

무차별광   시이옥리화신불   차삼종신   시이즉금
無差別光은 是爾屋裏化身佛이니 此三種身은 是爾即今의

목전청법지인   지위불향외치구   유차공용
目前聽法底人이라. 祇爲不向外馳求하여 有此功用이니라.

거경론가   취삼종신   위극칙   약산승견처
據經論家하면 取三種身하야 爲極則하나 約山僧見處건대

불연   차삼종신   시명언   역시삼종의
不然하니 此三種身은 是名言이며 亦是三種依니라.

古人이 云하되 身依義立이요 土據體論이라하니 法性身과 法性土는 明知是光影이니라.

대덕들이여! 삼계가 편안하지 않아서 마치 불타는 집과 같으니, 이곳은 그대들이 오래 머물러 살 곳이 못 된다. '무상(無常)'이라는 덧없는 죽음의 귀신이 한 찰나 사이에 귀하거나 천하거나 늙거나 젊거나를 가리지 않고 목숨을 빼앗아 간다.

그대들이 조사인 부처와 다르지 않은 경지를 바란다면 결코 밖에서 구하지 말라. 그대들 한 생각 마음에 갖추어진 청정한 광명이 그대 자신 속의 법신불(法身佛)이요, 그대들 한 생각 마음에 갖추어진 분별없는 광명이 그대 자신 속의 보신불(報身佛)이요, 그대들 한 생각 마음에 갖추어진 차별 없는 광명이 그대 자신 속의 화신불(化身佛)이다. 이 세 가지 불신(佛身)은 바로 지금 나의 눈앞에서 법문을 듣고 있는 그대들 자신이다. 오직 밖으로 치달려 구하지 않을 때, 삼신(三身)의 이런 공용(功用)이 있다.

경론을 공부하는 스님들은 이 세 종류의 불신(三身)을 체득하는 것을 불법의 최고의 가르침으로 삼지만, 산승의 보기에는 그렇지 않다. 이들 불신이란 오직 명칭과 말일 뿐이며 세 가지 의지처[三種依]로 발생된 것일 뿐이다. 옛 사람들은 '불신은 뜻에 의지해 세운 것이고, 불국토는 법성의 본체에 의지해 논한 것이다."¹고 말했다. 이렇게 볼 때 법성의 불신과 법성의 불국토는 이 자성(自性)의 그림자임을 분명히 알아야 한다.

1　"자성신과 법성토 그대로가 곧 진여의 이치이다. 비록 자성신과 법성토의 체에는 차별이 없지만 각각이 부처와 법에 속하는 것은 상과 성이 다르기 때문이다. 의상을 자성신이라 하고 체성을 법성토라 하며, 각상을 자성신이라 하고 법성을 법성토라 한다."(『大乘法苑義林章』 권7 T.45 p.370b, 自性身土, 即眞如理. 雖此身土體無差別, 而屬佛法. 相性異故, 以義相爲身, 以體性爲土, 以覺相爲身, 以法性爲土.)

04
○
모든 부처님의 본원

　　대덕　　이차식취농광영지인　　시제불지본원　　일체처
大德아! **爾且識取弄光影底人**이 **是諸佛之本源**이요 **一切處**가

　시도류　　귀사처
是道流의 **歸舍處**니라.

　시이사대색신　　 불해설법청법　　　비위간담
是爾四大色身도 **不解說法聽法**하며 **脾胃肝膽**도

　불해설법청법　　　허공　불해설법청법　　　시십마
不解說法聽法하며 **虛空**도 **不解說法聽法**하나니 **是什麼**가

　해설법청법
解說法聽法고?

　시이목전역역지　　　물일개형단고명　　시저개
是爾目前歷歷底하고 **勿一箇形段孤明**한 **是這箇**가

　해설법청법　　　약여시견득　　　변여조불불별
解說法聽法이니 **若如是見得**하면 **便與祖佛不別**이라.

　단일체시중　　갱막간단
但一切時中에 **更莫間斷**이면

　촉목개시　　　지위정생지격　　　상변체수　　　소이
觸目皆是언마는 **祗爲情生智隔**하고 **想變體殊**로다. **所以**로

　　　　윤회삼계　　　　수종종고　　　　약약산승견처　　　　무불심심
　　輪回三界하야 **受種種苦**하나니 **若約山僧見處**건대 **無不甚深**하며
　　무불해탈
　　無不解脫이니라.

　대덕들이여! 그대들은 이 마음의 그림자를 희롱하는 사람이 모든 부처님들의 근본이요, 일체의 모든 곳의 삶의 모습이 수행자들이 돌아가 쉬는 진리의 고향인 줄 알아야 한다.

　그대들의 사대(四大)로 이루어진 육신은 법을 설하거나 법을 들을 줄 모르며, 오장육부도 법을 설하거나 법을 들을 줄 모르며, 허공도 법을 설하거나 법을 들을 줄 모른다.

　그렇다면 대체 무엇이 법을 설하고 법을 들을 줄 아는가? 그대들 눈앞에 역력하고 뚜렷하고, 형체도 초월한 홀로 밝은 이것이 바로 법을 설할 줄 알고 법을 들을 줄 아는 것이다. 만약 이와 같이 바로 알 것 같으면 그대가 조사인 부처와 다르지 않다.

　다만 모든 시간 가운데 한순간도 단절됨이 없다면 눈에 보이는 것 그대로가 모두 진리의 나타남이다. 단지 분별심이 일어나 지혜의 작용이 막히고, 생각이 변하면 본체와 달라진다.[2] 그런 까닭으

2　마음이 분별 작용을 일으켜 본체 또는 근본이 달라짐을 말함. "유정중생의 근본은 지혜라는 바다에 의존하여 그것을 근원으로 삼고, 심식(心識)을 함유한 유정의 무리는 모든 법신(法身)을 본체로 삼는다. 다만 분별심이 일어나 지혜가 가로막히기 때문에 날마다 쓰면서도 알지 못하고 생각이 변하여 본체와 달라지는 것이다."(『黃龍語錄』 T.47 p.631c, 有情之本, 依智海以爲源, 含識之流, 總法身而爲體. 只爲情生智隔, 於日用而不知, 想變體殊.)

로 삼계에 윤회하며 가지가지 고통을 받는 것이다. 그러나 산승의 견처에서 보면 일체만법이 깊고 깊은 미묘법이 아님이 없고 해탈경계가 아님이 없다.

05

심법무형(心法無形)

도류　　심법　　무형　　　통관시방　　　재안왈견
道流야! 心法이 無形하야 通貫十方하야 在眼曰見이며

재이왈문　　　재비후향　　　재구담론　　　재수집착
在耳曰聞이오 在鼻嗅香하고 在口談論하며 在手執捉하고

재족운분
在足運奔이라.

본시일정명　　분위육화합　　　일심　　기무
本是一精明이 分爲六和合이니 一心이 旣無하면

수처해탈
隨處解脫이로다.

산승여마설　　　의재십마처　　　지위도류　　일체치구심
山僧與麼說은 意在什麼處오? 秖爲道流가 一切馳求心을

불능헐　　　상타고인한기경
不能歇하야 上他古人閑機境이니라.

도류　　취산승견처　　　좌단보화불두
道流야! 取山僧見處건대 坐斷報化佛頭라.

십지만심　　유여객작아　　등묘이각　　담가쇄한
十地滿心은 猶如客作兒요 等妙二覺은 擔枷鎖漢이요

나한벽지
羅漢辟支는

유여측예　보리열반　여계여궐　하이여차
猶如廁穢요 **菩提涅槃**은 **如繫驢橛**이니 **何以如此**오?

지위도류부달삼기겁공　　소이유차장애
祇爲道流不達三祇劫空일새 **所以有此障礙**니라.

약시진정도인　　종불여시　　단능수연소구업
若是眞正道人인댄 **終不如是**니 **但能隨緣消舊業**하고

임운착의상　　요행즉행　　요좌즉좌
任運著衣裳하여 **要行即行**하며 **要坐即坐**하야

무일염심희구불과　　연하여차
無一念心希求佛果니 **緣何如此**오?

고인　운　　약욕작업구불　　불시생사대조
古人이 **云**하되 **若欲作業求佛**이면 **佛是生死大兆**[3]라 하니라.

수행자들이여! 마음의 법칙은 형상이 없어서 온 시방세계를 관통하고 있다. 눈으로는 본다 하고, 귀로는 듣는다 하며, 코로는 냄새 맡는다 하고, 입으로는 이야기한다고 하며, 손으로는 잡는다 하고, 발로는 바쁘게 걷는다고 한다.[4] '본래 깨끗하고 밝은 하나의 정

3　『景德傳燈錄』 권29 「梁寶誌和尙大乘讚十首」 T.51 p.449b, "若欲作業求佛, 業是生死大兆."
4　달마대사의 제자인 바라제(波羅提) 존자의 게(偈) 중에 나오는 구절. "태에 있을 때는 신(身)이라 하고, 세상에 나오면 사람이라 하고, 눈에 있을 때는 본다고 하고, 귀에 있을 때는 듣는다고 하고, 코에 있을 때는 향을 맡는다고 하고, 혀에 있을 때는 담론한다고 하고, 손에 있을 때는 움켜쥔다고 하고, 발에 있을 때는 돌아다닌다고 합니다. 두루 나타내면 갠지스 강의 모래알처럼 많은 세계를 모두 갖추고 있고, 거두어들이면 티끌 하나에 들어 있습니다. 아는 자는 이것이 불성임을 알지만 모르는 자는 정혼(精魂)이라고 부릅니

화(精華)[一精明:心]'가 나뉘어 6화합(六和合)⁵이 돼 18계의 경험세계를 이룬다.⁶ 그러므로 한 마음마저 이미 없는 줄 알면 가는 곳마다 해탈이다.

산승이 이렇게 말하는 것은 그 뜻이 어디에 있겠는가? 수행자들이 이것저것 구하며 밖으로 치달리는 마음을 쉬지 못하고 저 옛사람들의 쓸데없는 기용(機用)과 방편 경계에 끄달려 놀아나기 때문이다.

수행자들이여! 산승의 견해에서 보자면 보신불·화신불의 머리를 앉은자리에서 꺾어버려야 한다. 십지(十地)의 수행을 완전히 성취한 보살도 천박한 거지와 같고, 등각·묘각도 목에 형틀 쓰고 발

다."(『景德傳燈錄』권3 T.51 p.218b, "在胎爲身, 處世名人, 在眼曰見, 在耳曰聞, 在鼻辨香, 在口談論, 在手執捉, 在足運奔. 遍現俱該沙界, 收攝在一微塵. 識者知是佛性, 不識喚作精魂.)

5 안이비설신의(眼耳鼻舌身意) 6근(根)과 색성향미촉법(色聲香味觸法) 6경(境)의 화합. "'같게는 하나의 정묘하고 명백한 것이지만 나뉘면 여섯 가지로 화합한다'는 말은 이런 뜻이다. 하나의 정묘하고 명백한 것이란 일심이고, 여섯 가지 화합은 육근이다. 이 육근이 각각의 경계와 화합하는데, 눈은 색과 귀는 소리와 코는 냄새와 혀는 맛과 몸은 촉각 대상과 뜻은 법과 화합한다. 그 사이에 육식이 발생하여 십팔계가 된다. 하지만 십팔계가 실재하지 않음을 안다면, 여섯 가지 화합이 하나의 정묘하고 명백한 것일 뿐이리니, 그것이 바로 마음이다. 『傳心法要』T.48 p.382a, 同是一精明, 分爲六和合. 一精明者, 一心也, 六和合者, 六根也. 此六根各與塵合, 眼與色合, 耳與聲合, 鼻與香合, 舌與味合, 身與觸合, 意與法合. 中間生六識, 爲十八界. 若了十八界無所有, 束六和合, 爲一精明, 一精明者, 即心也.)

6 "육근 또한 이와 같이 원래 일정명에 의지하나, 나뉘어 여섯으로 화합한 것이니, 하나가 쉬면 여섯 가지 작용이 모두 성립하지 않네."(『首楞嚴經』권6 T.19 p.131a, "六根亦如是, 元依一精明, 分成六和合, 一處成休復, 六用皆不成.)

에 족쇄 찬 죄인이며, 아라한과 벽지불은 뒷간의 똥오줌과 같고, 깨달음과 열반의 경계도 마치 나귀 매어두는 말뚝과 같다. 어째서 그러한가? 수행자들이 삼아승기겁이 공(空)한 것임을 알지 못하기에 이런 장애가 있는 것이다.

만약 진정한 도인이라면 마침내 이와 같지 않으니, 다만 인연을 따라 묵은 업장을 없애며, 형편 닿는 대로 자유롭게 옷 입으며, 가고 싶으면 가고, 앉고 싶으면 앉을 뿐, 한 생각이라도 깨달음을 구하는 마음을 가지지 않는다. 어떤 인연으로 그러한가? 옛사람이 이르기를, "만약 업을 지어 부처를 구하고자 한다면 부처가 오히려 나고 죽는 윤회의 큰 조짐이다."라고 했기 때문이다.

06
참된 자기

대덕　　　시광가석
大德아! **時光可惜**하라.
지의방가파파지　　학선학도　　　인명인구　　　구불구조
秪擬傍家波波地에 **學禪學道**하며 **認名認句**하며 **求佛求祖**하며
구선지식의탁　　　　막착
求善知識意度이로다. **莫錯**하라.
도류　　이지유일개부모　　　갱구하물　　　이자반조간
道流야! **爾秪有一箇父母**어니 **更求何物**고? **爾自返照看**하라.
고인　운　　　연야달다실각두　　　구심헐처즉무사
古人　**云**하되, **演若達多失却頭**라가 **求心歇處即無事**로다.
대덕　　차요평상　　　막작모양
大德아! **且要平常**인댄 **莫作模樣**하라.
유일반불식호오독노
有一般不識好惡禿奴하야
변즉견신견귀　　　지동획서　　　호청호우
便即見神見鬼하며 **指東劃西**하며 **好晴好雨**하나니
여시지류　　진수저채　　　향염로전　　　탄열철환유일
如是之流는 **盡須抵債**하야 **向閻老前**하야 **吞熱鐵丸有日**이니라.

^{호인가남녀} ^{피저일반야호정매소착} ^{변즉날괴}
好人家男女가 **被這一般野狐精魅所著**하야 **便即捏怪**하니
^{할루생} ^{색반전유일재}
瞎屢生이여! **索飯錢有日在**로다.

대덕들이여! 부디 시간을 소중히 아껴야 한다.

바른 길을 벗어나 머뭇머뭇 옆길로 들어서 분주히 돌아다니며 선을 배우네, 도를 배우네 하며 어구들과 경구들을 배워 언어문자에 집착하고, 부처를 구하고 조사를 구하며, 선지식을 찾아 그 뜻을 시험해 보고자 한다. 이런 잘못을 저지르지 마라.

수행자들이여! 다만 그대들 안에 진실된 한 부모(父母)가 있을 뿐인데, 또 무엇을 더 구하려 하는가? 그대들 스스로 자기 내면을 깊이 반조하라.

옛사람이 말하기를, '연야달다(演若達多)가 자기 머리를 잃어버렸다고 찾아 헤매었지만, 찾아 구하는 그 마음을 쉬었을 때 곧바로 아무 일이 없었다.'[7]라고 하지 않았는가?

대덕들이여! 일상에서 평상심을 유지하는 것이 중요하니, 조작

---

7 "홀연 미친 증세를 그치면 머리를 밖에서 얻으려 하지 않을 것이나, 설령 미친 증세가 그치지 않은들 어찌 머리를 잃어버린 것이겠느냐! … 그 미친 증세를 그치면 곧 보리이니, 수승하고 청정하며 밝은 마음은 본래 법계 어디에나 두루 있으며 다른 사람으로부터 얻을 수 있는 것이 아니다. 어찌 힘들여 **수고힘**에 의지하여 핵심을 **닦아 증득하는 것이겠느냐**!"(『首楞嚴經』 권4 T.19 p.121b, 忽然狂歇, 頭非外得, 縱未歇狂, 亦何遺失! … 歇即菩提, 勝淨明心, 本周法界, 不從人得, 何藉劬勞肯綮修證.)

된 마음으로 남의 모양을 흉내 내지 말라.

좋고 나쁨도 구별하지 못하는 머리 깎은 노예 같은 나쁜 무리들이 곧잘 나는 신을 보았다, 귀신을 보았다 하고 동쪽이니 서쪽이니 하고 가리키며 쓸데없이 떠들며, '야, 맑은 날씨가 좋다, 야, 비 오는 날이 좋다' 하며 안목 없이 나타난 경계를 따라가며 중얼거린다. 이러한 무리들은 모두 빚을 지고 반드시 염라대왕 앞에 가서 뜨거운 쇳덩이를 삼키는 과보의 고통을 받는 날이 있을 것이다. (도에 나아갈 수 있는 자질을 갖춘) 좋은 집안의 훌륭한 남녀들이 이들 여우나 도깨비 같은 삿된 무리에 홀려 곧장 괴상한 짓들을 하고 있다. 눈먼 바보 놈들아! 시주의 은혜를 헛되이 한 밥값을 차곡차곡 갚을 날이 반드시 있을 것이다.

07

사조용(四照用)[8]

示衆云, 我有時에는 先照後用하며 有時에는 先用後照하고
(시중운, 아유시   선조후용   유시   선용후조)

有時에는 照用同時하며 有時에는 照用不同時니라.
(유시   조용동시   유시   조용부동시)

先照後用은 有人在요 先用後照는 有法在요 照用同時는
(선조후용   유인재   선용후조   유법재   조용동시)

駈耕夫之牛하며 奪飢人之食이니 敲骨取髓하고 痛下鍼錐요
(구경부지우   탈기인지식   고골취수   통하침추)

照用不同時는 有問有答하며 立賓立主하야 合水和泥하야
(조용부동시   유문유답   입빈입주   합수화니)

應機接物이니 若是過量人인댄 向未擧已前하야 撩起便行이라
(응기접물   약시과량인   향미거이전   요기변행)

猶較些子니라.
(유교사자)

---

8 조(照)는 비추어 판조한다는 의미로 상대의 태도를 살피는 방식으로 지혜의 작용에 해당되며, 용(用)은 작용의 의미로 상대의 태도에 따라 대응하는 방식으로 방편에 해당된다고 봐도 무방하다.

임제스님이 대중에게 말했다.

"나는 어느 때는 비춤[照]을 먼저하고 작용[用]을 나중에 하며, 어느 때는 작용을 먼저 하고 비춤을 나중에 하며, 어느 때는 비춤과 작용을 동시에 하며, 어느 때는 비춤과 작용을 동시에 하지 않기도 한다.

비춤을 먼저 하고 작용을 나중에 하는 경우는 중심을 주관[人]에게 둔 것이요, 작용을 먼저 하고 비춤을 나중에 하는 경우는 중심을 대상[法]에 두는 것이다. 비춤과 작용을 동시에 하는 경우는 밭가는 농부의 소를 몰아 가버리고 배고픈 사람의 밥을 빼앗는 것처럼, 뼈를 두드려 골수를 뽑아내고 바늘과 송곳으로 온몸을 아프게 찌르는 것이다. 비춤과 작용을 동시에 하지 않는 경우는 물음도 있고 대답도 있으며, 주인이 되기도 하고 손님이 되기도 하며, 물과 진흙이 서로 합하고 조화롭게 되는 것처럼 근기에 따라 중생들을 제접하는 것이다.

만약 뛰어난 대근기의 사람이라면 앞에서 열거한 법들을 거량하기도 전에 재빨리 떨치고 일어나 가버릴 것이다. 그래야만 조금은 되었다 하겠다.".

08

평상의 심법(心法)

<small>사   시중운 도류   절요구취진정견해   향천하횡행</small>
師가 **示衆云, 道流**야! **切要求取眞正見解**하야 **向天下橫行**하야

<small>면피저일반정매혹란</small>
免被這一般精魅惑亂이니라.

<small>무사시귀인   단막조작   지시평상</small>
無事是貴人이니 **但莫造作**이요 **祇是平常**이라.

<small>이의향외방가구과   멱각수   착료야</small>
爾擬向外傍家求過하야 **覓脚手**하면 **錯了也**로다.

<small>지의구불   불시명구   이환식치구지마</small>
祇擬求佛하니 **佛是名句**니라. **爾還識馳求底麼**아?

<small>삼세시방불조출래   야지위구법   여금참학도류</small>
三世十方佛祖出來는 **也祇爲求法**이니 **如今參學道流**도

<small>야지위구법</small>
也祇爲求法이라.

<small>득법시료   미득   의전윤회오도</small>
得法始了요 **未得**이면 **依前輪回五道**라.

<small>운하시법   법자   시심법   심법   무형</small>
云何是法고? **法者**는 **是心法**이니 **心法**이 **無形**하여

<small>통관시방</small>
通貫十方하여
<small>목전   현용   인신불급   변내인명인구</small>
目前에 **現用**이언마는 **人信不及**하고 **便乃認名認句**하고
<small>향문자중구   의탁불법   천지현수</small>
向文字中求하야 **意度佛法**하니 **天地懸殊**로다.

임제스님이 대중에게 말했다.

수행자들이여! 무엇보다도 중요한 것은 참되고 바른 견해[眞正見解]를 갖추고 천하를 거침없이 다니며, 안목 없는 허수아비나 도깨비들 같은 선승들의 엉터리 주장에 현혹되지 말아야 한다. 일이 없어야 귀한 사람이니, 무엇을 하려고 조작된 마음을 일으키지 말고, 평상의 마음 그대로 살면 된다.

그대들이 밖으로 바른 길을 벗어나 옆길로 이리저리 찾아다니며 도움을 얻고자 한다면 벌써 틀렸다. 한결같이 부처를 구하려 하지만 부처란 이름과 글귀일 뿐이다. 그대들이 밖으로 쫓아다니며 부처를 구하려고 하는 그가 누구인지 아느냐?

과거·현재·미래의 삼세와 온 누리 시방의 부처님과 조사님들이 세상에 나오신 뜻은 오로지 불법을 구하기 위함이다. 지금 수행하는 여러분들도 법을 구하기 위함이다. 법을 깨달아 얻었다면 그것으로 마친 것이지만, 법을 깨달아 얻지 못하였다면 예전대로 지옥·아귀·축생·인간·천상 등 다섯 갈래의 길에 떨어져 윤회를 반

복한다.

    도대체 법이란 무엇인가? 법이란 이 마음의 법이다. 마음법은 형상이 없어서 온 시방법계를 관통하고, 눈앞에서 언제나 활발하게 작용하고 있다. 그런데 사람들이 이것을 믿는 마음이 부족하여 이름과 글귀를 분별하는 가운데서 제멋대로 불법을 구하며 사량과 분별로 헤아려 이해하려고 하니, 불법과는 하늘과 땅 차이만큼이나 어긋나버린다.

09

심지법(心地法)

도류   산승설법   설십마법
道流야! 山僧說法은 說什麽法고?

설심지법   변능입범입성   입정입예   입진입속
說心地法이니 便能入凡入聖하며 入淨入穢하며 入眞入俗하나

요차불시이진속범성   능여일체진속범성안착명자
要且不是爾眞俗凡聖이라 能與一切眞俗凡聖安著名字요

진속범성   여차인안착명자부득
眞俗凡聖이 與此人安著名字不得이니라.

도류   파득변용   갱불착명자   호지위현지
道流야! 把得便用이요 更不著名字니 號之爲玄旨니라.

산승설법   여천하인별   지여유개문수보현
山僧說法은 與天下人別하니 祇如有箇文殊普賢이

출래목전   각현일신문법   재도자화상
出來目前하여 各現一身問法하되 纔道咨和尙하면

아조변료야
我早辨了也니라.

노승   온좌   갱유도류래상견시
老僧이 穩坐에 更有道流來相見時에

아진변료야   하이여차   지위아견처별   외불취범성
我盡辨了也니 **何以如此**오? **秖爲我見處別**하야 **外不取凡聖**하며
내부주근본   견철   갱불의류
內不住根本하야 **見徹**하여 **更不疑謬**니라.

수행자들이여! 산승이 그대들에게 법을 설하는데, 도대체 어떤 법을 말할 것이라고 생각하는가? 심지법(心地法)을 설할 것이다. 심지법은 '범속함'에도 들어가고 '성스러움'에도 들어가며, '깨끗함'에도 들어가고 '더러움'에도 들어가며, '진여'에도 들어가고 '세속'에도 들어가 차별없이 활동한다. 중요한 것은 그대들이 지어낸 진여·세속·범속함·성스러움의 가치관으로서 모든 진여·세속·범속함·성스러움의 세계에 이름을 붙여줄 수 있는 것이 아니다. 원래 진여·세속·범속함·성스러움의 입장에서 이 사람의 참다운 성품에 이름을 붙여줄 수는 없다.

수행자들이여! 심지법을 깨달았으면 손에 잡히는 대로 곧장 사용할 뿐, 다시는 이름을 붙이지 말라! 이를 일러 현지(玄旨) 즉 '신비롭고 그윽한 뜻'이라 한다.

산승이 설하는 법문은 천하 사람 누구와도 다르다. 가령 문수보살과 보현보살[9]이 바로 내 눈앞에 각기 다른 몸으로 나타나 그들이 '화상께 묻습니다'고 하자마자 나는 벌써 바로 알아차려버린다.

---

9 문수보살과 보현보살은 석가모니불의 협시보살로, 문수보살이 지(智)·혜(慧)·오(悟)를 상징한다면, 보현보살은 이(理)·정(定)·행(行)의 덕을 상징한다.

노승이 편안히 앉아 있는 곳에 도를 닦는 어떤 이가 찾아와서 서로 만날 때도 나는 그의 본심을 다 알아차리니, 어째서 그러한가?

산승의 견처는 다른 사람들과 달라, 밖으로는 범인이네 성인이네 하는 분별심을 내지 않고, 안으로는 마음의 근본자리에도 머무르지 아니하여, 철저히 깨쳐 의심쩍어하거나 잘못하는 점이 전혀 없기 때문이다.

10

어디에서나 주인공〔隨處作主〕

<small>사   시중운 도류</small>
師가 **示衆云, 道流**야!
<small>불법   무용공처   지시평상무사   아시송뇨</small>
佛法은 **無用功處**요 **祇是平常無事**니 **屙屎送尿**하며
<small>착의끽반   곤래즉와   우인   소아   지내지언</small>
著衣喫飯하며 **困來即臥**라. **愚人**은 **笑我**나 **智乃知焉**이니라.
<small>고인   운   향외작공부   총시치완한</small>
古人이 **云**하되, **向外作工夫**는 **總是癡頑漢**이라 하니라.
<small>이차수처작주   입처개진   경래   회환부득</small>
爾且隨處作主하면 **立處皆眞**하여 **境來**에 **回換不得**하야
<small>종유종래습기오무간업   자위해탈대해</small>
縱有從來習氣五無間業하야도 **自爲解脫大海**니라.

임제스님이 대중에게 말했다.
"수행자들이여! 부처님 법은 애써 공부하고 노력할 일이란 없다. 그저 평상 그대로 아무 일 없으면 되는 것이다. 똥 누고 오줌 싸며, 옷 입고 밥 먹으며, 피곤하면 누워 쉰다. 어리석은 사람은 나를 비

웃겠지만 지혜로운 사람이라면 이 도리를 알 것이다."¹⁰

"옛사람이 말하기를, '자기 마음 밖을 향하여 공부하는 사람은 도대체가 모두가 어리석고 미련한 놈들이다'¹¹라고 하였다."

그대들이 어디를 가나 주인이 되면 자기가 있는 그곳이 모두 참된 곳이라, 어떤 경계가 닥쳐온다 해도 이를 바꿔 놓을 수 없다. 설령 묵은 습기(習氣)와 오무간죄의 업보가 있어도 저절로 해탈의 큰 바다가 될 것이다.

---

10 『景德傳燈錄』 권30 「南嶽懶瓚和尙歌」(T.51 p.461b)에 나오는 구절을 임제 스님이 인용한 것이다. "나는 하늘에 태어나는 것을 기뻐하지 않고 복전을 소중히 하지도 않는다. 배고프면 밥을 먹고 피곤하면 잠을 잘 뿐이니, 어리석은 사람은 나를 비웃겠지만 지혜로운 사람이라면 이 도리를 알 것이다.(我不樂生天, 亦不愛福田. 饑來喫飯, 困來卽眠, 愚人笑我, 智乃知焉.)"

11 『景德傳燈錄』 권30 「南嶽懶瓚和尙歌」 T.51 p.461b, "向外覓功夫, 總是癡頑漢."

11

참된 출가〔眞出家〕

금시학자총불식법　유여촉비양　봉착물안재구리
今時學者總不識法이 **猶如觸鼻羊**이 **逢著物安在口裏**하여

노랑　불변　　빈주　불분　　여시지류　사심입도
奴郎을 **不辨**하며 **賓主**를 **不分**이라. **如是之流**는 **邪心入道**하야

요처즉입　　　부득명위진출가인　　정시진속가인
鬧處卽入이어니 **不得名爲眞出家人**이요 **正是眞俗家人**이니라.

부출가자　수변득평상진정견해　　변불변마
夫出家者는 **須辨得平常眞正見解**하야 **辨佛辨魔**하며

변진변위　　변범변성
辨眞辨僞하며 **辨凡辨聖**하나라.

약여시변득　　명진출가
若如是辨得하면 **名眞出家**니라.

약마불　불변　　정시출일가입일가　환작조업중생
若魔佛을 **不辨**하면 **正是出一家入一家**니 **喚作造業衆生**이요

미득명위진출가인
未得名爲眞出家人이니라.

지여금　유일개불마　　동체불분　　여수유합
祇如今에 **有一箇佛魔**하야 **同體不分**홈이 **如水乳合**이라.

아왕　끽유　　여명안도류　　마불　구타
鵝王은 **喫乳**나 **如明眼道流**는 **魔佛**을 **俱打**하니라.
이 약 애 성 증 범　　　생 사 해 리 부 침
儞若愛聖憎凡하면 **生死海裏浮沈**이니라.

요즈음 공부하는 수행자들이 법을 전혀 알지 못하는 것이 마치 양이 코를 들이대어 닿는 대로 물건을 모두 입 안으로 집어넣는 행동과 같으니, 머슴인지 주인인지 가리지 못하고, 손님인지 주인인지 구별하지 못한다.

이와 같은 무리들이 삿된 마음으로 불문에 들어와서는 곳곳에서 시끄럽게 하니, 진정한 출가인이라 할 수 없으며 그야말로 꼼짝 없는 세속사람보다 더 비속한 이라고 하겠다.

무릇 출가인은 모름지기 일상 그대로의 참되고 바른 견해[眞正見解]를 얻어 분별할 줄 알아야 하니, 부처와 마구니를 판단하고, 진실과 거짓을 분별하며, 범부와 성인을 가려낼 수 있어야 한다. 만약 이와 같이 분별할 수 있는 사람을 참된 출가인이라고 한다.

만약 부처와 마구니를 올바르게 분별하지 못한다면 그저 세속의 집에서 나왔지만 다시 세속의 집으로 돌아간 것에 불과하니, 이는 죄업을 짓는 중생이지 참된 출가인이라고 할 수 없다.

예를 들면 지금 여기에 하나의 부처와 마구니가 한 몸이 되어 나눌 수 없는 것이 마치 물과 우유가 섞여 혼합된 것과 같다고 하자. 거위왕은 물과 우유가 섞여 있어도 우유만 골라 먹으나,[12] 눈 밝은 수행자라면 마구니와 부처를 모두 물리쳐버릴 것이다. "그대가 만약 성인을 좋아하고 범부를 싫어하는 애증의 분별에 떨어지면 나고 죽음의 고해에서 떴다 잠겼다 부침할 것이다."[13].

---

12 진위(眞僞), 선악(善惡), 사정(邪正) 등을 분명하게 분별함을 의미한다. "비유하자면 물과 우유가 한 그릇에 담겨 있을 경우에 거위왕은 그것을 마시기는 하되 다만 우유만 마시고 그 물은 그대로 두는 것과 같다."(『正法念處經』 권64 「身念處品」 T.17 p.379c, 譬如水乳, 同置一器, 鵝王飲之, 但飲乳汁, 其水猶存.)
13 마지막 구절은 「양보지화상대승찬십수(梁寶誌和尙大乘讚十首)」 가운데 나온다. 『景德傳燈錄』 권29 T.51 p.449b, "更若愛聖憎凡, 生死海裏沈浮."

12

부처와 마구니

문 여하시불마
問, 如何是佛魔오?

사운 이일념심의처 시개마 이약달득만법무생
師云, 儞一念心疑處가 **是箇魔**요 **儞若達得萬法無生**하고

심여환화 갱무일진일법 처처청정 시불
心如幻化하야 **更無一塵一法**하야 **處處清淨**이면 **是佛**이니라.

연 불여마 시염정이경
然이나 **佛與魔**는 **是染淨二境**이니라.

약산승견처 무불무중생 무고무금 득자변득
約山僧見處건대 **無佛無衆生**이며 **無古無今**이니 **得者便得**이요

불력시절 무수무증 무득무실 일체시중
不歷時節이라 **無修無證**하며 **無得無失**하야 **一切時中**에

갱무별법
更無別法이니라.

설유일법과차자 아설여몽여화 산승소설
設有一法過此者라도 **我說如夢如化**하노니 **山僧所說**이

개시
皆是니라.

도류　　즉금목전　　　고명역력지청자 차인　　처처　　불체
　　道流야! **即今目前**에 **孤明歷歷地聽者 此人**이 **處處**에 **不滯**하고
　　통관시방　　삼계자재　　　입일체경차별　　불능회환
　　通貫十方하고 **三界自在**하여 **入一切境差別**하되 **不能回換**하나니
　　일찰나간　　투입법계　　봉불설불　　　봉조설조
　　一刹那間에 **透入法界**하여 **逢佛說佛**하며 **逢祖說祖**하며
　　봉나한설나한　　봉아귀설아귀　　　향일체처
　　逢羅漢說羅漢하며 **逢餓鬼說餓鬼**하야 **向一切處**에
　　유리국토　　교화중생　　　미증리일념　　수처청정
　　游履國土하여 **敎化衆生**하되 **未曾離一念**하고 **隨處淸淨**하여
　　광투시방　　만법일여
　　光透十方하니 **萬法一如**니라.

어떤 스님이 임제스님에게 물었다.

"어떤 것이 부처이고 어떤 것이 마구니입니까?"

"그대가 한순간 의심을 일으키는 그 마음이 마구니이며, 그대가 만약 만법은 남이 없고[萬法無生], 마음은 허깨비 같아서[心如幻化], 하나의 티끌도 하나의 법도 없이 이르는 곳마다 청정하면 이것이 참된 부처이다. 그러나 부처와 마구니는 더러움과 깨끗함이라는 두 가지 상대적 경계일 뿐이다.

산승의 입장에서 보면 부처도 없고 중생도 없으며 옛날도 없고 지금도 없으니, 이 뜻을 깨치는 자는 바로 깨쳐서 오랜 세월을 수행할 필요가 없다. 닦을 것도 없고 깨칠 것도 없으며, 얻을 것도 없고 잃을 것도 없어, 일체의 모든 시간 가운데 다른 특별한 법이 없다.

경전에서도 부처님이 "설사 이보다 더 나은 법이 있다 하더라도 그것은 꿈과 같고 허깨비와 같은 헛된 것이라고 한다."고 했으니, 산승이 말하고자 하는 것도 바로 이것이 전부다.

수행자들이여! 바로 지금 눈앞에서 홀로 밝고 뚜렷하게 듣고 있는 바로 이 사람은 가는 곳마다 어디에서도 걸림이 없고 시방법계를 두루 관통하여 삼계에 자유자재하게 활동하며, 온갖 차별된 경계에 들어가도 끌려 다니거나 휘말리지 않는다. 한 찰나 간에 법계에 뛰어들어 부처를 만나면 부처와 말하고, 조사를 만나면 조사와 말하고, 나한을 만나면 나한과 말하고, 아귀를 만나면 아귀와 말하며, 모든 장소와 국토를 다니면서 중생들을 교화하지만, 일찍이 한 생각[一念]도 떠나본 적이 없다. 가는 곳 어디에서나 모두 청정하고 그 빛이 시방세계를 두루 비추니 만법이 한결같다.

13

본래무사(本來無事)

도류 대장부아 금일 방지본래무사
道流야! **大丈夫兒**가 **今日**에 **方知本來無事**로다.

지위이신불급 염념치구 사두멱두
祇爲爾信不及일새 **念念馳求**하여 **捨頭覓頭**하며

자불능헐
自不能歇하나니라.

여원돈보살 입법계현신 향정토중 염범흔성
如圓頓菩薩이 **入法界現身**하야도 **向淨土中 厭凡忻聖**하니라.

여차지류 취사미망 염정심재 여선종견해
如此之流는 **取捨未忘**하고 **染淨心在**니 **如禪宗見解**는

우차불연 직시현금 갱무시절
又且不然하야 **直是現今**이요 **更無時節**이니라.

산승설처 개시일기약병상치 총무실법
山僧說處는 **皆是一期藥病相治**요 **總無實法**이니

약여시견득 시진출가 일소만냥황금
若如是見得하면 **是眞出家**라 **日消萬兩黃金**이니라.

도류 막취차피제방노사인파면문 도아해선해도
道流야! **莫取次被諸方老師印破面門**하야 **道我解禪解道**하라.

_{변사현하} _{개시조지옥업} _{약시진정학도인}
辯似懸河하나 **皆是造地獄業**이니라. **若是眞正學道人**은

_{불구세간과} _{절급요구진정견해} _{약달진정견해원명}
不求世間過하고 **切急要求眞正見解**니 **若達眞正見解圓明**하면

_{방시요필}
方始了畢이니라.

    수행자들이여! 대장부라면 오늘에야 비로소 본래 아무 일이 없음을 알 것이다. 다만 그대들이 철저한 믿음이 부족하기 때문에 생각마다 밖으로 법을 찾아 구하면서, 본래 있는 자기 머리는 잊어버리고 다른 곳에서 머리를 찾아 헤매며 스스로 쉴 줄을 모를 뿐이다.

    가령 대승의 으뜸이 되는 원돈교(圓頓敎)의 보살들[14]조차도 법계에 들어가 몸을 나투어도 정토에 있으면서 범부를 싫어하고 성인을 좋아한다. 이와 같은 사람들은 취하고 버리는 마음을 쉬지 못하고, 더럽다느니 깨끗하다느니 하는 분별심이 아직 남아 있는 것이다. 그러나 선종의 견해는 절대 그렇지 않으니, 바로 지금 그대로 깨달음을 이룰 뿐 달리 다른 시절이란 없다.

    산승이 말하는 요지는 모두가 그때그때의 병에 따라 약을 쓰는 데 있을 뿐 따로 실다운 법이 있는 것이 아니다. 만약 이와 같이 알기만 한다면 이것이 참다운 출가이며, 하루에 만 냥의 황금도 쓸 수가 있다.

---

14 수행에서 최고의 자리에 오른 보살.

수행자들이여! 그대들은 쉽사리 여러 지방의 노숙(老宿)들에게서 인가 증명서 따위를 받아 가지고 '나는 선을 안다, 도를 안다' 하고 함부로 나불거리지 말라. 강물 흐르듯 법문 솜씨가 유창해도 이는 모두 지옥에 떨어지는 업을 짓는 것이다.

만약 참되고 바르게 도를 배우는 수행자라면 세간의 허물을 책망하지 않고,[15] 간절하게 불법의 바른 견해를 구하려고 노력할 뿐이니, 만약 참다운 바른 견해가 원만하고 명백하게 이루어지면 비로소 남김없이 일을 깨달아 마쳤다 하리라."

---

15 "참되게 도를 닦는 이라면, 세간의 허물을 보지 않느니라. 남의 잘못을 보았다면, 자기의 잘못을 도리어 증명하는 것이니, 남은 잘못하고 나는 잘못이 아니라 하면, 내 잘못이요 스스로에게 허물이 있는 것이니라."(『壇經』 T.48 p.351c, 若眞修道人, 不見世間過. 若見他人非, 自非却是左, 他非我不非, 我非自有過.)

14
의지함 없는 도인〔無依道人〕

문 여하시진정견해 사운 이단일체입범입성
問, 如何是眞正見解오? **師云, 儞但一切入凡入聖**하며

입염입정 입제불국토 입미륵누각
入染入淨하며 **入諸佛國土**하며 **入彌勒樓閣**하며

입비로자나법계 처처개현국토 성주괴공
入毘盧遮那法界하야 **處處皆現國土**하야 **成住壞空**하느니라.

불출우세 전대법륜 각입열반 불견유거래상모
佛出于世하야 **轉大法輪**하고 **却入涅槃**하되 **不見有去來相貌**하야

구기생사 요불가득
求其生死하나 **了不可得**이니라.

변입무생법계 처처유리국토 입화장세계
便入無生法界하야 **處處游履國土**하야 **入華藏世界**하여

진견제법공상 개무실법
盡見諸法空相하여 **皆無實法**이니라.

유유청법무의도인 시제불지모 소이 불종무의생
唯有聽法無依道人이 **是諸佛之母**라. **所以**로 **佛從無依生**이요

약오무의 불역무득 약여시견득 시진정견해
若悟無依하면 **佛亦無得**이라. **若如是見得**하면 **是眞正見解**니라.

한 스님이 임제스님에게 물었다.

"무엇이 참되고 올바른 견해입니까?"

임제스님이 말했다.

"그대들은 언제 어디서나 범부의 경지에도 들어가고 성인의 경지에도 들어가며, 물든 더러운 번뇌의 세계에도 들어가고 깨끗한 열반의 세계에도 들어가며, 모든 부처님의 국토에도 들어가며, 미륵의 누각에도 들어가며, 비로자나 부처님의 법계에도 들어가, 곳곳마다에서 그 국토를 나타내며, 성주괴공(成住壞空)한다. 석가모니 부처님께서 세상에 출현하셔서 위대한 진리의 큰 수레바퀴를 굴리시고[轉大法輪] 마침내 열반에 드셨지만, 가고 오는 모습을 볼 수가 없으며, 거기서는 나고 죽음을 찾아도 찾을 수 없다.

곧장 그대로 남이 없는 법계[無生法界]에 들어가서 곳곳마다 국토를 다니면서 화장세계에 들어가서 모든 법이 공한 모습[空相]이어서 전혀 실다운 법이 없음을 투철히 본다. 오직 내 앞에서 법문을 듣고 있는, 어디에도 의지함이 없는 도인[無依道人]이 모든 부처님의 어머니이다.

그러므로 부처는 의지함이 없음으로부터 나온다. 만약 의지함이 없는 자유로운 본성을 깨닫기만 한다면 부처도 또한 얻을 수 없다. 이와 같은 견해를 가지고 볼 수만 있다면 이것이 바로 참되고 올바른 견해이다.

15

비밀

　　학인　　　불료　　　위집명구　　　피타범성명애　　　소이
學人은 不了하여 爲執名句하야 被他凡聖名礙일새 所以로
　　장기도안　　　　부득불명
障其道眼이야 不得分明이니라.
　　지여십이분교　　　개시표현지설　　　학자불회
祗如十二分敎는 皆是表顯之說이라. 學者不會하고
　　변향표현명구상생해　　　　개시의의　　낙재인과
便向表顯名句上生解하나니 皆是依倚라 落在因果하여
　　미면삼계생사
未免三界生死하나니라.
　　이약욕득생사거주탈착자유　　　　즉금식취청법지인
儞若欲得生死去住脫著自由인댄 卽今識取聽法底人이
　　무형무상　　　무근무본　　　무주처　　　활발발지
無形無相하며 無根無本하며 無住處하여 活鱍鱍地라.
　　응시만종시설　　　　용처지시무처　　소이　　멱착전원
應是萬種施說하여 用處祗是無處일새 所以로 覓著轉遠이요
　　구지전괴　　호지위비밀
求之轉乖니 號之爲秘密이니라.

道流야! 儞莫認著箇夢幻伴子하라.
遲晚中間에 便歸無常하나니 儞向此世界中에
覓箇什麼物作解脫고? 覓取一口飯喫하고 補毳過時하여
且要訪尋知識이요 莫因循逐樂하라. 光陰可惜이라!
念念無常하여 麤則被地水火風이요
細則被生住異滅四相所逼이니라.
道流야! 今時에 且要識取四種無相境하여 免被境擺撲이어다.

  수행자들이 잘 알지 못하고 이름과 글귀에 집착하여 저 범부니 성인이니 하는 이름에 장애를 받으므로, 이런 까닭으로 도안(道眼)이 가려져서 분명히 알지 못한다.

  예를 들면 저 12분교는 모두가 언어문자로 이치를 드러내는 설명[表顯之說]에 불과한 것이다. 수행하는 사람들이 이러한 사실을 알지 못하고 겉으로 드러난 이름이나 글귀에 집착해 알음알이를 내니, 이는 모두가 언어문자에 의지하는 것이라, 인과에 떨어져 삼계에서 생사윤회를 면하지 못하게 된다.

  그대가 만약 나고 죽음[生死]과 가고 머무름을 옷을 입고 벗듯이 자유롭기를 바란다면, 지금 당장에 법문을 듣고 있는 그 사람을 알아야 한다. 이 사람은 형상도 없고 모양도 없으며, 뿌리도 없고 근본도 없으며, 어디에도 머무는 곳도 없어서, 활발발하게 약동하고 있으니, 모든 방편의 시설은 작용하되 그 자취가 없다. 그런 까닭에 그를 찾으려 하면 더욱 멀어지고 구하려 들면 더욱 어긋나버리니, 이것을 비밀(秘密)이라고 한다.

수행자들이여! 그대들은 이 꿈같고 허깨비 같은 허망한 몸뚱이가 실재하는 것으로 잘못 알고 집착하지 말라. 조금 빠르든 늦든 머뭇거리는 사이에 죽음으로 돌아가고 마니, 그대들은 이 세계 가운데서 무엇을 찾아 해탈을 하려고 하느냐?

그저 한 숟가락 밥을 찾아 먹고 누더기 꿰매어 입으며 세월을 보내기보다는 무엇보다 먼저 선지식을 찾아 깨쳐야 할 것이요, 꾸물거리면서 쾌락을 좇지 마라. 시간을 아껴야 한다. 한 생각 한 생각이 죽음에 이르는 길이니, 거칠게는 지수화풍으로 흩어지고 미세하게는 생주이멸 사상(四相)의 변화에 쫓기고 있다.

수행자들이여! 지금 이 순간 가장 중요한 것은 지수화풍의 네 가지 모양 없는 경계를 잘 깨달아 그 경계에 휘둘리지 않는 것이다."

16

모양 없는 네 경계〔四種無相境〕[16]

_{문 여하시사종무상경}
問, 如何是四種無相境고?

_{사 운}
師云,

_{이일념심의   피지래애   이일념심애   피수래닉}
儞一念心疑가 **被地來礙**하며 **儞一念心愛**가 **被水來溺**하며

_{이일념심진   피화래소   이일념심희   피풍래표}
儞一念心瞋이 **被火來燒**하며 **儞一念心喜**가 **被風來飄**하나니

_{약능여시변득   불피경전   처처용경}
若能如是辨得하면 **不被境轉**하고 **處處用境**이라.

_{동용서몰   남용북몰   중용변몰   변용중몰}
東涌西沒하며 **南涌北沒**하고 **中涌邊沒**하며 **邊涌中沒**하야

_{니수여지   이지여수   연하여차}
履水如地하며 **履地如水**하나니 **緣何如此**오?

---

16 신체를 비롯한 일체 만유를 구성하는 근본 요소인 지수화풍 사대(四大)가 실체가 없는 공(空)이고 무상(無相)이며, 인연 화합에 의해 생주이멸하는 유위(有爲)의 사상(四相)도 가상(假相)일 뿐이라는 견해를 보여주는 글.

위 달 사 대 여 몽 여 환 고
爲達四大如夢如幻故니라.

어떤 스님이 임제스님에게 물었다.
"어떤 것이 모양 없는 네 가지 경계입니까?"
"그대가 한순간 의심하는 마음작용이 땅[地]에 막히고, 그대가 한순간 애착하는 마음작용이 물[水]에 잠기고, 그대가 한순간 성내는 마음작용이 불[火]에 태워지고, 그대가 한순간 기뻐하는 마음작용이 바람[風]에 날려간다. 이같은 이치를 안다면 어떤 경계에도 휘둘리지 않고, 모든 장소에서 경계를 활용할 수 있다.

동쪽에서 솟았는가 하면 서쪽으로 사라지고, 남쪽에서 솟았는가 하면 북쪽으로 사라지며, 중심에서 솟았는가 하면 주변으로 사라지고, 주변에서 솟았는가 하면 중심으로 사라지며[17] 물 위에 다니기를 땅 위 다니듯 하고, 땅 위 다니기를 물 위 다니는 것처럼 자유자재하게 한다. 어째서 이와 같은가? 지수화풍 사대가 꿈과 같고 허깨비와 같이 실체가 없어 공(空)함을 통달했기 때문이다.

---

17 "이와 같은 진여의 상을 설하시려 하는 순간, 이때에 삼천대천세계가 여섯 가지로 진동하였다. 동쪽에서 솟았는가 하면 서쪽으로 사라지고 서쪽에서 솟았는가 하면 동쪽으로 사라지며, 남쪽에서 솟았는가 하면 북쪽으로 사라지고 북쪽에서 솟았는가 하면 남쪽으로 사라지며, 중심에서 솟았는가 하면 주변으로 사라지고 주변에서 솟았는가 하면 중심으로 사라졌다."(『大般若波羅蜜多經』 권513 「眞如品」 T.7 p.620a, 當說如是眞如相時, 於此三千大千世界, 六種震動. 東踊西沒, 西踊東沒, 南踊北沒, 北踊南沒, 中踊邊沒, 邊踊中沒.);『華嚴經』 권52 「如來出現品」 T.10 p.278a.

17

오대산에는 문수보살이 없다

道流야! 儞祇今聽法者가 不是儞四大로대 能用儞四大하나니
若能如是見得하면 便乃去住自由니라.
約山僧見處하면 勿嫌底法이라 儞若愛聖하면 聖者는
聖之名이니라.
有一般學人이 向五臺山裏求文殊하나 早錯了也니 五臺山에
無文殊니라. 儞欲識文殊麼아?
祇儞目前用處가 始終不異하며 處處不疑는 此箇是活文殊요
儞一念心無差別光이 處處總是眞普賢이요
儞一念心自能解縛하야 隨處解脫은 此是觀音三昧法이니라.

호위주반			출즉일시출				일즉삼삼즉일
互爲主伴하야 **出則一時出**하나니 **一卽三三卽一**이라
여시해득			시호간교
如是解得하면 **始好看教**니라.

  수행자들이여! 지금 나의 법문을 듣고 있는 것은 그대들의 지·수·화·풍으로 이루어진 육신이 아니라, 그 지·수·화·풍을 능숙하게 활용하는 그대들 자신이다. 만약 이와 같이 볼 수만 있다면 곧바로 가고 머무름에 자유자재하게 될 것이다.

  산승이 보건대 의심하고 꺼릴 것이 없다. 그대들이 성인을 좋아한다고 하더라도 성인은 성인이라는 이름일 뿐이다. 어떤 학인 무리들은 오대산에서 문수보살을 친견하고자 하지만 이미 완전히 잘못된 것이니, 오대산에는 문수보살이 없기 때문이다. 문수보살을 만나고 싶은가? 그대들 눈앞에서 작용하고 있으며 시간적으로는 처음부터 끝까지 다르지 않고, 공간적으로는 어딜 가든지 의심할 것 없이 작용하는 이것이 살아 있는 문수보살이다. 그대들의 한순간 마음작용에도 차별 없이 어느 곳이든 비추는 광명이 모두 참된 보현보살이요, 그대들의 한순간 마음작용에서 스스로 속박 풀어 이르는 곳마다 해탈하는 이것이 바로 관세음보살의 삼매법이다.

  문수·보현·관음 세 보살이 서로 주인도 되고 손님도 되어, 출현할 때는 동시에 출현하니, 하나가 곧 셋이고 셋이 곧 하나다.[18] 이같

---

18 문수보살은 눈앞에서 약동하며 시종일관 어느 곳에서나 의심할 수 없는 자

이 깨달으면 비로소 경전의 모든 가르침과 조사 어록을 잘 파악할 수 있을 것이다."

기 지신을, **보현보살**은 모든 차별을 초월한 지혜를, 관음보살은 스스로 속박에서 벗어나 도처에서 해탈삼매의 힘을 보여주는 존재를 상징하며, 동시에 자성(自性)의 삼신불(三身佛)에 대응하기도 한다.

18

응물현형(應物現形)

사시중운 여금학도인 차요자신 막향외멱
師示衆云, 如今學道人은 且要自信이요 莫向外覓하라.

총상타한진경 도불변사정 지여유조유불
總上他閑塵境하야 都不辨邪正하나니 祇如有祖有佛은

개시교적중사
皆是教迹中事니라.

유인 염기일구자어 혹은현중출 변즉의생
有人은 拈起一句子語하야 或隱顯中出하면 便卽疑生하야

조천조지 방가심문 야태망연
照天照地하야 傍家尋問하야 也太忙然이로다.

대장부아 막지마논주논적 논시논비 논색논재
大丈夫兒가 莫祇麽論主論賊하며 論是論非하며 論色論財하야

논설한화과일
論說閑話過日하라.

산승차간 불론승속 단유래자 진식득이
山僧此間에는 不論僧俗이요 但有來者하면 盡識得伊니

임이향심처출래 단유성명문구 개시몽환
任伊向甚處出來하나 但有聲名文句하야 皆是夢幻이니라.

각견승경지인　　시제불지현지
却見乘境底人하니 **是諸佛之玄旨**라.

불경　　불능자칭아시불경
佛境이 **不能自稱我是佛境**이요

환시저개무의도인　　승경출래
還是這箇無依道人이 **乘境出來**니라.

약유인　　출래　　문아구불　　아즉응청정경출
若有人이 **出來**하야 **問我求佛**하면 **我卽應淸淨境出**하고

유인　　문아보살　　아즉응자비경출　　유인
有人이 **問我菩薩**하면 **我卽應慈悲境出**하며 **有人**이

문아보리　　아즉응정묘경출　　유인　　문아열반
問我菩提하면 **我卽應淨妙境出**하며 **有人**이 **問我涅槃**하면

아즉응적정경출　　경즉만반차별　　인즉불별　　소이
我卽應寂靜境出하야 **境卽萬般差別**이나 **人卽不別**이라 **所以**로

응물현형　　여수중월
應物現形은 **如水中月**이니라.

임제스님이 대중들에게 말했다.

"지금의 수행자들은 스스로를 믿는 것이 무엇보다 중요하니, 결코 자기 밖에서 구하지 말라. 모두가 옛사람의 쓸모없이 장황한 언어문자[19]에 끄달려서 삿되고 바른 것을 전혀 명확히 구분하지 못한다. 예를 들어 '조사가 있다, 부처가 있다' 하는 것은 모두 교학의

19　한진경(閑塵境): 한기경(閑機境)이라고도 한다. 진경(塵境)은 육경(六境)을 뜻하는데 마음을 오염시키는 외부 경계라는 의미에서 '진(塵)' 자를 붙인 것이다. 여기서는 보잘것없고 시시한 문자연구를 아울러 이르는 말로 쓰였으며 옛사람이 시설한 모든 방편까지 포함한다.

가르침일 뿐이다. 그런데 어떤 사람이 경전의 한 구절을 끄집어내 뜻을 숨겼다 드러내었다 하면 곧바로 의심이 일어나 허둥지둥 당황해하며[照天照地] 본길에서 벗어나 이리저리 묻고 다니며 어찌할 줄 모르고 정신없이 망연자실해한다.

대장부가 되어 왕과 도적 즉 정치를 이야기 하고,[20] 세상의 옳음과 그름을 따지고, 여색과 재물을 이야기하는 등 쓸데없는 잡담을 늘어놓으며 세월을 헛되이 보내지 말라. 산승은 여기서 출가자와 재가자를 구별하지 않고 나를 찾아오는 자가 있으면 그들의 정체를 다 알아낸다. 그가 어떤 곳과 경계에서 온다 해도 그들이 사용하는 말과 글귀는 모두 꿈이요 허깨비일 뿐이다.

이와 반대로 자신이 주인이 되어 경계를 활용하는 사람[乘境底人][21]이야말로 바로 모든 부처님의 깊은 뜻[玄旨]을 체득하였다고 할 수 있다. 부처님의 경지는 '나는 부처의 경지다'고 스스로 말할 수 없는 것이니, 부처의 경지는 오히려 다름 아닌 이 의지함이 없는 도인[無依道人]이 경계를 마음대로 잘 다룬다.

---

20 『天聖廣燈錄』(권11 X.78 p.470a)에는 "論王論賊"으로 되어 있다. 무에(無恚)라는 외도(外道)가 조론(鳥論)·어론(語論)·왕론(王論)·적론(賊論)·투쟁론(鬪諍論)·음식론(飮食論)·의피론(衣被論)·부녀론(婦女論)·동녀론(童女論)·음녀론(淫女論)·세속론(世俗論)·비도론(非道論)·해론(海論)·국론(國論) 등을 설하였다는 이야기가 『中阿含經』(권26 「因品」 T.1 p.591c)에 실려 있기도 하다.

21 승경지인(乘境底人): 외부 경계에 휘둘리거나 물들지 않고 어떤 경계든 자신이 주인이 돼 자유자재로 다루는 사람.

만약 어떤 사람이 나에게 와 부처되는 길을 묻는다면[22] 나는 곧 청정한 경계로 응대해주고, 어떤 사람이 나에게 보살을 묻는다면 나는 곧 자비의 경계로 응대해주며, 어떤 사람이 깨달음을 묻는다면 곧 깨끗하고 오묘한 경계로 응대해주며, 어떤 사람이 열반을 묻는다면 고요한 경계로 응대해준다. 이처럼 경계는 천차만별이지만 그 사람은 다르지 않다. 그러므로 '사물에 응하여 형상을 나타내는 것이 마치 물속에 비친 달과 같다.'[23]고 한 것이다.

---

22 번역은 '묻는다'와 같이 하였지만, 실제적 의미는 '나에게서 부처를 구한다면'이라는 뜻에 가깝다. 자신에게서 구하는 경계를 그때그때마다 드러내 보여준다는 맥락이다.
23 "부처의 참된 법신은 허공과 같지만, 중생의 기근에 응해 형상을 나타냄은 마치 물에 비친 달이 장애 없이 나타나는 것과 같다."(『金光明經』 권2 T.16 p.344b, 佛眞法身, 猶如虛空, 應物現形, 如水中月, 無有障礙.)

19

대장부(大丈夫)

도류   이약욕득여법   직수시대장부아시득
道流야! 儞若欲得如法하면 直須是大丈夫兒始得이니라.

약위위수수지   즉부득야
若萎萎隨隨地하면 則不得也니라.

부여사사 상음서하소가절 지기   불감저제호 여대기자
夫如斯嘎〈上音西下所嫁切〉之器는 不堪貯醍醐니 如大器者는

직요불수인혹   수처작주   입처개진
直要不受人惑이라 隨處作主하야 立處皆眞이니라.

단유래자   개부득수   이일념의   즉마입심
但有來者어든 皆不得受니 儞一念疑하면 卽魔入心이라.

여보살   의시   생사마득편
如菩薩이 疑時에 生死魔得便이니라.

단능식념   갱막외구   물래즉조
但能息念이요 更莫外求하고 物來卽照하라.

이단신현금용지   일개사야무
儞但信現今用底하면 一箇事也無니라.

이일념심생삼계   수연피경   분위육진
儞一念心生三界하야 隨緣被境하야 分爲六塵하니라.

이여금응용처　　흠소십마
儞如今應用處가 **欠少什麼**오?
일찰나간　변입정입예　　입미륵누각　　입삼안국토
一刹那間에 **便入淨入穢**하며 **入彌勒樓閣**하며 **入三眼國土**하야
처처유리　　유견공명
處處游履하야 **唯見空名**이니라.

수행자들이여! 그대들이 만약 여법한 수행자가 되고자 한다면 반드시 대장부가 되어야 한다. 시들시들해 바람에 이리저리 흔들리는 초목[24]같이 되어서는 안 된다. 예컨대 깨진 그릇[甈嘠之器][25]에 〈앞의 글자 음은 서(西)이고 뒤의 글자는 소(所)와 가(嫁)를 반절한 것이다.〉 제호(醍醐)를 담을 수 없는 이치와 같으니, 큰 그릇의 인물[26]이라면 반드시 남에게 속지 않고 어디에서도 주인이 되어 자기가 있는 그곳이 바로 참된 곳이 된다.

밖에서 들어오는 것은 무엇이 되었건 모두 받아들여서는 안 되니 그대가 한 생각이라도 의심을 일으키면 곧 마구니가 마음속으로 들어올 것이다. 가령 보살일지라도 의심이 일어나면 생사망념

24　위위수수지(萎萎隨隨地): 남의 말이나 바깥 경계에 줏대 없이 끌려 다니는 모습을 시들고 바람에 흔들리는 초목에 비유한 말.
25　사사지기(甈嘠之器): 금이 간 그릇. 사(甈)는 항아리나 기와 깨지는 소리, 사(嘠)는 목소리가 잠겨 소리가 나오지 않는 것을 말한다. 또는 두 글자 모두 물건이 깨질 때 나는 소리라고도 한다. 여기서는 앞의 대장부와 상대되는 개념으로 소근기의 사람을 비유한다.
26　몰량한(沒量漢)과 같은 말. 일정한 틀에 국한되지 않는 큰 인물, 철저하게 깨달은 사람을 비유한다.

의 마구니가 침입해 기회를 얻게 되는 것이다. 다만 망념을 그치고 결코 밖에서 구하지 말고, 어떤 경계가 다가오면 지혜로 비춰보라.

그대는 다만 지금 전체적으로 작용하는 이것을 믿기만 하면 아무 일도 없을 것이다. 그대의 한 생각 마음이 삼계를 만들어 내고, 인연 따라 경계에 사로잡혀 색·성·향·미·촉·법 6진의 경계로 나뉘게 된다. 그대들이 지금 응하여 작용하는 곳에 도대체 무슨 모자람이 있느냐? 한 찰나에 바로 깨끗한 국토[淨土]에도 들어가고 더러운 국토[穢土]에도 들어가며, 미륵의 누각에도 들어가고 삼안국토(三眼國土)[27]에도 들어가 곳곳마다 돌아다니지만, 걸림이 없어 오직 헛된 이름[空名]에 불과하다[28]고 보는 것이다."

---

27 삼안국토(三眼國土): 정묘국토(淨妙國土), 무차별국토(無差別國土), 해탈국토(解脫國土). 정묘국토는 법신불, 무차별국토는 보신불, 해탈국토는 화신불에 각각 대응한다.
28 "아(我)와 열반, 이 두 가지 모두 공이다. 어째서 공이라 하는가? 다만 명자일 뿐이기 때문에 공이라 하는 것이다."(『維摩詰所說經』권중 「文殊師利問疾品」 T.14 p 545a, 我及涅槃, 此二皆空. 以何爲空? 但以名字故空.)

20

삼안국토(三眼國土)

문 여하시삼안국토
問, 如何是三眼國土오?

사운 아공이입정묘국토중 착청정의 설법신불
師云, 我共儞入淨妙國土中하야 **著淸淨衣**하고 **說法身佛**하며,

우입무차별국토중 착무차별의 설보신불
又入無差別國土中하야 **著無差別衣**하고 **說報身佛**하며

우입해탈국토중 착광명의 설화신불
又入解脫國土中하야 **著光明衣**하고 **說化身佛**하나니

차삼안국토 개시의변
此三眼國土는 **皆是依變**이니라.

약경론가 취법신위근본 보화이신위용
約經論家하면 **取法身爲根本**하고 **報化二身爲用**하나

산승견처 법신즉불해설법
山僧見處는 **法身卽不解說法**이라.

소이 고인 운 신의의립 토거체론
所以로 **古人**이 **云, 身依義立**이요 **土據體論**이라 하니

법성신법성토 명지시건립지법 의통국토
法性身法性土는 **明知是建立之法**이요 **依通國土**니

공권황엽   용광소아
空拳黃葉으로 **用誑小兒**니라.
　　질려능자   고골상   멱십마즙   심외무법
蒺藜菱刺와 **枯骨上**에 **覓什麼汁**고? **心外無法**이요
　　내역불가득   구십마물
內亦不可得이니 **求什麼物**고!

한 스님이 임제스님에게 물었다.

"어떤 것이 삼안국토입니까?"

"나는 그대들과 함께 깨끗하고 미묘한 국토에 들어가서 청정한 옷을 입고 법신불로서 설법하고, 또한 차별 없는 평등의 국토에 들어가 차별 없는 옷을 입고 보신불로서 설법하며, 또한 무엇에도 얽매임이 없는 해탈국토에 들어가 광명의 옷을 입고 화신불로서 설법한다. 이 삼안국토란 모두 내가 행동하는 것에 의지해 변화한 경계[依變][29]일 뿐이다.

교학자들은 법신을 근본으로 삼고 보신과 화신을 법신의 작용[用]이라고 생각한다. 그러나 산승의 견해로는 법신도 법을 설할 줄 모른다. 그런 까닭에 옛사람이 말하기를, '법성신의 구별은 현상에 의지해 세운 것이고, 법성토는 그 법성의 체에 의지해 설정한 것이다.'[30]고 한 것이다. 따라서 '법성의 몸[法性身]'과 '법성의 땅[法性土]'

---

29 다양한 인연이 만나 이뤄진 것으로 실체가 없다.
30 『大乘法苑義林章』 권7 T.45 p.370b 참조. 구절이 완전히 일치하는 것은 아니며 대강의 취지를 취한 것으로 보인다.

은 임시적인 법[현상]이고, 임시로 만든 땅[31]이라는 점을 분명히 알아야 한다.

그것은 빈주먹에 누런 잎사귀를 쥐고 황금이라고 속여 어린아이를 달래는 것과 같다.[32] 남가새나 마름의 가시와 마른 뼈다귀에서 무슨 국물을 찾는다는 말인가? 마음 밖에 따로 법[경계. 대상]이 없고[33] 마음 안에서도 또한 얻을 바가 없는데, 다시 무엇을 구하려 하는가!

---

31 의통국토(依通國土): 무엇인가에 의존하거나 무엇을 매개로 하여 만들어진 상대적 세계.
32 『大般涅槃經』권20 「嬰兒行品」 T.12 p.485c에 나오는 이야기. 궁극의 인식으로 이끌기 위한 일시적 방편을 비유한다.
33 심외무법(心外無法): 심외무별법(心外無別法)이라고도 한다. 일체의 모든 존재는 마음에서 빚어진 현상이라는 말이다. "이 법 그대로가 마음이니 마음 밖에 법이 없고, 이 마음 그대로가 법이니 법 밖에 마음이 없다."(『傳心法要』 T.48 p.380b, 此法卽心, 心外無法, 此心卽法, 法外無心.) ; "산하대지와 일월성신 모두 그대의 마음에서 벗어나 있지 않으며, 삼천대천세계 전체가 그대의 자기이니, 어디에 이러저러한 것들이 또 있겠는가! 마음 밖에 어떠한 법도 없다."(『宛陵錄』 T.48 p.385c, 山河大地, 日月星辰, 總不出汝心, 三千世界, 都來是汝箇自己, 何處有許多般! 心外無法.)

21

조작(造作)

이제방   언도   유수유증   막착
儞諸方에 言道호대 有修有證이라 하니 莫錯하라.

설유수득자   개시생사업   이언육도만행   제수
設有修得者라도 皆是生死業이며 儞言六度萬行을 齊修라 하나

아견개시조업
我見皆是造業이니라.

구불구법   즉시조지옥업
求佛求法은 卽是造地獄業이라.

구보살   역시조업   간경간교   역시조업
求菩薩도 亦是造業이요 看經看敎도 亦是造業이니라.

불여조사   시무사인   소이   유루유위   무루무위
佛與祖師는 是無事人이라 所以로 有漏有爲와 無漏無爲가

위청정업
爲淸淨業이니라.

유일반할독자   포끽반료   변좌선관행
有一般瞎禿子하야 飽喫飯了하고 便坐禪觀行호대

파착염루   불령방기   염훤구정   시외도법
把捉念漏하야 不令放起하며 厭喧求靜하나니 是外道法이니라.

조사운   이약주심간정   거심외조
祖師云, 儞若住心看靜하며 **擧心外照**하고

섭심내증   응심입정   여시지류   개시조작
攝心內證하며 **凝心入定**하면 **如是之流**는 **皆是造作**이라 하나라.

시이여금여마청법지인   작마생의수타증타장엄타
是儞如今與麼聽法底人을 **作麼生擬修他證他莊嚴他**리오!

거차불시수지물   불시장엄득지물
渠且不是修底物이며 **不是莊嚴得底物**이니라.

약교타장엄   일체물   즉장엄득   이차막착
若敎他莊嚴하면 **一切物**을 **卽莊嚴得**이니 **儞且莫錯**하라.

　그대들은 지금 곳곳에서 "닦을 것도 있고 깨달음도 있다"고 말하는데 착각하지 말라. 설령 닦아 얻은 것이 있다 하더라도 모두가 생사윤회의 업이다.[34] 그대들이 "육도만행(六度萬行)을 빠짐없이 닦는다"고 하나, 산승이 보건대 모두가 업을 짓는 일일 뿐이다. 그러므로 부처를 구하고 법을 구하는 것도 지옥에 떨어지는 업을 짓는 일이고, 보살을 구하는 것 역시 업을 짓는 일이며, 경문을 독송하고 경전을 읽는 것 역시 업을 짓는 일이다.

　부처와 조사는 일 없는 사람[無事人]이다. 그런 까닭에 유루유위(有漏有爲) 즉 미혹함과 조작함이 있는 행위와 무루무위(無漏無爲)

34　단하천연(丹霞天然)의 다음 말과 취지가 통한다. "오늘날 도를 배운다는 이들은 어지러이 소란을 떨며 참선을 한다, 도를 구한다 하지만, 나의 이곳에서는 닦을 도도 없고 증득할 법도 없다."(『景德傳燈錄』 권14 T.51 p.311a, 今時學者, 紛紛擾擾, 皆是參禪問道, 吾此間無道可修, 無法可證.)

즉 미혹함과 조작함이 없는 행위 모두 청정한 업이 되는 것이다.[35]

어떤 부류의 '눈 먼 중들'은 배불리 밥을 먹고 나서 바로 좌선하고 관심(觀心)을 행하며, 망념으로 인한 번뇌를 꽉 붙잡아 함부로 일어나지 않도록 하며 시끄러운 것은 싫어하고 조용한 곳을 찾으나, 이것은 모두 외도의 가르침이다.

신회 조사가 말씀하셨다.

"그대가 만약 마음을 머물게 하여 고요한 상태를 살펴보고[住心看靜],

마음을 일으켜 밖으로 대상경계를 비춰보며[擧心外照],

마음을 가다듬어 안에서 깨달음을 증득하고자 하며[攝心內證],

마음을 한곳에 집중하여 선정에 들려 한다면[凝心入定]

이와 같은 것들은 모두가 조작하는 짓이다."[36]

바로 지금 이와 같이 법을 듣고 있는 사람이 그대인데 이 사람을 어떻게 닦겠으며, 어떻게 깨닫게 하겠으며, 어떻게 장엄하려 하는가? 그 사람은 닦을 수 있는 물건이 아니요, 장엄할 수 있는 물건도 아니다. 만약 그 사람을 장엄할 수 있다면 일체의 모든 물건도 장엄할 수 있을 것이다. 그러므로 그대들은 착각하지 말라.

---

35 '루(漏)'는 번뇌, 미혹의 뜻이고, '위(爲)'는 조작(造作)·작위(作爲)의 뜻이다. 번뇌로 인한 미혹함도, 번뇌를 끊고 깨달음을 얻었다는 생각도 모두 업을 짓는 행위이기는 마찬가지이지만, 무사인(無事人)은 이것을 청정한 업으로 만든다는 의미이다.

36 『菩提達摩南宗定是非論』(『神會和尙遺集』 p.287) 참조. 북종 신수 대사가 선을 이 4구로 요약하여 주장한 것을 신회 대사가 강하게 비판한 글이다.

22

들여우와 사자

도류　　이취저일반노사구리어　　위시진도
道流야! **儞取這一般老師口裏語**하야 **爲是眞道**하야

시선지식　　부사의　　아시범부심　　불감측탁타노숙
是善知識은 **不思議**요 **我是凡夫心**이니 **不敢測度他老宿**이라

　　　　　할루생　　　이일생　　지작저개견해
하나니라. **瞎屢生**이여! **儞一生**을 **祗作這箇見解**하야

고부저일쌍안　　　냉금금지　　여동릉상여구상사
辜負這一雙眼하니 **冷噤噤地**가 **如凍凌上驢駒相似**로다.

아불감훼선지식　　파생구업
我不敢毀善知識하야 **怕生口業**이니라.

도류　　부대선지식　　시감훼불훼조　　시비천하
道流야! **夫大善知識**이 **始敢毀佛毀祖**하고 **是非天下**하며

배척삼장교　　매욕제소아　　향역순중멱인
排斥三藏敎하고 **罵辱諸小兒**하야 **向逆順中覓人**하나니라.

소이　　아어십이년중　　구일개업성　　여개자허
所以로 **我於十二年中**은 **求一箇業性**을 **如芥子許**도

불가득
不可得이니라.

若似新婦子禪師하면 便卽怕趁出院하야 不與飯喫하야
不安不樂이어니와 自古先輩가 到處人不信하고 被趁出하야
始知是貴하나니 若到處人盡肯하면 堪作什麼오?
所以로 師子一吼에 野干이 腦裂이니라.

    수행자들이여! 그대들은 곳곳에서 여러 노스님들이 입속으로 중얼거리는 소리를 듣고서 그것이 참된 가르침이라고 생각해 "이 선지식은 부사의하지만, 나는 범부의 마음을 가지고 있으니 감히 저 훌륭하신 노스님의 뜻을 헤아릴 수 없다."고 생각한다.

    이 눈먼 바보들아! 그대들은 짧은 일생을 이런 비굴한 생각에 사로잡혀 멀쩡한 두 눈을 못쓰게 만들고 있다. 추워서 벌벌 떨면서 입도 떼지 못하는 꼴이 마치 얼어붙은 땅 위를 조심스럽게 기어가는 당나귀나 망아지 같구나. 그러면서 "나는 감히 선지식을 비방할 수 없다. 구업(口業)을 짓는 것이 두렵다."고 한다.

    수행자들이여! 참으로 대선지식이라야만 비로소 감히 부처와 조사를 비방하고, 천하의 선지식을 옳다 그르다 비판하며, 경·율·론 삼장(三藏)의 가르침을 배척하고, 촐싹거리며 우왕좌왕 몰려다니는 소견머리 없는 무리들을 꾸짖고 욕하며, 어려운 경계와 순응하는 경계를 활용해 여러 가지 방법으로 시험하여 참된 수행인을 찾고자 하였다.

그래서 나는 12년 동안 한 개의 될성부른 소질을 가진 업성이라도 찾고자 했지만 겨자씨만큼도 얻을 수 없었다.

시어머니를 무서워하는 새색시 같은 선사라면 절에서 쫓겨나 밥도 얻어먹지 못할까봐 불안하고 즐겁지도 않을 것이다. 예로부터 위대한 선의 거장들은 가는 곳마다 사람들이 믿지 아니하여 쫓겨나곤 했으나, 그가 떠난 뒤에야 비로소 귀하고 훌륭한 선승인 줄 깨닫곤 했다.

만약 가는 곳마다에서 비위를 맞춰 사람들이 받아들이고 인정해준다면 이런 사람이 무슨 쓸모가 있겠느냐? 그러므로 "사자의 포효 한 번에 들여우의 뇌가 찢어진다."[37]고 했던 것이다.

---

37 사자는 대선지식을, 들판의 여우는 설익은 수행자를 비유한다.

23

본래 마음

도류　　제방　　설유도가수　　유법가증
道流야! 諸方이 說有道可修하며 有法可證하나니

이설증하법수하도　　이금용처흠소십마물　　수보하처
儞說證何法修何道오? 儞今用處欠少什麼物이며 修補何處오?

후생소아사　　불회　　변즉신저반야호정매
後生小阿師가 不會하야 便卽信這般野狐精魅하야

허타설사　　계박타인　　언도　　이행　　상응
許他說事하야 繫縛他人하야 言道호대 理行이 相應하고

호석삼업　　시득성불　　　　여차설자　　여춘세우
護惜三業하야사 始得成佛이라 하니 如此說者는 如春細雨로다.

고인　　운 노봉달도인　　　　제일막향도
古人이 云, 路逢達道人이어든 第一莫向道하라.

소이　　언　　약인　　수도　　도불행　　만반사경
所以로 言호대 若人이 修道하면 道不行이니 萬般邪境이

경두생　　지검　　출래　　무일물　　명두미현암두명
競頭生이라 智劍이 出來에 無一物하야 明頭未顯暗頭明이로다.

소이　　고인　　운 평상심　　시도
所以로 古人이 云, 平常心이 是道라 하니라.

대덕   멱십마물   현금목전청법무의도인
大德아! **覓什麽物**고? **現今目前聽法無依道人**이

역력지분명   미증흠소   이약욕득여조불불별
歷歷地分明하야 **未曾欠少**하니 **儞若欲得與祖佛不別**인댄

단여시견   불용의오   이심심불이   명지활조심
但如是見이요 **不用疑誤**니라. **儞心心不異**를 **名之活祖心**이니

약유이   즉성상   별   심불이고   즉성여상불별
若有異하면 **則性相**이 **別**이요, **心不異故**로 **卽性與相不別**이니라.

수행자들이여! 지금 곳곳에서 "닦아야 할 도(道)가 있고 깨쳐야 할 법이 있다"[38]는 말들을 하니, 도대체 그대들은 무슨 법을 깨닫고, 무슨 도를 닦는다는 것이냐? 그대들이 지금 사용하고 있는 본래심에 무엇이 모자라며 어떤 점을 고쳐 보완해야 한다는 말인가?

못난 후학들이 잘 알지 못하고 저들 들판의 여우나 도깨비 같은 엉터리 선승들의 하찮은 말을 믿고, 그들의 논리를 받아들이고 다른 사람들을 얽어매어 말하기를, "세상에서 이치와 실행이 일치하고 몸·입·뜻의 삼업을 잘 보호하고 아껴야만 비로소 성불할 수 있다."고 주장하는데, 그렇게 말하는 사람들은 옛날부터 봄날의 가랑비같이 흔하다.

옛사람이 "길에서 도를 통달한 사람을 만나거든, 무엇보다 도에 대해 말하지 말라."[39]고 말했다. 그런 까닭에 "도를 억지로 닦는다

---

38 『景德傳燈錄』권14 T.51 p.311a 참조.
39 사공본정(司空本淨)의 말. "홀연 도를 닦는 사람을 만나더라도, 무엇보다 도에 대해 말하지 말라."(『景德傳燈錄』권5 T.51 p.243b, 忽逢修道人, 第一莫向道.)

면 도는 행해지지 않고, 도리어 만 가지 삿된 경계들이 앞다투어 일어난다. 반야지혜의 칼을 뽑아들면 한 물건도 없으니, 밝음이 나타나지 않았는데도 어둠이 밝아진다."[40]고 말했다. 또한 "평상심이 곧 도"[41]라고 옛사람이 말했던 것이다.

대덕들이여, 무엇을 찾고 있는가? 지금 바로 눈앞에서 법문을 듣고 있는 '의지함이 없는 깨친 이[無依道人]'는 너무도 역력하고 분명하여 조금도 모자란 적이 없다. 그대들이 만약 조사·부처와 다름없기를 바란다면 다만 이와 같이 꿰뚫어 보고, 다시는 잘못되지 않을까 의심하지 말라.

그대들의 마음과 마음이 다르지 않은 것[42]을 살아 있는 조사의 마음이라고 한다. 만약 마음에 다름이 생기면 마음의 본성과 현상이 각각 다르게 되겠지만, 마음이 다르지 않은 까닭에 본성과 현상도 다르지 않은 것이다.

---

40 ① 밝음[明頭]은 현실의 존재가 분명히 드러난 세계, 차별의 세계, 인연으로 얽힌 이 세계의 모습을 명확하게 판단해서 아는 것을 말한다. ② 어둠[暗頭]은 평등을 상징하는데 무분별의 세계, 신비로운 유현한 세계, 일미평등의 세계, 차별이 생기기 이전의 세계를 말하니, 여기서는 차별이 생기기 이전의 세계가 밝게 비춰 있다는 뜻.
41 『馬祖廣錄』 X.69 p.3a 참조.
42 "마음과 마음이 다르지 않고 법과 법이 다르지 않으며 수많은 경전과 논서도 단지 그대의 일심일 뿐이다."(『宛陵錄』古尊宿語錄3 X.68 p.22a, 心心不異, 法法不異, 乃至千經萬論, 祇爲你之一心.) ; "부처님이 가섭에게 법을 전한 이래 마음으로 마음에 도장을 찍어 전하였으니 마음과 마음이 다르지 않다."(『傳心法要』 T.48 p.382a, 自如來付法迦葉已來, 以心印心, 心心不異.)

24

마음과 마음이 다르지 않은 경계
〔心心不異處〕

●

문 여하시심심불이처
問, 如何是心心不異處오?

사운 이의문 조이료야 성상 각분
師云, 儞擬問하면 **早異了也**니 **性相**이 **各分**이로다.

도류 막착
道流야, **莫錯**하라.

세출세제법 개무자성 역무생성 단유공명
世出世諸法이 **皆無自性**하며 **亦無生性**하고 **但有空名**하야

명자역공 이지마인타한명위실 대착료야
名字亦空이어늘 **儞祇麽認他閑名爲實**하니 **大錯了也**로다.

설유 개시의변지경
設有라도 **皆是依變之境**이라.

유개보리의 열반의 해탈의 삼신의 경지의
有箇菩提依와 **涅槃依**와 **解脫依**와 **三身依**와 **境智依**와

보살의 불의 이향의변국토중 멱십마물
菩薩依와 **佛依**하니 **儞向依變國土中**하야 **覓什麽物**고?

내지삼승십이분교 개시식부정고지 불시환화신
乃至三乘十二分敎는 **皆是拭不淨故紙**며 **佛是幻化身**이요

<small>조시노비구　　이환시낭생이부</small>
祖是老比丘니 **儞還是娘生已否**아?
<small>이약구불　　　즉피불마섭　　이약구조　　즉피조마박</small>
儞若求佛하면 **卽被佛魔攝**이요 **儞若求祖**하면 **卽被祖魔縛**이니
<small>이약유구개고　　불여무사</small>
儞若有求皆苦라 **不如無事**로다.

한 스님이 임제스님에게 물었다.

"어떤 것이 마음과 마음이 다르지 않은 것입니까?"

"그대가 의심을 갖고 물으려 하는 그 순간 벌써 달라져버려 마음의 본성과 현상이 각각 나뉘어졌다. 수행자들이여! 착각하지 말라. 세간이나 출세간의 모든 법은 모두 자성이 없고[無自性], 또한 새로 생겨나는 본성도 없으며, 다만 공(空)이라는 이름만 있을 뿐이요, 이름 또한 헛된 것이다. 그대들은 오로지 저 부질없는 이름들에만 매달려 진실로 삼고 있으니 이는 크게 잘못된 것이다. 설사 무언가 실다운 법이 있다 해도 모두가 인연에 의지해 서로서로 변화하는 가상적인 경계들이다.[依變之境]

깨달음이라는 경계, 열반이라는 경계, 해탈이라는 경계, 삼신이라는 경계, '대상과 지혜[境智]'[43]라는 경계, 보살이라는 경계, 부처라는 경계가 있다고는 하나 그대들은 인연 화합에 의해 만들어진 변화하는 국토 속에서 무엇을 찾으려고 하느냐?

---

43 경지(境智): 비춤의 대상으로서의 경계와 그 대상을 비추는 지혜.

나아가 삼승십이분교의 경전은 모두가 더러운 똥을 닦아낸 휴지에 불과하고, 부처란 허깨비로 나타난 몸이며, 조사란 늙은 비구일 뿐이다. 그러나 그대들은 어머니가 낳아주신 진짜 살아 있는 몸이 아니냐?

그대가 만약 부처를 구하면 부처라는 마구니에 속박되고, 조사를 구하면 조사라는 마구니에 속박되어 버린다. 그대들이 만약 무엇을 찾아 구하는 것이 있다면 모두가 괴로움이 될 뿐이니, 아무일 없느니만 못하다.

25

형상 없음〔無相〕이 참된 형상〔眞形〕

유일반독비구　　　향학인도　　　불시구경
有一般禿比丘하야 向學人道호대 佛是究竟이니

어삼대아승기겁　　　수행과만　　　방시성도
於三大阿僧祇劫에 修行果滿하야 方始成道라 하니

도류　　이약도불시구경　　　연십마　　　팔십년후
道流야! 儞若道佛是究竟인댄 緣什麼하야 八十年後에

향구시라성쌍림수간　　　측와이사거　　　불금하재
向拘尸羅城雙林樹間하야 側臥而死去며 佛今何在오?

명지여아생사불별
明知與我生死不別이니라.

이언　　삼십이상팔십종호　　　시불　　　　전륜성왕
儞言, 三十二相八十種好가 是佛이라 하니 轉輪聖王도

응시여래　　명지시환화
應是如來라 明知是幻化로다.

고인　　운　여래거신상　　　위순세간정　　　공인생단견
古人이 云, 如來擧身相은 爲順世間情이라 恐人生斷見하야

권차입허명
權且立虛名이로다.

가언삼십이   팔십야공성   유신   비각체   무상
假言三十二하고 **八十也空聲**이니 **有身**은 **非覺體**요 **無相**이
내진형
乃眞形이로다.

일반적으로 머리 깎은 어리석은 어떤 비구 무리들은 학인들에게 말하기를, "부처는 도달해야 할 구극(究極)의 경지이다. 삼아승기겁이라는 한량없는 세월을 수행하여 과보를 원만히 성취하여야 비로소 도를 이룬다."고 한다.

수행자들이여! 그대들이 만약 "부처는 도달해야 할 구극의 경지"라고 말할진대, 어째서 부처님께서는 80년을 사시다 쿠시나가라 성(城)의 사라쌍수 사이에서 옆으로 누워 돌아가셨으며, 그 부처님은 지금 어디 계신가? 부처님도 우리들과 같이 나고 죽음이 다르지 않음을 분명히 알아야 한다.

그대들은 "32상 80종호가 부처님이다."라고 말하는데, 그렇다면 부처와 똑같은 덕상을 지닌 전륜성왕도 마땅히 여래일 것이다. 그러므로 이것이 실체가 없는 환화인이라는 것을 분명히 알아야 한다.

옛사람이 말했다.

"여래께서 몸에 덕상을 갖춘 모습을 보여주신 것은, 세상 사람들의 인정을 따라주기 위해서였다. 사람들이 부처님이 돌아가시어 아무것도 없다는 단견을 갖게 될까 걱정하여 방편으로 헛된 이름

을 세운 것이다. 32상도 속임수요 80종호도 헛소리다. 형상이 있는 몸은 깨달은 부처의 참 본체가 아니며, 형상 없음이 부처님의 진실한 형상이다."[44]

---

[44] 『梁朝傳大士頌金剛經』 T.85 p.2b.

26

육신통(六神通)

^{이도} ^{불유육통} ^{시불가사의} ^{일체제천}
儞道호대 **佛有六通**하야 **是不可思議**라하니 **一切諸天**과

^{신선아수라} ^{대력귀} ^{역유신통} ^{응시불부} ^{도류}
神仙阿修羅와 **大力鬼**도 **亦有神通**하니 **應是佛否**아? **道流**야!

^{막착}
莫錯하라.

^{지여아수라} ^{여천제석전} ^{전패} ^{영팔만사천권속}
祇如阿修羅가 **與天帝釋戰**하야 **戰敗**에 **領八萬四千眷屬**하고

^{입우사공중장} ^{막시성부} ^{여산승소거}
入藕絲孔中藏하니 **莫是聖否**아? **如山僧所擧**는

^{개시업통의통}
皆是業通依通이니라.

^{부여불육통자} ^{불연} ^{입색계불피색혹}
夫如佛六通者는 **不然**하야 **入色界不被色惑**하며

^{입성계불피성혹}
入聲界不被聲惑하며

^{입향계불피향혹} ^{입미계불피미혹} ^{입촉계불피촉혹}
入香界不被香惑하며 **入味界不被味惑**하며 **入觸界不被觸惑**하며

입법계불피법혹　　소이　　달육종색성향미촉법
入法界不被法惑하니 **所以**로 **達六種色聲香味觸法**이

개시공상　　　불능계박차무의도인
皆是空相이라 **不能繫縛此無依道人**이니라.

수시오온누질　　　변시지행신통
雖是五蘊漏質이나 **便是地行神通**이니라.

그대들은 "부처님께서는 6신통[45]이 있으니 참으로 불가사의하다."라고 말한다. 그렇다면 일체의 모든 천신과 신선, 아수라와 힘센 귀신도 역시 신통이 있으니, 그들도 부처라 해야 하지 않겠느냐?

수행자들이여! 부디 잘못 판단하지 말라. 저 아수라들이 제석천왕과의 전쟁에서 패배하여 팔만사천 권속들을 거느리고 연뿌리 속의 실구멍으로 들어가 숨었다고 하니,[46] 아수라도 성인이라 해야 하지 않겠느냐?

내가 이와 같이 예를 드는 것은 모두가 전생의 업으로 얻은 신통[業通]이거나 조건의 변화로 어떤 힘에 의지해 얻은 신통[依通]들이다.

그러나 부처님의 6신통이란 그런 것이 아니다. 물질[色]의 경계

45　육신통(六神通): 불보살(佛菩薩)이 정혜(定慧)의 힘으로 얻은 여섯 가지 신통력. 신족통(神足通: 또는 身足通)·천안통(天眼通)·천이통(天耳通)·타심통(他心通)·숙명통(宿命通)·누진통(漏盡通) 여섯 가지.
46　『雜阿含經』권16 T2 p.109a;『法苑珠林』권5 T53 p.310b.

에 들어가도 물질에 미혹되지 않고, 소리[聲]의 경계에 들어가도 소리에 미혹되지 않고, 냄새[香]의 경계에 들어가도 냄새에 미혹되지 않고, 맛[味]의 경계에 들어가도 맛에 미혹되지 않고, 촉각[觸]의 경계에 들어가도 촉각에 미혹되지 않고, 법계[法]의 경계에 들어가도 법계에 미혹되지 않는다. 그러므로 색·성·향·미·촉·법의 육진이 다 실체가 없는 텅 빈 모양[空相]뿐이라는 것을 깨달았기 때문에 이 의지함이 없는 깨친 이를 얽어맬 수 없다. 비록 '어디에도 의지하지 않는 깨친 이'가 오온으로 이뤄진 번뇌의 몸이지만 땅 위를 걸어 다니며 그대로 신통을 나툰다.[47]

---

47 지행신통(地行神通): 매일매일의 모든 행동이 모두 부처님의 시혜묘용이라는 뜻이다. 천상의 삶으로 비약할 필요 없이 바로 일상의 평범한 삶의 신통묘용이라는 뜻으로 신통이란 깨달음의 한 표현이다.

27

제법공상(諸法空相)

<small>도류   진불 무형   진법 무상</small>
道流야! **眞佛**은 **無形**이요 **眞法**은 **無相**이라.

<small>이 지 마 환 화 상 두   작모작양   설구득자</small>
儞祇麼幻化上頭에 **作模作樣**하야 **設求得者**나

<small>개 시 야 호 정 매   병불시진불   시 외 도 견 해</small>
皆是野狐精魅요 **幷不是眞佛**이니 **是外道見解**니라.

<small>부여진학도인   병불취불   불취보살나한</small>
夫如眞學道人은 **幷不取佛**하며 **不取菩薩羅漢**하며

<small>불취삼계수승   형연독탈   불여물구</small>
不取三界殊勝하고 **迥然獨脫**하야 **不與物拘**니라.

<small>건곤   도복   아갱불의   시방제불   현전</small>
乾坤이 **倒覆**하야도 **我更不疑**하며 **十方諸佛**이 **現前**하야도

<small>무일념심희   삼도지옥   돈현   무일념심포</small>
無一念心喜하고 **三塗地獄**이 **頓現**하야도 **無一念心怖**하나니

<small>연하여차</small>
緣何如此오?

<small>아견   제법   공상   변즉유   불변즉무</small>
我見하니 **諸法**은 **空相**일새 **變卽有**하고 **不變卽無**니라.

삼계유심　　만법유식　　소이　　몽환공화
三界唯心이요 **萬法唯識**이니 **所以**로 **夢幻空花**를

하로파착
何勞把捉가하니라.

유유도류목전현금청법지인　　입화불소
唯有道流目前現今聽法底人은 **入火不燒**하며

입수불닉　　입삼도지옥　　여유원관　　입아귀축생
入水不溺하며 **入三塗地獄**호대 **如遊園觀**하며 **入餓鬼畜生**호대

이불수보　　연하여차　　무혐지법
而不受報하나니 **緣何如此**오? **無嫌底法**일새니라.

이약애성증범　　생사해리침부　　번뇌　유심고유
儞若愛聖憎凡[48]하면 **生死海裏沈浮**하리니 **煩惱**는 **由心故有**라

무심　　번뇌하구　　불로분별취상　　자연득도수유
無心하면 **煩惱何拘**리오? **不勞分別取相**하야 **自然得道須臾**니라.

이의방가파파지학득　　어삼기겁중　　종귀생사
儞擬傍家波波地學得하면 **於三祇劫中**에 **終歸生死**하리니

불여무사　　향총림중　　상각두교각좌
不如無事하야 **向叢林中**하야 **牀角頭交脚坐**니라.

　수행자들이여! 참 부처는 형상이 없고, 참된 깨달음[眞法]도 모양이 없다. 다만 그대가 환상 가운데서 온갖 망령된 지견을 더하여 여러 가지로 모양을 조작해낸 것일 뿐이니, 설령 구하여 얻은 것이 있더라도 모두 들판의 여우나 도깨비귀신 같은 착각이며 참된 부처는 아니며, 이것이 바로 외도의 견해이다.

---

48 "儞若愛聖憎凡"이 『景德傳燈錄』 권29 「梁寶誌和尙大乘讚十首」(T.51 p.449b)에는 "更若愛聖憎凡"으로 되어 있다.

진정으로 수행하는 사람이라면 결코 부처도 취하지 않고, 보살과 나한도 취하지 않으며, 삼계의 뛰어난 경계도 취하지 않는다. 장애가 되는 일체의 경계에서 홀로 벗어나 어떤 사물에도 전혀 얽매이지 않으니, 하늘과 땅이 뒤집힌다 해도 다시는 의혹에 휩싸이는 일이 없다. 시방세계 모든 부처님이 눈앞에 나타난다 해도 한 생각도 기쁜 마음이 없으며, 화도(火塗: 지옥), 혈도(血塗: 아귀), 도도(刀途: 축생)라는 삼악도지옥이 갑자기 나타난다 할지라도 한 생각도 두려운 마음이 없다. 어째서 그러한가?

산승이 보건대, 모든 법이 공한 모습[空相]이니, 변화하여 나타나면 있고 변화하여 나타나지 않으면 아무것도 없다. "삼계는 오직 마음일 뿐이요, 만법은 오직 식(識)이 만들어낸 것"[49]임을 투철히 깨달아 보기 때문이다. 그런 까닭에 "꿈같고 허깨비 같은 허공의 꽃을 어째서 애써 잡으려 하느냐?"[50]라고 하는 것이다.

나의 눈앞에서 지금 법문을 듣고 있는 사람이 있을 뿐이다. 그 사람은 불에 들어가도 타지 않으며, 물에 들어가도 빠지지 않으며, 삼악도 지옥에 들어갈지라도 마치 봄날의 꽃밭에서 노니는 듯하

---

49 "삼계는 허망하니 다만 일심이 만들어낸 것일 뿐이다. 십이인연이 모두 마음을 따른다."(60권본 『華嚴經』 권25 「十地品」 T.9 p.558c, 三界虛妄, 但是一心作, 十二緣分, 是皆依心.) ; "삼계의 모든 존재는 오직 일심일 뿐이다."(80권본 『華嚴經』 「十地品」 권37 T.10 p.194a, 三界所有, 唯是一心.) 등에서 비롯한 말이다. 삼계유일심(三界唯一心), 만법유심(萬法唯心) 등이라고도 한다.
50 『信心銘』 T.48 p.376c, "夢幻空華, 何勞把捉!"

고,⁵¹ 아귀도나 축생도에 들어가도 과보를 받지 않는다.

어째서 그런가? 일체의 사물을 좋아하고 싫어하는 분별심과 의심하여 꺼리는 법이 전혀 없기 때문이다.

"그대들이 만약 성인을 좋아하고 범부를 싫어한다면,
나고 죽음[生死]의 바다에 떴다 잠겼다 할 것이니,
번뇌란 마음에서 생기는 것이라.
마음이 없다[無心]면 번뇌가 어찌 구속하리오?
애써 분별하여 모양에 집착하지 않는다면
잠깐 사이에 자연히⁵² 도를 얻을 것이다."⁵³

그대들이 본길에서 벗어나 밖으로 허둥지둥하며 배우려든다면 삼아승기겁이란 긴 세월이 지나도록 수행해도 끝내는 생사윤회로 돌아가고 말 것이니, 아무 일 없이 총림의 선상(禪牀: 牀角頭)에서 다리 꼬고 앉아 좌선하느니만 못하다.

51　"선정에 들어 있으면서 지옥과 같다는 생각을 하고, 생사에 대해서는 원관(園觀)과 같다는 생각을 한다."(『維摩詰所說經』권3「菩薩行品」T.14 p.554b, 在諸禪定, 如地獄想, 於生死中, 如園觀想.)
52　법이자연(法爾自然) 또는 자연법이(自然法爾)의 의미. 자연이나 법이는 같은 말로서 외부의 어떤 힘을 빌리지 않고 어떤 조직이나 직위 없이 자연스러운 상태를 말한다.
53　『景德傳燈錄』권29「梁寶誌和尚大乘讚十首」T.51 p.449b.

28
상대를 대하는
네 가지 법〔四賓主〕을 논함 ①

<u>도류</u> <u>여제방유학인래</u> <u>주객</u> <u>상견료</u>
道流야! **如諸方有學人來**하야 **主客**이 **相見了**하고

<u>변유일구자어</u> <u>변전두선지식</u>
便有一句子語하야 **辨前頭善知識**이라.

<u>피학인염출개기권어로</u> <u>향선지식구각두찬과</u>
被學人拈出箇機權語路하야 **向善知識口角頭攛過**하야

<u>간이식불식</u> <u>이약식득시경</u> <u>파득</u>
看爾識不識이라도 **爾若識得是境**이면 **把得**하야

<u>변포향갱자리</u>
便抛向坑子裏하나니라.

<u>학인</u> <u>변즉심상연후</u> <u>변색선지식어</u> <u>의전탈지</u>
學人이 **便卽尋常然後**에 **便索善知識語**하나니 **依前奪之**하면

<u>학인운</u> <u>상지재</u> <u>시대선지식</u>
學人云, 上智哉라 **是大善知識**이여하리니

<u>즉운</u> <u>이대불식호오</u>
卽云, 爾大不識好惡로다.

<u>여선지식</u> <u>파출개경괴자</u> <u>향학인면전롱</u>
如善知識이 **把出箇境塊子**하야 **向學人面前弄**하면

전인변득　　하하작주　　불수경혹
前人辨得하야 **下下作主**하야 **不受境惑**이라.

선지식　변즉현반신　학인　변할　　선지식
善知識이 **便卽現半身**에 **學人**이 **便喝**하고 **善知識**이

우입일체차별어로중파박
又入一切差別語路中擺撲하니라.

학인운　불식호오노독노　　선지식　탄왈　진정도류
學人云, 不識好惡老禿奴여 **善知識**이 **歎曰, 眞正道流**로다.

여제방선지식　　불변사정　　학인　내문　보리열반
如諸方善知識은 **不辨邪正**한대 **學人**이 **來問, 菩提涅槃**

삼신경지　　　할노사　　변여타해설　　　피타학인매착
三身境智하면 **瞎老師**가 **便與他解說**타가 **被他學人罵著**하고

변파방타타언무례도　　　　자시이선지식무안
便把棒打他言無禮度하나니 **自是爾善知識無眼**이라

부득진타
不得瞋他로다.

유일반불식호오독노　　즉지동획서　　호청호우
有一般不識好惡禿奴하야 **卽指東劃西**하며 **好晴好雨**하며

호등롱노주　　　이간　　미모유기경
好燈籠露柱하나니 **爾看**하라 **眉毛有幾莖**고?

저개구기연　　학인　불회　　변즉심광　　　여시지류
這箇具機緣에 **學人**이 **不會**하고 **便卽心狂**이라 **如是之流**에

총시야호정매망량　　　피타호학인　　악악미소
總是野狐精魅魍魎이니 **被他好學人**의 **嗌嗌微笑**하야

언할노독노　　혹란타천하인
言瞎老禿奴여 **惑亂他天下人**이로다.

수행자들이여! 제방에서 손님인 학인이 찾아와 선지식인 주인

과 서로 대면하고는 대뜸 한마디 말[54]로써 앞에 있는 선지식의 역량을 시험하려 한다. 학인이 상대를 꾀어 들이는 올가미 같은 방편의 말을 선지식 입가에 들이대면서 "보십시오! 알겠습니까, 모르겠습니까?" 하고 묻는다. 선지식이 그것이 시험하는 방편적 경계임을 알아차리고 (학인의 그 말을) 꽉 붙잡은 채 곧장 구덩이 속으로 내던져버린다.

학인이 바로 태도를 바꾸어 공손히 하고 평상의 자세로 돌아가 선지식에게 가르침의 한 말씀을 구하지만 선지식이 좀 전 그대로 그 말조차 빼앗아버리면 학인은 "참으로 지혜로운 분이시여, 대선지식이십니다."라고 우롱의 칭찬을 한다. 그러면 주인인 선지식은 "너는 도대체 좋고 나쁜 것도 모르는 놈이구나."라고 말한다.

【호주악빈(好主惡賓), 좋은 주인과 나쁜 손님입니다.】

가령 선지식이 하나의 경계 덩어리[55]를 꺼내 놓고 학인 면전에서 희롱하면 학인은 이를 알아차리고 하나하나에서 주인이 되어 경계에 미혹되지 않는다.

선지식이 반쯤 몸을 드러내면 학인이 바로 "할!" 하고, 선지식은 다시금 온갖 차별된 말 속으로 들어가 흔들어댄다. 학인이 "좋고 나쁜 것도 모르는 늙은 스님아!"라고 하면 선지식은 "진정한 수행

---

54 일구자(一句子): 불법(佛法)의 단적인 뜻을 나타내는 결정적인 한 구절.
55 경괴자(境塊子): 경계는 인식 대상물로서 가시적인 현상에 지나지 않는다. 그것을 '덩어리'라고 칭한 데에는 쓸데없는 것이라는 의미가 함축되어 있다.

자이다."라며 탄복한다.

【호주호빈(好主好賓), 훌륭한 주인과 훌륭한 손님입니다.】

가령 제방의 선지식들이 삿된 것과 바른 것을 구분하지도 못하는데, 학인이 찾아와 보리·열반·삼신의 경계와 지혜 등을 물어오면, 눈먼 노스님이 학인에게 해설을 해주다가, 그 학인에게 매도당하고는 바로 몽둥이를 집어 들고 그를 후려치면서 '이 예의와 법도도 모르는 놈아!'라고 소리친다. 그러나 그것은 당연히 본래 그 선지식이 안목(眼目)이 없기 때문이니, 저 손님인 학인에게 화를 내어 나무랄 자격이 없다.

【악주호빈(惡主好賓), 나쁜 주인과 좋은 손님입니다.】

좋고 나쁜 것도 모르는 멍청한 어떤 한 무리 까까중들은 동쪽을 가리켰다 서쪽을 가리켰다 하며, 점쟁이처럼 점을 치며 "오늘은 좋은 날씨다, 내일은 비가 온다 하고, 좋은 등롱과 노주다."라며 횡설수설 마구 지껄여댄다. 그대들은 잘 보아라, 이러한 중들의 눈썹 털이 몇 개나 남아 있는가?[56]

바로 이것(본래의 성품)이 묘한 인연을 갖추고 있는데 학인들이 알지 못하고 미혹한 경계에서 마음이 미쳐버리고 마는 것이다. 이런 선승의 무리들은 모조리 여우나 귀신이요 도깨비 같은 것들이니, 지견을 갖춘 수행자들이 쿡쿡대고 비웃으며 "이 눈먼 늙은 까까중

---

56 함부로 불법을 설하거나 비방하면 그 죄로 눈썹과 수염이 떨어진다[眉鬚墮落]고 한다.

아! 온 천하 사람들을 미혹시켜 어지럽게 만드는구나!"라고 비난한다.

【악주악빈(惡主惡賓), 나쁜 주인과 나쁜 손님입니다.】

29

다른 사람에게 속지 말라

道流야! 出家兒는 且要學道니라.
_{도류 출가아 차요학도}

祇如山僧은 往日에 曾向毘尼中留心하고 亦曾於經論尋討라가
_{지여산승 왕일 증향비니중유심 역증어경론심토}

後方知是濟世藥이며 表顯之說이라 遂乃一時抛却하고
_{후방지시제세약 표현지설 수내일시포각}

卽訪道參禪하니라.
_{즉방도참선}

後遇大善知識하야 方乃道眼이 分明하야
_{후우대선지식 방내도안 분명}

始識得天下老和尙하야 知其邪正하니 不是娘生下便會요
_{시식득천하노화상 지기사정 불시낭생하변회}

還是體究於磨하야 一朝自省이니라.
_{환시체구어마 일조자성}

道流야! 爾欲得如法見解인댄 但莫受人惑하고 向裏向外하야
_{도류 이욕득여법견해 단막수인혹 향리향외}

逢著便殺하라. 逢佛殺佛하며 逢祖殺祖하며 逢羅漢殺羅漢하며
_{봉착변살 봉불살불 봉조살조 봉나한살나한}

^{봉부모살부모} ^{봉친권살친권} ^{시득해탈}
逢父母殺父母하며 逢親眷殺親眷하야사 始得解脫하야

^{불여물구} ^{투탈자재}
不與物拘하고 透脫自在니라.

^{여제방학도류} ^{미유불의물출래지}
如諸方學道流는 未有不依物出來底라.

^{산승향차간} ^{종두타} ^{수상출래} ^{수상타}
山僧向此間은 從頭打하야 手上出來하면 手上打하고

^{구리출래} ^{구리타} ^{안리출래} ^{안리타}
口裏出來하면 口裏打하고 眼裏出來하면 眼裏打하나니

^{미유일개독탈출래지} ^{개시상타고인한기경}
未有一箇獨脫出來底요 皆是上他古人閑機境이니라.

수행자들이여! 출가한 수행자는 무엇보다도 가르침 배우는 것을 소중하게 생각해야 한다.

산승의 경우, 지난날 일찍이 계율공부에 전념하기도 하였고, 경과 론의 연구에 몰두하였다. 그러나 나중에서야 그것들이 세상의 병을 치료하기 위해 일시적으로 제시한 방편의 약방문이며, 불법의 진리를 표현하는 언구에 지나지 않음을 알고, 마침내 일시에 다 던져버리고 바로 도를 찾아 참선을 시작하였다.

뒷날 대선지식을 만나 뵙고서야 도를 보는 안목이 분명해져 비로소 천하 대선지식들이 삿된 것과 바른 것을 제대로 깨달았는지를 알 수 있게 되었다. 그것은 어머니 뱃속에서 태어나면서부터 알고 나온 것이 아니라, 각고 분투하여 연구하고 갈고 닦은 결과 하루아침에 스스로 투철히 깨달은 것이다.

  수행자들이여! 그대들이 불법에 여실하게 맞는 견해를 얻고자 한다면 다만 다른 사람에게 속지 말아야 한다. 안으로나 바깥으로나 만나는 대로 바로 죽여라. 부처를 만나면 부처를 죽이고, 조사를 만나면 조사를 죽이며, 나한을 만나면 나한을 죽이고, 부모를 만나면 부모를 죽이며, 친척 권속을 만나면 친척 권속을 죽여야 비로소 해탈하여 어떠한 경계에서도 얽매여 구속되지 않고 모든 것에서 완전히 벗어나 자유자재하게 된다.

  여러 곳에서 도를 배우러 온 납자들 가운데 아무것에도 의지하지 않고 찾아오는 사람이란 하나도 없었다. 산승은 이곳에서 처음부터 그들을 쳐버린다. 손에서 나오면 손으로 치고, 입에서 나오면 입으로 치며, 눈에서 나오면 눈으로 쳐버린다. 쓸데없는 것을 다 버리고 홀로 투탈자재하게 나타난 사람은 누구 한 사람도 없었다. 모두가 눈치를 보면서 저 옛사람들의 부질없는 지식이나 언구와 경계를 흉내 내고 받들 뿐이었다.

30

산승에게는 남에게 줄 하나의 법도 없다

山僧은 無一法與人이요 祇是治病解縛이니 爾諸方道流는
試不依物出來하라.
我要共爾商量이라 十年五歲토록 並無一人하고
皆是依艸附葉竹木精靈과 野狐精魅니 向一切糞塊上亂咬로다.
瞎漢이여! 枉消他十方信施하고 道我是出家兒라하야
作如是見解니라.
向爾道! 無佛無法하며 無修無證하나니 祇與麼傍家에
擬求什麼物고? 瞎漢아! 頭上安頭에 是爾欠少什麼오!

산승에게는 남에게 줄 하나의 법도 없다.[57] 그저 병을 치료해주고 속박을 풀어줄 뿐이니, 그대들 제방에서 수행하는 이들이여, 시험 삼아 무엇에도 의존하지 말고 한번 나와 보라. 내 그대들과 법을 논하고 싶다. 5년, 10년 한참의 세월이 지나도록 누구 한 사람도 없었다. 모두가 풀과 나무 잎사귀에 붙어사는 귀신이나, 대나무에 깃들어 사는 정령이나[58] 또 들판의 여우나 도깨비 같은 것들이어서 온갖 똥덩어리 같은 옛사람들의 문자언구에 달라붙어 함부로 씹어대며 천착한다.

눈먼 놈들아! 저 신도들이 바친 시주물을 헛되이 마구 쓰면서 '나는 출가한 사람이다!'고 우쭐대며 이러한 잘못된 견해를 계속 지어내고 있구나. 내 그대들에게 "부처도 없고 법도 없으며, 닦을 것도 없고 깨달을 것도 없다."고 분명히 말해주었는데, 어쩌면 그렇게 옆길로만 돌아다니며 무엇을 구하려 하느냐? 눈먼 놈들아! 머리 위에 또 머리를 얹는 것처럼 쓸데없는 짓이다. 그대들에게 부족한 것이 무엇이란 말인가?

---

57 『전심법요』의 "얻을 수 있는 하나의 법도 없다"는 취지와 통한다. 얻을 수 있는 법이 없기에 남에게 전할 법도 없는 것이다. "다만 그 즉시 자기 마음이 본래 부처이며 얻을 수 있는 법이 하나도 없고 닦을 수 있는 수행이 하나도 없음을 단번에 깨닫는다면, 이것이 곧 위없는 최상의 도이며, 이것이 바로 진여불이다."(『傳心法要』 T.48 p.381a, 唯直下頓了自心本來是佛, 無一法可得, 無一行可修, 此是無上道, 此是眞如佛.)

58 문자언구 등 다른 것에 집착하고 의지하며 속박되어 주체성이 없는 존재들을 비유한다. "조사의 관문을 꿰뚫지 못하고, 마음의 길이 끊어지지 않으면 모두가 초목에 붙어사는 정령과 같을 뿐이다."(『無門關』 1칙 T.48 p.292c, 祖關不透, 心路不絶, 盡是依草附木精靈.)

31

삼계를 떠나 어디로 가려고 하는가

道流야! 是爾目前用底가 與祖佛不別이어늘 祇麼不信하고
便向外求로다. 莫錯하라.
向外無法이요 內亦不可得이니라. 爾取山僧口裏語로는
不如休歇無事去니 已起者는 莫續하고 未起者는 不要放起하라
便勝爾十年行脚이니라.
約山僧見處하면 無如許多般이요 祇是平常이니 著衣喫飯하고
無事過時니라.
爾諸方來者가 皆是有心이라 求佛求法하며
求解脫求出離三界하나니 癡人이여! 爾要出三界하야

십마처거
什麽處去오?

불조 시상계지명구
佛祖는 **是賞繫底名句**니라.

이욕식삼계마 불리이금청법지심지 이일념심탐
爾欲識三界麽아? **不離爾今聽法底心地**니 **爾一念心貪**은

시욕계 이일념심진 시색계 이일념심치 시무색계
是欲界요 **爾一念心瞋**은 **是色界**며 **爾一念心癡**는 **是無色界**라

시이옥리가구자
是爾屋裏家具子니라.

삼계 부자도아시삼계
三界가 **不自道我是三界**요

환시도류 목전영령지조촉만반 작탁세계지인
還是道流의 **目前靈靈地照燭萬般**하야 **酌度世界底人**이

여삼계안명
與三界安名하나니라.

수행자들이여! 그대들이 지금 나의 눈앞에서 사용하고 있는 그 마음자리는 바로 조사·부처와 전혀 다르지 않거늘, 그대들이 이를 믿지 않고 밖에서 찾아 헤매고 있는 것이다. 착각하지 말라. 밖에서 구할 법도 없으며, 안에서 얻을 수 있는 법도 없다. 그대들은 산승의 이러한 말을 받아들이기보다는 추구하는 마음을 쉬어 아무 일 없이 지내는 것이 낫다. 이미 마음속에서 일어난 번뇌는 계속 되지 않도록 하고, 번뇌가 아직 일어나지 않았거든 일어나도록 내버려두지 말라. 그리하면 그대들이 10년 행각한 것보다 나을 것이다.

산승의 견처로 보건대 (불법에는) 이러니저러니 장황하고 쓸데없

는 많은 일은 없으니 다만 평소대로 옷 입고 밥 먹으며 아무런 일 없이 보내면 될 뿐이다.

　제방에서 찾아온 그대들은 모두 뜻한 바 있어, 부처를 구하고 법을 구하며 해탈을 구하고 삼계에서 벗어나기를 구한다. 어리석은 사람들이여! 삼계를 벗어나 어디로 가려느냐? 부처니 조사니 하는 말은, 스스로 자신을 묶어두고 좋아하여 붙인 이름일 뿐이다.

　그대들은 삼계(三界)가 무엇인지 알고자 하느냐? 지금 법문을 듣고 있는 그대들 마음자리를 벗어나지 않으니, 그대들의 한 생각 탐내는 마음이 욕계이고, 그대들의 한 생각 성내는 마음이 색계이며, 그대들의 한 생각 어리석은 마음이 무색계이다. 이 삼계는 그대들 집에 있는 살림살이들이다. 삼계는 스스로 "내가 삼계다."고 말하지 않는다. 도리어 지금 눈앞에서 또렷또렷하게 만물을 밝게 비추고 세계를 헤아리는 그대들이 주인으로서 삼계에다 이름을 붙인 것이다.

32

보리수(菩提樹)와 무명수(無明樹)

대덕아! 사대색신은 시무상이라 내지비위간담과 발모조치도
大德아! **四大色身**은 **是無常**이라 **乃至脾胃肝膽**과 **髮毛爪齒**도

유견제법공상하나니 이일념심헐득처를 환작보리수요
唯見諸法空相하나니 **儞一念心歇得處**를 **喚作菩提樹**요

이일념심불능헐득처를 환작무명수니라.
儞一念心不能歇得處를 **喚作無明樹**니라.

무명은 무주처요, 무명은 무시종이라.
無明은 **無住處**요, **無明**은 **無始終**이라.

이약염념심헐부득하면 변상타무명수하야 변입육도사생하야
儞若念念心歇不得하면 **便上他無明樹**하야 **便入六道四生**하야

피모대각이요, 이약헐득하면 변시청정신계니라.
披毛戴角이요, **儞若歇得**하면 **便是淸淨身界**니라.

이일념불생하면 변시상보리수라 삼계신통변화하야
儞一念不生하면 **便是上菩提樹**라 **三界神通變化**하야

의생화신하야 법희선열하며 신광은 자조니 사의하면
意生化身하야 **法喜禪悅**하며 **身光**은 **自照**니 **思衣**하면

나기천중이요 사식하면 백미구족하야 갱무횡병이니라.
羅綺千重이요 **思食**하면 **百味具足**하야 **更無橫病**이니라.

보리 무주처 시고 무득자
菩提는 **無住處**라, **是故**로 **無得者**로다.
도류 대장부한 갱의개십마 목전용처 갱시아수
道流야! **大丈夫漢**이 **更疑箇什麽**며 **目前用處**가 **更是阿誰**오?
파득변용 막착명자 호위현지 여마견득
把得便用하야 **莫著名字**를 **號爲玄旨**니 **與麼見得**하면
물혐지법
勿嫌底法이니라.
고인 운 심수만경전 전처실능유 수류인득성
古人이 **云**, **心隨萬境轉**이여 **轉處實能幽**라, **隨流認得性**하니
무희역무우
無喜亦無憂로다.

대덕들이여! 지수화풍 사대(四大)가 모여 잠시 이루어진 색신의 이 몸은 덧없는 것이다. 지라·위·간·쓸개와 머리카락·털·손톱·이빨마저도 오로지 모든 법이 공한 모양임을 보여줄 뿐이다.

그대들의 한 생각 마음이 쉰 곳을 보리수(菩提樹)라 하고, 한 생각 마음이 쉬지 못하는 곳을 무명수(無明樹)라 한다. 무명(無明)은 어디 일정하게 머무는 곳이 없고, 시작도 끝도 없다. 그러므로 그대들이 찰나찰나 생기는 미혹한 마음을 쉬지 못하면 곧바로 저 무명수 위에 올라가, 4생 6도에 윤회하면서 털 나고 뿔 달린 축생이 될 것이다.[59] 그러나 그대들이 한 생각 마음을 쉬기만 하면 그대로가

---

59 피모대각(披毛戴角): 피모대각(被毛戴角)이라고도 한다. 이류(異類), 즉 축생

청정법신의 세계이다. 그러므로 그대들이 한 생각도 나지 않으면[60] 곧장 보리수에 올라가 삼계에 신통 변화하여 뜻대로 화신의 몸을 나투어 법희선열(法喜禪悅)하며,[61] 몸의 광명이 저절로 빛날 것이다. 옷을 생각하면 비단 옷이 천 겹으로 걸쳐지고, 밥을 생각하면 백 가지 진수성찬이 그득히 차려지며, 다시는 횡액병사(橫厄病死) 같은 일도 없을 것이다.

보리는 머무는 곳이 없으므로 이런 까닭에 얻는 사람도 없다.

수행자들이여! 대장부가 무엇을 더 의심하느냐? 눈앞에서 활동하고 있는 이가 대체 또 누구이냐? 알아차린 순간 바로 활용할 뿐 이름에 얽매이지 말 것이니, 그것을 일러서 깊은 뜻[玄旨]이라 한다. 이렇게 깨달으면 꺼려하고 주저할 법이란 없다.

옛사람이 말했다.[62]

(畜生)으로 태어남을 의미한다. 이로부터 축생에 떨어져서도 중생제도의 뜻을 버리지 않고 보살행을 실천하는 것을 뜻하기도 한다.

60 일념불생(一念不生): 어떤 망념도 일어나지 않는 경계. 일으키지 않는다[不生]는 것은 모든 생각을 잠재운다는 뜻이 아니라, 정념(正念)이나 비사량(非思量)의 의미이다. "다만 한 생각조차도 일어나지 않는 경계를 부처라 한다."(『大方廣佛華嚴經疏』 권2 「世主妙嚴品」 T.35 p.512b, 但一念不生, 即名爲佛.)

61 법희선열(法喜禪悅): 불법(佛法)과 선법(禪法)을 듣고 기뻐하는 마음. 이를 통해 선근(善根)을 증장하고 혜명(慧命)을 돕는 것이 마치 음식물을 먹어 영양분을 섭취하고 목숨을 유지하는 것과 같다 하여 법희식(法喜食), 선열식(禪悅食)이라고도 한다.

62 제22조 마나라존자(摩拏羅尊者)의 게송. 『景德傳燈錄』 권2 T.51 p.214a.

마음은 만 가지 경계에 따라 움직이니,
움직이는 그 경계 참으로 그윽하여라.
마음 작용하는 곳을 따라 성품을 깨달으니,
기뻐할 것도 없고 근심할 것도 없도다.

33

상대를 대하는
네 가지 법〔四賓主〕을 논함 ②

道流야! 如禪宗見解는 死活이 循然하니 參學之人이
大須子細어다.

如主客이 相見할새 便有言論往來호대 或應物現形하며

或全體作用하며 或把機權喜怒하며 或現半身하며

或乘獅子하며 或乘象王이니라.

如有眞正學人이 便喝하야 先拈出一箇膠盆子어든

善知識이 不辨是境하고 便上他境上하야 作模作樣하면 學人이

便喝에 前人이 不肯放하나니 此是膏盲之病이라 不堪醫니

喚作客看主니라.

혹시선지식　　불염출물　　　수학인문처　　　즉탈　　　학인
或是善知識이 不拈出物하고 隨學人問處하야 卽奪이라 學人이
　　피탈　　저사불방　　　차시주간객
被奪에 抵死不放하나니 此是主看客이니라.

혹유학인　　응일개청정경　　　출선지식전　　　　선지식
或有學人이 應一箇淸淨境하야 出善知識前이어든 善知識이
변득시경　　　파득포향갱리　　　학인　언　대호선지식
辨得是境하고 把得抛向坑裏하면 學人이 言, 大好善知識이로다
즉운 돌재　　불식호오　　학인　　변예배　　　차
卽云 咄哉라 不識好惡로다. 學人이 便禮拜하나니 此는
환작주간주
喚作主看主니라.

혹유학인　　피가대쇄　　　출선지식전　　　　선지식
或有學人이 披枷帶鎖하야 出善知識前이어든 善知識이
갱여안일중가쇄　　　학인　환희　　피차불변
更與安一重枷鎖라 學人이 歡喜하야 彼此不辨하나니
호위객간객
呼爲客看客이니라.

대덕　　산승　　여시소거　　개시변마간이
大德아! 山僧이 如是所擧는 皆是辨魔揀異하야
지기사정
知其邪正이니라.

　　수행자들이여! 선종의 견해에서 보면 (중생심을) 죽이는 일과 (청정심을) 살리는 일은 분명한 것이다. 참선하는 사람들은 이 점을 매우 자세히 살펴야 한다.

　　주인과 손님이 만나 서로 문답을 주고받을 경우, 어떤 때는 주인

이 상대방의 역량에 맞추어 모습을 나타내기도 하고, 어떤 때는 대기대용을 다 드러내 보이기도 하며, 어떤 때는 기연과 방편으로 상대방을 건드려 보아 의향을 넌지시 떠보며 기뻐하거나 성내기도 하며, 어떤 때는 반쯤만 드러내 보이기도 하며, 어떤 때는 사자를 타고 문수보살의 평등한 근본지(根本智)의 경계를 쓰기도 하고, 어떤 때는 코끼리를 타고 보현보살의 차별지(差別智)의 경계를 쓰기도 한다.

진정으로 참선하는 학인이 곧바로 '할!' 하고는 먼저 끈적끈적한 아교(阿膠) 단지를 속임수로 내놓으면, 선지식은 그것이 유혹의 경계인 줄 분별하지 못하면 바로 그 경계에 매달려서 여러 가지 형상과 언구를 지어낸다. 이것을 본 학인이 곧장 '할!' 하고 고함을 쳐도 선지식은 절대로 자신의 이 경계를 놓으려고 하지 않는다. 이것은 고칠 수 없는 고질병이어서 치료하지도 못하니, 이것을 '손님이 주인을 간파한다[客看主]'고 한다.

또 다른 경우는, 선지식이 아무것도 제시하여 내놓지 않고 학인이 묻는 족족 빼앗아 버린다. 학인은 빼앗기고 나서도 죽을힘을 다해 기필코 놓아버리려고 하지 않는다. 이것을 '주인이 손님을 간파한다[主看客]'고 한다.

또 다른 경우는, 어떤 학인이 청정한 경계에 대응하여 선지식 앞에 내놓으면 선지식이 그것이 경계인 줄 알아차리고 십어다 구덩이 속에 던져버리며 궁지에 몰리게 한다. 학인이 '참으로 훌륭한 선지식이십니다.'라고 하면 선지식은 '쯧쯧! 좋고 나쁜 것도 모르는 멍청한 놈아' 하고 나무라면, 학인은 곧 절을 한다. 이것을 '주인이 주인을 간파한다[主看主]'고 한다.

 또 다른 경우는, 어떤 학인이 교리라든가 수행에 대한 잡다한 견해를 머릿속에 가득 채워서 목에 칼을 쓰고 손발에 족쇄를 채우고 있듯 무언가에 속박된 채로 선지식 앞에 나타나면, 선지식은 그 위에다 칼과 족쇄를 한 겹 더 씌워버리는데도 학인은 어리석게도 감사해 하며 기뻐 날뛴다. 학인과 선지식이 피차 간에 서로 안목이 없는 것이니, 이것을 '손님이 손님을 간파한다[客看客]'고 한다.

 대덕들이여! 산승이 이렇게 네 가지 경우를 들어 말하는 것은 모두 수행에 장애가 되는 마구니[魔]와 이단[異端]을 가려내 무엇이 삿된 법이고 바른 법인지를 분명히 알게 하기 위해서이다.

34

남의 말에 휘둘리지 말라

도류   식정   대난   불법   유현   해득
道流야! **是情**은 **大難**이요 **佛法**은 **幽玄**하니 **解得**하면
가가지
可可地니라.

산승   경일   여타설파   학자총부재의
山僧이 **竟日**에 **與他說破**나 **學者總不在意**하고
천편만편   각지답과   흑몰준지   무일개형단
千徧萬徧을 **脚底踏過**하야 **黑沒焌地**로다 **無一箇形段**하야
역력고명   학인   신불급   변향명구상생해
歷歷孤明이언만 **學人**이 **信不及**하고 **便向名句上生解**하야
연등반백   지관방가부사시행   담각담자천하주
年登半百토록 **祇管傍家負死屍行**하며 **擔却擔子天下走**하나니
색초혜전유일재
索草鞋錢有日在로다.

대덕   산승   설향외무법   학인
大德아! **山僧**이 **說向外無法**하면 **學人**이
불회   변즉향리작해   변즉의벽좌   설주상악
不會하고 **便卽向裏作解**하야 **便卽倚壁坐**하야 **舌拄上齶**하야

침연부동　　취차위시조문불법야　　　대착
湛然不動하야 取此爲是祖門佛法也하나니 大錯이로다.
　　　시이약취부동청정경　　　　위시　이즉인타무명위낭주
　　　是儞若取不動淸淨境하야 爲是면 儞卽認他無明爲郞主라
　　　고인　　운　침침흑암심갱　　실가포외　　　차지시야
　　　古人이 云, 湛湛黑暗深坑이 實可怖畏라하니 此之是也니라.
　　　이약인타동자시　　　일체초목　　개해동　　　응가시도야
　　　儞若認他動者是라하면 一切艸木이 皆解動하니 應可是道也라.
　　　소이　　동자　　시풍대　　부동자　　시지대　　동여부동
　　　所以로 動者는 是風大요 不動者는 是地大니, 動與不動이
　　　구무자성
　　　俱無自性이니라.
　　　이약향동처착타　　　타향부동처립
　　　儞若向動處捉他하면 他向不動處立하고,
　　　이약향부동처착타　　　타향동처립　　　비여잠천어
　　　儞若向不動處捉他하면 他向動處立하야, 譬如潛泉魚가
　　　고파이자약
　　　鼓波而自躍이니라.
　　　대덕　　동여부동　　시이종경　　환시무의도인
　　　大德아! 動與不動은 是二種境이니 還是無依道人은
　　　용동용부동
　　　用動用不動하나니라.

　수행자들이여! 진실한 마음을 내기는 몹시 어렵고,[63] 불법은 헤아리기 어려울 만큼 깊지만 알고 나면 쉽고 쉬운 일이다. 산승이 종일토록 저들에게 깨우침을 돕고자 입이 닳도록 말해주어도 수행

63　식정대난(寔情大難): 식(寔)은 실(實)의 뜻. 진실한 도심(道心)을 발하기 어렵다는 말이다.

자들은 자기가 딛고 서 있는 자리가 바로 깨달음의 장소임을 알지 못하고 천 번 만 번 발바닥으로 밟고 다니면서도 도무지 깜깜하고 어둡기만 하여 본래면목을 알지 못한다.[64] 그것은 아무 형체나 모습도 없으면서 분명히 밝고 뚜렷하게 홀로 빛을 비추건만, 학인들이 믿지 못하고 언어 문자로 이해하려고만 한다. 나이 쉰이 넘도록 오로지 옆길로 빠져 송장을 짊어지고 집집마다 다닌다. 무거운 짐을 짊어진 채 천하를 돌아다니고 있으니, (염라대왕이) 짚신 값 갚으라고 할 날이 반드시 있으리라.[65]

대덕들이여! 산승이 '밖에는 불법이 없다'고 말하면 수행자들이 이 말뜻을 알아듣지 못하고 곧장 안에 법이 있나 하고 이해하려는 태도를 취한다. 그러고는 곧이어 바로 벽을 보고 앉아 혀를 입천장에 붙이고 고요히 침잠하여 움직이지 않고 좌선하는 것을 조사 문중의 불법이라 집착한다. 이는 큰 착각이다.

만약 그대들이 움직임이 없는 청정한 경계를 불법이라 여긴다면, 그대들은 저 무명(無明) 번뇌를 주인으로 잘못 아는 꼴이다.[66]

---

64 흑몰준지(黑沒焌地): 칠흑 같이 어두워 사물을 판별할 수 없는 상태를 가리킨다. 여기서는 자신의 본래면목 또는 자성을 알아차리지 못하고 있음을 비유적으로 표현한 것이다.
65 수행은 제대로 하지 않고 이곳저곳으로 헛되이 돌아다니느라 짚신만 닳아 없애버린 수행자에게 그가 죽은 다음 염라대왕이 짚신 값을 받으러 오리라는 뜻이다.
66 "『열반경』에 '무명이라는 주인과 탐애라는 마왕이 몸과 마음을 부리며 종에게 채찍질하듯 한다'라고 하였다."(『景德傳燈錄』 권13 T.51 p.308b, 涅槃經云, '無明郎主, 貪愛魔王, 役使身心, 策如僮僕.')

옛사람이 '깊고 깊은 캄캄한 동굴이 참으로 무섭고 두렵다'[67]고 하였으니, 이것을 두고 한 말이다.

이번에는 반대로 그대들이 만약 저 움직이는 것이야말로 옳다고 인정한다면 모든 초목들도 다 잘 움직일 줄 아니, 이것도 응당 도(道)라고 해야 할 것이다. 그러나 움직이는 것은 바람[風大]의 성질이고, 움직이지 않는 것은 땅[地大]의 성질이니, 움직이는 것이든 움직이지 않는 것이든 모두 다 자성이 없는 것[無自性]이다.

그대들이 만약 움직이는 곳에서 불법을 붙잡으려 하면 그것은 움직이지 않는 곳에 서 있을 것이고, 만약 그대들이 움직이지 않는 곳에서 불법을 붙잡으려 하면 그것은 움직이는 곳에 서 있을 것이다. 마치 샘물 속에 있는 물고기가 물결을 치면서 스스로를 드러내는 것과 같다.

대덕들이여! 움직임과 움직이지 않음은 두 가지 경계일 뿐이니, 실제로 '의지함이 없는 깨친 이[無依道人]'라야 움직임을 활용하기도 하고 움직이지 않음을 활용하기도 한다.

---

67 정확히 일치하는 구절은 찾을 수 없으나, 다음 글의 취지와 통한다. 해탈이든 보리든 열반이든 무엇이 되었든 간에 집착의 대상이 되는 순간 컴컴하고 깊은 구덩이에 빠져 헤어나오기 힘들다는 뜻이다. "도리어 흑산 아래 귀신 굴속에서 묵묵히 좌선만 하므로 옛 성현께서 '해탈이라는 구덩이에 빠졌을 때가 가히 두려워해야 할 때이다'라고 하신 것이다."(『大慧語錄』 권17 T.47 p.885c, 却向黑山下鬼窟裏默然坐地, 故先聖訶爲解脫深坑, 是可怖畏之處.)

35

임제스님이 4가지 근기를 대하는 법

_{여제방학인래} _{산승차간} _{작삼종근기단}
如諸方學人來하면 **山僧此間**은 **作三種根器斷**이라.
_{여중하근기래} _{아변탈경이부제기법}
如中下根器來하면 **我便奪境而不除其法**하고
_{혹중상근기래} _{아변경법} _{구탈} _{여상상근기래}
或中上根器來하면 **我便境法**을 **俱奪**하며 **如上上根器來**하면
_{아변경법인} _{구불탈} _{여유출격견해인래} _{산승차간}
我便境法人을 **俱不奪**하고 **如有出格見解人來**하면 **山僧此間**은
_{변전체작용} _{불력근기}
便全體作用하야 **不歷根器**니라.
_{대덕} _{도저리} _{학인착력처} _{불통풍} _{석화전광}
大德아! **到這裏**하야 **學人著力處**에 **不通風**하고 **石火電光**도
_{즉과료야} _{학인} _{약안정동} _{즉몰교섭} _{의심즉차}
卽過了也니라. **學人**이 **若眼定動**하면 **卽沒交涉**이니 **擬心卽差**요
_{동념즉괴} _{유인해자} _{불리목전}
動念卽乖라 **有人解者**라면 **不離目前**이니라.

제방의 학인들이 찾아오면 산승은 여기에서 세 가지 근기로 나누어 그들을 판단한다. 만약 중하 근기가 오면 나는 그들의 경계만

빼앗고 법은 없애지 않으며, 만약 중상 근기가 오면 나는 그들의 경계와 법을 다 빼앗으며, 만약 상상 근기가 올 경우에는 나는 그들의 경계와 법과 사람을[68] 다 빼앗지 않는다. 만약 격을 벗어난 뛰어난 견해를 가진 수행자[出格見解人]가 오면 나는 본체를 통째로 드러내 작용하며 근기를 따지지 않고 대한다.

대덕들이여! 이러한 경지에 이르러 수행자가 전력을 다하는 곳에선 바람 한 점 통하지 않고 전광석화도 오히려 느려 벌써 찰나간에 지나쳐 버리고 말 것이다.[69] 학인이 눈동자를 깜빡인다 하여도 요점과는 전혀 아무 관계가 없을 것이며, 분별하는 순간 바로 틀려버리고[70] 생각을 움직이는 순간 바로 어그러져버리고 만다. 이 뜻을 깨닫고 아는 사람이 있다면 올바른 길에서 떠나지 않는다.

---

68 앞의 사료간에서는 인(人)과 경(境)으로 나눈 것을 여기에서는 경(境)을 경(境)과 법(法)으로 나누었다. 법(法)은 이(理) 면을 중시하고, 경(境)은 사(事)에 해당한다.
69 상견하고 있는 서로의 뜻이 조금의 간극도 없이 친밀하게 딱 맞아떨어진 상태를 바람 한 점 통하지 않는다고 표현한 것이다. 또한 그런 상황에서는 전광석화와 같은 대응도 오히려 늦은 대응일 뿐이며, 하물며 눈동자를 두리번거리며 분별을 내보았자 알 수 없다는 뜻이다.
70 "그러므로 도를 배우는 이들은 당장에 무심하게 묵묵히 진여와 계합하면 될 뿐이다. 분별하려 드는 순간 바로 틀려버리고 만다. 마음으로 마음을 전하는 이것이 바로 정견이다."(『傳心法要』 T.48 p.381b, 故學道人直下無心默契而已. 擬心即差, 以心傳心, 此爲正見.) ; "하택대사가 말하기를, '분별하려 드는 순간 틀리고 만다'라고 하였다. 그런 까닭에 분종의 간심법이 참된 종지를 잃어버린 것이다. 마음으로 볼 수 있다면 그것은 경계이다. 그러므로 이것을 마음의 경계가 아니라고 한다."(『禪源諸詮集都序』 권상 T.48 p.405a, 荷澤大師云, '擬心即差.' 故北宗看心是失眞旨. 心若可看, 即是境界. 故此云非心境界.)

36

허망한 이름〔空名〕

대덕   이담발낭시담자   방가주
大德아! **爾擔鉢囊屎擔子**하고 **傍家走**하야

구불구법   즉금여마치구지   이환식거마   활발발지
求佛求法하니 **即今與麼馳求底**를 **爾還識渠麼**아? **活鱍鱍地**나

지시물근주   옹불취   발불산   구착즉전원
祇是勿根株라 **擁不聚**하며 **撥不散**하야 **求著即轉遠**이니

불구   환재목전   영음   속이   약인   불신
不求하면 **還在目前**하야 **靈音**이 **屬耳**어니 **若人**이 **不信**하면

도로백년
徒勞百年이니라.

도류   일찰나간   변입화장세계   입비로자나국토
道流야! **一刹那間**에 **便入華藏世界**하며 **入毘盧遮那國土**하며

입해탈국토   입신통국토   입청정국토
入解脫國土하며 **入神通國土**하며 **入清淨國土**하며

입법계   입예입정   입범입성   입아귀축생
入法界하며 **入穢入淨**하며 **入凡入聖**하며 **入餓鬼畜生**하야

처처토멱심   개불현유생유사   유유공명
處處討覓尋하나니 **皆不見有生有死**하고 **唯有空名**이로다.

환화공화　　불로파착　　득실시비　　일시방각
幻化空花를 **不勞把捉**이니 **得失是非**를 **一時放却**하라.

대덕들이여! 그대들은 바랑과 똥자루 몸뚱이를 짊어지고 옆길로 내달리며 부처를 구하고 법을 구하고 있으니, 지금 이렇게 내달리며 구하는 바로 그 사람이 누구인지를 그대들은 아느냐? 활발하게 뛰어다니며 생생하게 작용하지만 뿌리도 줄기도 없으니, 끌어쥐어 모으려 해도 모이지 않고 튕겨 흩어버리려 해도 흩어지지 않는다.[71] 구하면 구할수록 더욱 멀어지고 구하지 않으면 도리어 눈앞에 역력하게 있어 신령스러운 소리가 귀에다 법을 부촉한다. 만약 사람들이 이것을 믿지 않는다면 평생 헛수고만 할 뿐이다.

수행자들이여! 한 찰나 사이에 곧잘 연화장세계에 들어가고 비로자나불의 국토에 들어가며, 해탈국토에 들어가고 신통국토에 들어가며, 청정국토에도 들어가고 법계에도 들어가며, 정토에도 들어가고 예토에도 들어가며, 범부의 세계에 들어가고 성인의 세계에 들어가며, 아귀와 축생의 세계에도 들어간다.

그러나 곳곳마다 찾아보고 찾아보아도 어느 곳에서도 나고 죽는 것을 보지 못하고, 오로지 허망한 이름[空名]만 있을 뿐 아무것도 없다.

71　마음을 진주에 비유한 표현이다. 『景德傳燈錄』 권30 「關南長老獲珠吟」 T.51 p.463c, "擁之令聚而不聚, 撥之令散而不散." 참조.

그러므로, 허깨비나 허공의 꽃처럼 허망한 것을 애써 붙잡으려 하지 말라. 득실시비(得失是非)와 얻고 잃는 마음, 그리고 옳고 그른 마음을 한꺼번에 놓아버려라.[72]

---

72 "꿈같고 환성 같은 헛된 꽃, 쓸데없이 꼭 잡으려고 노력하는가! 얻고 잃음과 옳고 그름, 함께 완전히 놓아버려라!"(『信心銘』 T.48 p.376c, 夢幻空華, 何勞把捉! 得失是非, 一時放却!)

37

임제스님의 법계

도류 산승불법 적적상승 종마곡화상 단하화상
道流야! 山僧佛法은 的的相承하야 從麻谷和尙과 丹霞和尙과

도일화상 여산여석두화상 일로행편천하
道一和尙과 廬山與石頭和尙하야 一路行徧天下하나

무인신득 진개기방
無人信得하고 盡皆起謗이로다.

여도일화상용처 순일무잡 학인삼백오백
如道一和尙用處는 純一無雜이라 學人三百五百이

진개불견타의 여여산화상 자재진정 순역용처
盡皆不見他意요 如廬山和尙은 自在眞正하니 順逆用處를

학인불측애제 실개망연 여단하화상 완주은현
學人不測涯際하고 悉皆忙然이요 如丹霞和尙은 翫珠隱顯하야

학인래자 실개피매 여마곡용처 고여황벽
學人來者가 皆悉被罵요 如麻谷用處는 苦如黃檗하야

개근부득 여석공용처 향전두상멱인 내자개구
皆近不得이요 如石鞏用處는 向箭頭上覓人하니 來者皆懼로다.

수행자들이여! 산승의 불법은 분명하고 확실하게 선문의 정통

을 계승한 것이다. 마곡보철(麻谷寶徹),[73] 단하천연(丹霞天然),[74] 마조도일(馬祖道一),[75] 여산(廬山) 귀종지상(歸宗智常)[76]과 석공혜장(石鞏慧藏)[77] 스님 등으로부터 함께 천하에 법을 폈으나, 이것을 사람들이 믿고 불법을 터득하는 바는 없고 한결같이 모두 비방들만 하고 있다.

마조스님의 활용처는 순일무잡하였으나 3백에서 5백 명 되는 제자들 모두가 마조스님의 참뜻을 알지 못하였다. 여산스님은 자재하며 참되고 바르니 순으로 또는 역으로 대응하는 방법을 펼쳤으나 제자들은 그 깊은 경지를 헤아릴 수 없어 모두가 망연자실할 뿐이었다. 단하스님의 경우는 손바닥에서 구슬을 놀리며 숨겼다 드러냈다 했는데,[78] 찾아오는 학인들은 모두 다 매도당하고 욕만

---

[73] 마곡보철(麻谷寶徹): 당나라 때 스님. 출가한 후에 마조도일을 찾아가 그 법을 이어받았다. 마곡산에서 선풍(禪風)을 드날렸으며, 단하천연과의 인연담이 유명하다.
[74] 단하천연(丹霞天然): 739~824. 마조도일을 친견한 뒤, 석두희천(石頭希遷)의 가르침을 3년 받기도 하였다. 마조도일에게서 '천연'이라는 법호를 얻었다.
[75] 마조도일(馬祖道一): 709~788. 남악회양(南嶽懷讓)의 법을 이어받았다.
[76] 귀종지상(歸宗智常): 당나라 때 스님. 마조도일을 참학하여 그 법을 이었다. 후에 여산(廬山) 귀종사에 주석하며 도속을 교화하였다.
[77] 석공혜장(石鞏慧藏): 당나라 때 스님. 석공혜장이 사냥꾼이었을 때 사슴을 쫓다가 마조대사의 암자 앞을 지나다 마조와 인연을 맺고 출가하여 득법하였다. 이후 법좌에 오를 때마다 활을 끌어당기며 큰소리로 '화살 조심하라[看箭]'고 외쳤다고 한다.
[78] 반야지혜라는 구슬을 자재하게 숨겼다 드러냈다 한 것을 표현한 말.『景德傳燈錄』권30「丹霞和尙翫珠吟」T.51 p.463b 참조.

먹고 갔다. 마곡스님의 활용처는 소태나무같이 써서 모두가 가까이할 수 없었고, 석공스님의 활용처는 화살을 쏘듯이 사람을 시험해보는 방식이었으니,[79] 오는 사람들이 모두들 두려워했다.

---

79 『景德傳燈錄』 권14 T.51 p.316b 참조.

38

옷을 입기도 벗기도 하는 사람

여산승금일용처　　진정성괴　　　완롱신변　　　입일체경
如山僧今日用處는 **眞正成壞**하며 **翫弄神變**하야 **入一切境**호대
　수처무사　　　경불능환
隨處無事하야 **境不能換**이니라.
　단유래구자　　　아즉변출간거　　　거불식아
但有來求者하면 **我卽便出看渠**하나 **渠不識我**일새
　아변착수반의　　　　학인　　생해　　　일향입아언구
我便著數般衣하면 **學人**이 **生解**하야 **一向入我言句**하나니
　고재　　　할독자무안인　　파아착저의　　　　인청황적백
苦哉라! **瞎禿子無眼人**이 **把我著底衣**하야 **認靑黃赤白**이로다.
　아탈각　　　입청정경중　　　학인　　일견　　　변생흔욕
我脫却하고 **入淸淨境中**하면 **學人**이 **一見**하고 **便生忻欲**타가
　아우탈각　　　학인　　실심　　　망연광주　　　언아무의
我又脫却하면 **學人**이 **失心**하야 **忙然狂走**하야 **言我無衣**로다.
　아즉향거도　　　이식아착의저인부　　　홀이회두
我卽向渠道호되 **儞識我著衣底人否**아하면 **忽爾回頭**하야
　인아료야
認我了也로다.

오늘 이 산승의 활용처, 법을 쓰는 방법은 성주괴공(成住壞空)을 마음대로 하며[80] 신통변화를 자재하게 부려 모든 경계에 들어가지만 가는 곳곳마다 아무 일 없어서 산승의 경계를 뒤바꿔 놓지 못한다. 찾아와 도를 구하는 이가 있으면 나는 그 즉시 그의 본래면목을 알아보지만, 그는 나를 알아보지 못한다. 내가 몇 가지 옷을 바꿔 입어 보이면, 학인은 거기에서 알음알이를 내어 한결같이 나의 말과 글귀 속으로 말려들어 오고 만다.

슬프다! 눈멀고 안목 없는 스님들이 내가 입은 옷을 붙잡고서 푸르다 누르다 붉다 하얗다 하는구나. 내가 옷을 벗어버리고 청정한 법신의 경계로 들어가면 학인은 한번 보고는 기쁜 마음을 낸다. 내가 이번에는 다시 옷을 벗어버리면 학인은 본래 마음을 잃어버리고 망연히 미친 듯이 달아나며 "내가 옷을 입지 않았다."고 말한다. 내가 그때 바로 그에게 말하기를, "그대는 내가 옷을 입기도 하고 벗기도 한 바로 그 사람인 줄 아느냐?"고 물으면, 그는 홀연히 고개 돌려 나를 알아본다.

---

80 성주괴공(成住壞空)에서 이룸[成]과 파괴[壞], 두 가지를 단적으로 들어서 주거나 빼앗거나 또는 살리거나 죽이는 자유자재한 수단을 표현한 말이다.

39

형상을 가리는 옷

大德아! 儞莫認衣하라 衣不能動이요 人能著衣하나니
<small>대덕 이막인의   의불능동   인능착의</small>

有箇淸淨衣하며 有箇無生衣와 菩提衣와 涅槃衣하며
<small>유개청정의   유개무생의   보리의   열반의</small>

有祖衣有佛衣니라.
<small>유조의유불의</small>

大德아! 但有聲名文句하야 皆悉是衣變이라
<small>대덕   단유성문명구   개실시의변</small>

從臍輪氣海中鼓激하야 牙齒敲磕하야 成其句義니
<small>종제륜기해중고격   아치고개   성기구의</small>

明知是幻化니라.
<small>명지시환화</small>

大德아! 外發聲語業하며 內表心所法하고 以思有念은
<small>대덕   외발성어업   내표심소법   이사유념</small>

皆悉是衣니 儞祇麼認他著底衣爲實解하면 縱經塵劫하야도
<small>개실시의 이지마인타착지의위실해   종경진겁</small>

祇是衣通이라.
<small>지시의통</small>

三界循環하야 輪廻生死니라.
<small>삼계순환   윤회생사</small>

　　　　불여무사　　　상봉불상식　　　공어부지명
　　不如無事하야 **相逢不相識**하고 **共語不知名**이로다.

　대덕들이여! 그대들은 형상을 가릴 뿐인 옷에 대해 잘못 알지 말라. 옷이 스스로 움직일 수 없고, 사람이 옷을 입는다. 청정한 옷도 있고, 무생(無生)이라는 옷, 보리라는 옷, 열반이라는 옷, 조사라는 옷, 부처라는 옷도 있다.

　대덕들이여! 음성과 명칭, 문구 따위는 모두 옷들의 형상과 색깔의 변화에 따라 달라지는 것[81]과 같다. 배꼽 아래 단전(丹田)[82]에서 치고 올라와 이빨을 딱딱 부딪쳐 소리와 뜻을 이루나, 그것은 허깨비의 조화임을 분명히 알아야 한다. 대덕들이여! 밖으로 표출된 소리인 말로 말미암아, 내부의 여러 가지 생각들이 드러나며, '동기부여[思]'로 인해 '대상을 생각해 내는 기억작용[念]'이 있으나, 이 모두는 겉에 입는 옷처럼 허망한 것이다.[83] 그대들이 다른 사람이 입

81　의변(衣變): 조건이나 대상에 따라 바꿔 입는 옷에 빗대어 실체가 없음을 비유한 말.
82　제륜기해(臍輪氣海): 하복부 단전(丹田). 기(氣)가 모이는 부위.
83　임제스님이 여기서 말한 것은 세친이 지은 『대승성업론(大乘成業論)』에 나오는 게송과 비슷한데, 원문은 "드러난 말과 행동으로 말미암아[由外發身語], 마음속의 생각이 밖으로 표현된다[表內心所思]. 마치 저 연못 속에 숨어 있는 물고기가[譬彼潛淵魚], 물결을 치면서 스스로를 드러내듯이[鼓波而自表]"(T.31 p.781b)이다. 주의할 것은 이는 세친 자신의 유식사상을 설명하는 게송이 아니라, 설일체유부가 주장하는 '극미실재론(極微實在論)'과 관련된 설일체유부의 업설(業說)을 표현한 게송이라는 점이다. 세친이 이 게송을 내세운 것은 설일체유부의 업설을 비판하기 위해서다. 『대승성업론(大乘

고 있는 옷만 보고 그것을 진짜라고 생각하면 한량없는 세월이 지나더라도 다만 옷만 붙잡고 있는 셈이다. 이렇게 되면 삼계를 돌며 생사 윤회하게 되니, 아무 일 없는 것보다 못하다. 다시 말해 서로 만나도 누군지 알지 못하고, 함께 이야기 나눠도 이름을 모르는 것처럼 지내는 편이 더 낫다.

成業論)』에, 이 게송에 이어 세친의 비판이 나오는 데서 이를 분명히 알 수 있다. 설일체유부 업설(특히 표업론(表業論)의 대강(大綱)은 "① 현상(現象)은 찰나에 생겼다 사라진다, ② 실재적인 동작이 없다, ③ 그러나 신체동작의 기본원소는 실재한다."이다. 삼업(三業) 가운데 신업(身業)과 어업(語業)은 표업(表業. 겉으로 드러나는 업)과 무표업(無表業)으로 나눌 수 있지만, 의업(意業)은 오직 무표업뿐이다. 신표업(身表業)은 형·색(形色)을 근본[體]으로 삼고, 어표업(語表業)은 소리[語聲]를 근본으로 삼으며, 의업은 심소(心所)를 생각함을 근본으로 한다. 그런데 '드러난 신체행동의 배후'에 능히 (행동을) 드러나게 하는 '실재(實在)하는 형과 색'이 있고, 이것이 '드러난 신체행동의 근본·본성[體性]'이라고 설일체유부는 주장한다. 그래서 설일체유부는 색법(色法)을 형색(形色)과 현색(顯色) 두 가지로 나눈다. 형색을 긺[長], 짧음[短], 모남[方], 둥금[圓], 높음[高], 낮음[下], 바름[正], 바르지 않음[不正] 등 여덟 가지이다. 현색은 본현색(本顯色)과 차별색(差別色)으로 나눠는데, 청(靑)·황(黃)·적(赤)·백(白)은 본현색이고, 그림자[影]·빛[光]·밝음[明]·구름[雲]·연기[煙]·먼지[塵]·안개[霧] 등은 차별색이다. 신표업(身表業)은 두 가지 색법 가운데 형색에 해당되며, "실재하는 형색이 근본[體]이 되어 여러 행위를 함으로써 마음속의 생각을 표현한다."는 것이 설일체유부 신표업(身表業) 이론의 줄거리이다. 그런데 임제스님이 인용한 게송은 "밖으로 표출된 소리인 말로 말미암아[外發聲語業], 내부의 여러 가지 생각들이 드러나며[內表心所法], '동기부여[思]'로 인해 '대상을 생각해 내는 기억작용[念]'이 있으나[以思有念], 이 모두는 겉에 입는 옷처럼 허망한 것이다[皆悉是衣]"는 의미로, 설일체유부의 업설을 설명하는 것이 아니고, 형상과 음성 등은 모두 허망한 것임을 강조하는 표현일 따름이다. 한편 『대승성업론』의 주된 내용은 경부(經部)의 입장에서 설일체유부와 정량부 등의 업설을 비판한 뒤 '아뢰야식훈습설'을 제기(提起)하는 것이다.

40

수행을 성취하지 못하는 이유

금시학인   부득   개위인명자위해
今時學人이 **不得**은 **蓋爲認名字爲解**니라.

대책자상   초사노한어   삼중오중   복자리
大策子上에 **抄死老漢語**하야 **三重五重**으로 **複子裏**하야

불교인견   도시현지   이위보중   대착
不敎人見하고 **道是玄旨**라 하야 **以爲保重**하나니 **大錯**이로다.

할루생   이향고골상   멱십마즙
瞎屢生이여! **儞向枯骨上**하야 **覓什麼汁**고?

유일반불식호오   향교중   취의탁상량
有一般不識好惡는 **向敎中**하야 **取意度商量**하야

성어구의   여파시괴자   향구리함료
成於句義하나니 **如把屎塊子**하야 **向口裏含了**라가

토과여별인   유여속인   타전구령상사   일생
吐過與別人하며 **猶如俗人**이 **打傳口令相似**하야 **一生**을

허과
虛過로다.

야도아출가   피타문착불법   변즉두구무사
也道我出家라하나 **被他問著佛法**하면 **便卽杜口無詞**하야

^{안사칠돌} ^{구여편담}
眼似漆突하며 **口如楄擔**하니라.
^{여차지류} ^{봉미륵출세} ^{이치타방세계}
如此之類는 **逢彌勒出世**호대 **移置他方世界**하야
^{기지옥수고}
寄地獄受苦니라.

   오늘날 참선하는 수행자들이 깨달음을 얻지 못하는 것은 대개 명칭이나 자구에 사로잡혀 이해하려 하기 때문이다. 두꺼운 공책[84]에다 죽은 노스님들의 말씀을 이것저것 베껴 세 겹 다섯 겹으로 보자기에 싸 놓고, 다른 사람들에게 보여주지도 않고, '현묘한 뜻[玄旨]'이라며 그것을 애지중지하는데, 이는 크게 잘못된 일이다.

   눈멀고 어리석은 바보들아! 말라빠진 뼈다귀에서 무슨 국물을 찾는다는 말이냐? 좋고 나쁜 것도 구분할 줄 모르는 어떤 무리들은 경전의 문구에서 이러저러한 분별의 뜻을 만들어내니, 마치 똥덩어리를 입 속에 머금고 있다가 다른 사람에게 뱉어주는 것 같고, 세속의 사람들이 술자리에서 서로에게 말 전하는 놀이[85] 하는 것과 같으니, 일생을 헛되이 보낼 뿐이다.

---

84 책자(策子): 스승의 설법을 기록하는 필기장. 또는 이에 받아 적는 행위. 자신의 안목을 밝히지 못한 채로 경전을 비롯하여 다른 사람의 말에 속박되는 것을 상징적으로 나타낸다.

85 전구령(傳口令): 술자리에서 어떤 하나의 단어를 차례대로 다른 사람에게 정확히 전하는 놀이. 주령(酒令)이라고도 한다. 이로부터 들은 말을 그대로 전한다는 뜻으로도 확장되어 쓰이기도 한다. 『雲門廣錄』 권상 T.47 p.553a, "三家村裏老婆傳口令相似."

비록 "나는 출가한 사람이다."라고 떠벌릴 수는 있겠지만, 다른 사람이 불법에 대해 질문하면 입을 꾹 다물고 한마디도 하지 못하니, 검은 눈동자는 새까만 굴뚝처럼 멍한 채 입은 처마밑에 편액처럼 꽉 다물어버린다.[86] 이와 같은 무리들은 미륵부처님이 세상에 출현해도 다른 세계로 쫓겨 가거나 지옥에 떨어져 갖은 고초를 받을 것이다.[87]

---

86 칠(漆)은 검은 옻칠, 돌(突)은 검은 연기가 자욱한 굴뚝으로 모두 검은 것을 나타내는 상징물이다. 안사칠돌(眼似漆突)은 검은 눈동자를 멍청하게 껌벅이며 아무 생각이 없는 모습을 비유적으로 표현한 말이다. 편담(匾擔)은 천칭의 양끝이 늘어진 것으로서 입을 굳게 다문 모습을 이에 빗댄 것이다.
87 미륵(彌勒)은 부처님 입멸 후 56억 7천만 년 후에 출현하실 것으로 예정된 미래의 부처님이다. 현재는 도솔천에 머물고 있으므로 미륵보살(彌勒菩薩)이라 하는데 미래에 이 땅에 내려와 성불한 후 중생을 구제할 것이 예정되어 있으므로 미륵불(彌勒佛)이라고도 한다. 이러한 부처님이 세상에 출현하여도 구제받지 못하고 지옥에 떨어지고 말리라는 의미이다.

41

업식중생(業識衆生)

　　대덕　　이파파지왕제방　　　멱십마물　　　답이각판활
大德아! **儞波波地往諸方**하야 **覓什麼物**하야 **踏儞脚板闊**고?

　　무불가구　　무도가성　　　무법가득
無佛可求며 **無道可成**이며 **無法可得**이니라.

　　외구유상불　　　여여불상사　　욕식여본심
外求有相佛하면 **與汝不相似**니 **欲識汝本心**인댄

　　비합역비리
非合亦非離로다.

　　도류　　진불　무형　　진도　무체
道流야! **眞佛**은 **無形**이요 **眞道**는 **無體**요

　　진법　무상　　삼법　혼융　　　화합일처　　기변부득
眞法은 **無相**이라 **三法**이 **混融**하야 **和合一處**니 **旣辨不得**을

　　환작망망업식중생
喚作忙忙業識衆生이니라.

　대덕들이여! 그대들은 부산하게 제방을 쏘다니며 무엇을 구한다고 발바닥이 거칠게 부르트도록 돌아다니느냐? 구할 부처도 없고

이루어야 할 도도 없으며 얻을 수 있는 법도 없다. '밖으로 형상이 있는 부처를 구하면 그대와는 닮지도 않았다. 그대들의 본래 마음을 알고자 할진대 합해져 있는 것도 아니고, 떨어져 있는 것도 아니다.'[88]

수행자들이여! 참된 부처는 형상이 없고, 참된 도는 실체가 없으며, 참된 법은 모양이 없다. 이 세 가지 법이 서로 혼합되고 융화되어 하나로 화합한 것이니, 이것을 분별하지 못한다면 허둥지둥 바쁜 업식의 바다에서 헤매는 윤회 속의 중생이라 부른다.

---

[88] 제8조 불타난제(佛陀難提)의 게송 중에 나오는 구절. 『景德傳燈錄』 권1 T.51 p.208c.

42

삼진(三眞)과 삼구(三句)

문 여하시진불진법진도   걸수개시
問, 如何是眞佛眞法眞道오? **乞垂開示**하소서.

사운 불자 심청정   시 법자 심광명 시 도자
師云, 佛者는 **心淸淨**이 **是**요 **法者**는 **心光明**이 **是**요 **道者**는

처처무애정광   시
處處無礙淨光이 **是**라.

삼즉일   개시공명이무실유   여진정작도인
三卽一이니 **皆是空名而無實有**니라 **如眞正作道人**은

염념심불간단
念念心不間斷이라.

자달마대사종서토래   지시멱개불수인혹지인
自達磨大師從西土來로 **祗是覓箇不受人惑底人**이니

후우이조   일언변료   시지종전허용공부
後遇二祖하야 **一言便了**하고 **始知從前虛用功夫**니라.

산승금일견처   여조불불별   약제일구중득
山僧今日見處는 **與祖佛不別**하니 **若第一句中得**하면

여조불위사   약제이구중득   여인천위사
與祖佛爲師요 **若第二句中得**하면 **與人天爲師**요

약제삼구중득 자구불료
若第三句中得하면 **自救不了**니라.

어떤 스님이 임제스님에게 물었다.

"무엇이 참된 부처이며 참된 법이며 참된 도입니까? 부탁하오니 가르침을 주십시오."

"부처란 마음이 청정한 것이며, 법이란 마음의 광명인 것이며, 도란 어디에서나 걸림이 없는 청정과 광명이다. 이 셋은 하나로서 모두가 헛된 이름일 뿐, 참으로 실체가 있는 것이 아니다. 진정으로 도를 닦는 사람[89]이라면 한순간 한순간도 마음에 끊어짐이 없어야 한다.

달마대사께서 인도에서 중국에 오신 뒤 오직 남에게 속지 않는 사람을 찾았을 뿐이다. 그 뒤에 이조 혜가스님을 만났는데, 혜가스님은 한마디 말끝에 바로 깨닫고, 지금까지 해왔던 공부가 헛된 것이었음을 비로소 알았다.

지금의 산승의 견해는 조사나 부처와 다르지 않다. 만약 제1구에서 깨달으면 조사나 부처의 스승이 되고, 만약 제2구에서 깨달으면 인간과 천상의 스승이 되며, 만약 제3구에서 깨달으면 자기조차도 구제하지 못한다."

---

89 "부처의 도는 텅 비고 드넓어 정해진 길이 없다. 문 없음이 해탈의 문이요, (이러니저러니 단정하는) 견해 없음이 도를 닦는 사람의 견해이다."(『禪林僧寶傳』 권4 X.79 p.499a, 佛道閑曠, 無有塗程. 無門爲解脫之門, 無見作道人之見.)

43

조사서래의(祖師西來意)

_{문 여하시서래의}
問, 如何是西來意오?

_{사운 약유의 자구불료}
師云, 若有意하면 **自救不了**니라.

_{운 기무의 운하이조득법}
云, 旣無意인댄 **云何二祖得法**고?

_{사운 득자 시부득}
師云, 得者는 **是不得**이니라.

_{운 기약부득 운하시부득지의}
云, 旣若不得인댄 **云何是不得底意**오?

_{사운 위이향일체처 치구심불능헐 소이 조사언}
師云, 爲儞向一切處하야 **馳求心不能歇**일새 **所以**로 **祖師言,**

_{돌재 장부 장두멱두}
咄哉라! **丈夫**여, **將頭覓頭**라하니라.

_{이언하 변자회광반조 갱불별구}
儞言下에 **便自回光返照**하야 **更不別求**하고

_{지신심여조불불별 당하무사 방명득법}
知身心與祖佛不別하야 **當下無事**하면 **方名得法**이니라.

대덕　　산승금시　　사불획이　　　화도설출허다불재정
大德아!**山僧今時**에**事不獲已**하야**話度說出許多不才淨**하니

이차막착
儞且莫錯하라.

거아견처　　실무허다반도리　　요용변용　　불용변휴
據我見處하면**實無許多般道理**요**要用便用**하고**不用便休**니라.

어떤 스님이 임제스님에게 물었다.

"달마 조사가 서쪽에서 오신 뜻[90]이 무엇입니까?"

"만약 뜻이 있었다면 자기 자신조차 구제하지 못했을 것이다."

"이미 뜻이 없었다 하면 이조는 어떻게 법을 얻은 것입니까?"

"얻었다는 것은 아무것도 얻지 못했다[91]는 것이다."

"얻지 못했다고 한다면, 얻지 못했다는 그 뜻은 무엇입니까?"

"그대들이 사방으로 치달리며 불법을 구하는 마음을 쉬지 못하기 때문이다. 그러므로 조사께서 말씀하시기를, '한심한 장부여! 머리를 가지고 있으면서 어리석게 또 머리를 찾는구나'라고 하신 것이다. 그대들이 이 말끝에서 곧 스스로 회광반조(回光返照)[92]하

90　조사서래의(祖師西來意)라고도 한다. 불법의 단적인 뜻 또는 선의 근본 종지를 뜻한다.
91　"마음이라고 해도 마음은 없고, 얻었다고 해도 얻음이 없다."(『傳心法要』 T.48 p.382a, 心即無心, 得即無得.) 집착하는 마음이 없고, 분별하여 취함도 없음을 말한다.
92　회광반조(回光返照): 본래는 해가 지기 전에 석양의 반사 작용으로 하늘이 잠깐 밝아지는 현상을 가리키는 말. 선에서는 자기의 본성을 밝게 비추어 보는 것, 밖에서 진실을 구하지 않고 자기 안의 본연을 빛, 즉 본래면목을 밝

여 더 이상 다른 데서 찾지 않고, 이 몸과 마음이 조사인 부처와 다르지 않음을 알아, 바로 그 자리에서 아무 일 없게 되니 바야흐로 법을 얻었다고 한다.

대덕들이여! 산승이 오늘 어쩔 수 없이 마지못해 이처럼 쓸데없는 잔소리를 뇌까리지만 너희는 착각하지 마라. 산승의 견처에 따르면 이처럼 많은 도리는 사실 없는 것이니, 쓰고자 하면 곧 쓰고, 쓰고 싶지 않으면 곧 쉬면 될 뿐이다."

히는 것을 함의한다.

44

자취를 남기지 않는 사람

지여제방　　설육도만행　　　이위불법
祗如諸方이 說六度萬行하야 以爲佛法하나

아도시장엄문불사문　　비시불법
我道是莊嚴門佛事門이요 非是佛法이니라.

내지지재지계　　경유불섬　　도안불명
乃至持齋持戒하며 擎油不溂하야도 道眼不明하면

진수지채　　색반전유일재
盡須抵債하야 索飯錢有日在니라.

하고여차　　입도불통리　　부신환신시　　장자팔십일
何故如此오? 入道不通理하면 復身還信施하나니 長者八十一에

기수불생이
其樹不生耳라하니라.

내지고봉독숙　　일식묘재　　장좌불와
乃至孤峰獨宿하며 一食卯齋하며 長坐不臥하며

육시행도　　개시조업지인　　내지두목수뇌
六時行道하야도 皆是造業底人이요 乃至頭目髓腦와

국성처자　　상마칠진　　진개사시　　여시등견
國城妻子와 象馬七珍을 盡皆捨施하야도 如是等見은

개시고신심고　　환초고과　　불여무사　　순일무잡
皆是苦身心故로 還招苦果하나니 不如無事하야 純一無雜이니라.

내지십지만심보살　　개구차도류종적　　　요불가득
乃至十地滿心菩薩도 **皆求此道流蹤跡**하나 **了不可得**이니

소이　　제천　　환희　　　지신　　봉족　　　시방제불
所以로 **諸天**이 **歡喜**하며 **地神**이 **捧足**하야 **十方諸佛**이

무불칭탄　　　연하여차
無不稱歎하나니 **緣何如此**오?

위금청법도인　　　용처무종적
爲今聽法道人이 **用處無蹤跡**일새이니라.

"가령 여러 곳에서 '보시·지계·인욕·정진·선정·지혜의 육도만행을 불법이라 여긴다'고 말들 하지만, 나는 '그것은 장엄문이요 불사문[93]일 뿐, 불법은 아니다'라고 말한다. 나아가 재계(齋戒)를 철저히 준수하며, 가득 찬 기름그릇을 한 방울도 흘리지 않고 갈 정도가 된다[94] 해도, 도를 보는 안목이 밝지 못하면 모두가 빚을 갚지 않을 수 없으니 염라대왕에게 밥값 치를 날이 있을 것이다.

어째서 그런가? 불도에 들어와 이치를 통달하지 못하면, 다시 태어나 신도의 시주를 갚아야 하니, '장자(長者)가 81살이 되자 그의 나무에 버섯이 나지 않았다'[95]는 이야기가 있다.[96]

93　교화하고 불법을 펼치기 위해 시설하는 다양한 방편을 이른다.
94　엄격하고 면밀하게 수행한 것을 비유를 들어 설한 이야기 가운데 나오는 말. 『大般涅槃經』 권22 「光明遍照高貴德王菩薩品」 T.12 p.496b24-c2 참조.
95　가나제바(迦那提婆)의 게송. 『景德傳燈錄』 권2 T.51 p.211b, "入道不通理, 復身還信施. 汝年八十一, 此樹不生耳."
96　범마정덕(梵摩淨德)이라는 장자(長者)의 정원에 있는 나무에 큰 버섯이 났는데, 다른 식구들은 그 버섯을 볼 수조차 없었으나 장자와 둘째 아들 라후라(羅睺羅)만은 그것을 보고 따먹을 수 있었다고 한다. 그들이 전생에 어떤

또 깊은 산속에 높이 솟은 산봉우리에서 홀로 살며, 아침 한 끼니만 공양을 하고[一食卯齋],[97] 장좌불와(長坐不臥)하며, 하루 여섯 때[98]에 도를 닦는다 해도, 모두가 업을 짓는 사람들에 불과할 뿐이다.

또한 '자신의 머리·눈·골수·뇌, 나라와 처자, 코끼리와 말과 일곱 가지 값진 보배들을 전부 보시해도,[99] 이런 견해를 가지고는 몸과 마음을 괴롭힐 뿐 도리어 내세에 괴로운 과보를 다시 부른다' 차라리 아무 일 없어 순일하여 잡스러움이 없는 것만 같지 못하다.

또 10지의 수행을 원만하게 성취한 보살이라도 아무 일 없게 된 이러한 수행자들의 종적은 찾아도 찾을 수가 없다. 그러므로 모든 하늘신이 기뻐하며, 지신(地神)들도 그의 발을 받들어 모시며, 시방 부처님들이 모두 칭송하고 찬탄하는 것이다. 어째서 그런가? 지금 법문을 듣는 이 도인이 작용하는 곳에는 아무 자취가 없기 때문이다."

비구에게 정성껏 공양하였으나 그 비구가 도안(道眼)을 밝히지 못하고 시주 물만 헛되이 입었던 까닭에 후에 버섯이 되어 이들에게 보답한 것이라는 이야기이다. 『景德傳燈錄』 권2 T.51 p.211b 이하 참조.
97 일식묘재(一食卯齋): 묘시(卯時) 경에 하루에 한 번 밥을 먹고 수행에 전념함.
98 육시(六時): 신조(晨朝), 일중(日中), 일몰(日沒), 초야(初夜), 중야(中夜), 후야(後夜)의 여섯 때.
99 석가모니 전생담에 나오는 이야기를 빌려왔다. "세존께서 과거 무수한 겁을 지내는 동안 목숨을 내던지셨으니, 머리·눈·골수·뇌·피부·살덩이·뼈·피·나라·처자식 등 일체를 보시하였고, 중생을 위해 대홍서원을 일으켜 커다란 광명을 지으셨다."(『菩薩本行經』 권상 T.3 p.112c, 世尊往昔無數劫來, 放捨身命, 頭目髓腦, 肌肉骨血, 國城妻子, 施與一切, 爲衆生故, 起大弘誓, 當爲衆生, 作大光明.)

45

대통지승불의 좌선

_{문 대통지승불 십겁 좌도량 불법 불현전}
問, 大通智勝佛이 十劫을 坐道場호되 佛法이 不現前이라

_{부득성불도 미심차의여하 걸사지시}
不得成佛道라하니 未審此意如何오? 乞師指示하노이다.

_{사운 대통자 시자기 어처처 달기만법무성무상}
師云, 大通者는 是自己니 於處處에 達其萬法無性無相을

_{명위대통 지승자 어일체처 불의}
名爲大通이요 智勝者는 於一切處에 不疑하야

_{부득일법 명위지승 불자 심청정광명 투철법계}
不得一法을 名爲智勝이요 佛者는 心淸淨光明이 透徹法界를

_{득명위불 십겁좌도량자 십바라밀 시 불법}
得名爲佛이요 十劫坐道場者는 十波羅蜜이 是요 佛法이

_{불현전자 불본불생 불본불멸 운하갱유현전}
不現前者는 佛本不生이며 法本不滅이라 云何更有現前이리오

_{부득성불도자 불불응갱작불 고인 운}
不得成佛道者는 佛不應更作佛이니 古人이 云,

_{불상재세간이불염세간법}
佛常在世間而不染世間法이라하니라.

어떤 스님이 임제스님에게 물었다.

"대통지승불(大通智勝佛)은 10겁 동안 도량에 앉아 좌선 수행을 했지만, 불법이 나타나지 않아서 불도를 이루지 못하였다고 합니다. 그 뜻이 무엇입니까? 스님께서 가르쳐 주십시오."[100]

"'대통(大通)'이란 자기 자신이니, 곳곳에서 만법이 성(性)도 없고 상(相)도 없음을 통달하는 것을 대통이라 한다. '지승(智勝)'이란 어디서나 한 법도 얻을 수 없음을 의심하지 않는 것을 말한다. '불(佛)'이란 마음이 청정하여 그 광명이 시방법계를 환히 꿰뚫고 있는 것을 말한다. '10겁 동안 도량에 앉아계셨다'고 하는 것은 10바라밀을 닦은 것을 말한다.

'불법이 나타나지 않았다'는 것은, 부처는 본래 생겨날 것이 없으며 법은 본래 사라지는 것이 아닌데,[101] 어떻게 거기서 다시 무엇이

---

100 『法華經』 권3 「化城喩品」 大.9 p.22a에 나오는 구절. 선문에서는 종종 이를 공안으로 수용하여 궁구할 문제로 제기한다. 『禪門拈頌說話』 40칙 H.5 p.52a ;『無門關』 9칙「大通智勝」 T.48 p.294a. "석가모니는 6년 동안 고행하며 갈대 싹이 무릎을 뚫고 올라올 때까지 자리를 옮기지 않은 채 성도하였고, 미륵은 출가일에 도를 이루었다. 저 대통지승불이 10겁 동안 도량에 앉아 수행하였으나 성불하지 못한 것은 법에 뛰어나고 못함이 있거나 근기에 영리하고 둔한 차이가 있기 때문이 아니다. 다만 시절인연이라는 조건에 빠르고 느린 차이가 있고, 그 인연에 응함에 길고 짧은 차이가 있을 뿐이다."(『禪門拈頌說話』 40칙 H.5 p.53a, 釋迦六年苦行, 蘆芽穿膝, 不移坐成道, 彌勒出家日成道. 彼佛十劫坐道場, 猶未成佛者, 非謂法有勝劣, 機有利鈍. 但緣宜廷促, 應時長短.)
101 "법은 본래 생겨나는 것이 아닌즉 이제 사라질 것도 없다. 일체법이 무생이요 무멸이라는 이치를 터득하는 것이 불이법문으로 들어가는 길이다."(『維摩詰所說經』 권중 「入不二法門品」 T.14 p.550c, 法本不生, 今則無滅. 得此無生法忍, 是爲入不二法門.)

나타나겠는가라는 말이다. '불도를 이루지 못했다'는 것은 부처는 본래 부처이므로 다시 부처가 될 필요가 없다는 뜻이다. 그러므로 옛사람이 '부처는 항상 세간에 있지만 세간법에 물들지 않는다'[102]고 말했다."

---

[102] 『如來莊嚴智慧光明入一切佛境界經』 권하 T.12 p.248a ; 『歷代法寶記』 T.51 p.194a.

46

한 마음도 일으키지 말라 [一心不生]

도류   이욕득작불   막수만물
道流야! 儞欲得作佛인댄 莫隨萬物하라.

심생   종종법생   심멸   종종법멸   일심불생
心生하면 種種法生하고 心滅하면 種種法滅이라 一心不生하면

만법무구
萬法無咎니라.

세여출세   무불무법   역불현전   역부증실
世與出世에 無佛無法도 亦不現前하며 亦不曾失이니라.

설유자   개시명언장구   접인소아   시설약병
設有者라도 皆是名言章句니 接引小兒하난 施設藥病이며

표현명구   차명구   부자명구   환시이목전소소영령
表顯名句니라 且名句는 不自名句요 還是儞目前昭昭靈靈하야

감각문지조촉지   안일체명구
鑑覺聞知照燭底가 安一切名句니라.

수행자들이여! 그대들이 부처가 되고자 한다면 일체 만물을 따라가지 말라. '마음이 일어나면 갖가지 법이 일어나고 마음이 없어

지면 갖가지 법이 없어진다.'[103] 그러므로 '한 마음도 생겨나지 않으면 만법에 허물이 없다'[104]고 했다. 세간이거나 출세간이거나 부처도 없고 법도 없어서, 나타난 적도 없고 잃어버린 적도 없다.

설사 부처와 법이 있다고 하더라도 그것은 모두가 명칭과 글귀일 뿐이니, 마치 어린아이를 달래고, 병에 따라 방편의 약을 쓰는 것과 같으며, 표현하는 명칭과 글귀일 뿐이다. 그런데 명칭과 글귀는 스스로 명칭과 글귀인 것이 아니라 도리어 그대들 눈앞에서 소소영령하게 사물을 비추어 보고 듣고 알고 밝게 빛나는 것이 모든 것에 명칭과 글귀를 붙이는 것이다.

---

103 "일체 세간의 경계의 상은 모두 중생의 무명과 망념에 의해 건립된 것이 마치 거울 속의 상처럼 실체를 얻을 수 없는 것이다. 오직 허망한 분별심이 전변함에 따라 일어난 것일 뿐이다. 마음이 일어나면 갖가지 법이 일어나고 마음이 멸하면 갖가지 법도 멸하기 때문이다."(『大乘起信論』권상 T.32 p.586a, 一切世間境界之相, 皆依衆生無明妄念而得建立, 如鏡中像, 無體可得. 唯從虛妄分別心轉. 心生則種種法生, 心滅則種種法滅故.), 『首楞嚴經』권1 1.19 p.10/c, "由心生故, 種種法生, 由法生故, 種種心生."
104 『信心銘』T48 p.376c.

47

오무간업(五無間業)과 해탈

대덕   조오간무업   방득해탈
大德아! **造五無間業**하여야 **方得解脫**이니라.

문 여하시오무간업
問, 如何是五無間業고?

사운 살부해모   출불신혈   파화합승
師云, 殺父害母하며 **出佛身血**하며 **破和合僧**하며

범소경상등   차시오무간업
焚燒經像等이 **此是五無間業**이니라.

운 여하시부
云, 如何是父오?

사운 무명   시부   이일념심   구기멸처부득
師云, 無明이 **是父**니 **儞一念心**이 **求起滅處不得**하야

여향응공   수처무사   명위살부
如響應空하야 **隨處無事**를 **名爲殺父**니라.

운 여하시모
云, 如何是母오?

사운 탐애위모   이일념심   입욕계중   구기탐애
師云, 貪愛爲母니 **儞一念心**이 **入欲界中**하야 **求其貪愛**하나

유견제법공상　　처처무착　　명위해모
唯見諸法空相하야 處處無著을 名爲害母니라.

운　여하시출불신혈
云, 如何是出佛身血고?

사운 이향청정법계중　　무일념심생해　　변처처흑암
師云, 儞向淸淨法界中하야 無一念心生解하고 便處處黑暗이

시출불신혈
是出佛身血이니라.

운　여하시파화합승
云, 如何是破和合僧고?

사운 이일념심　정달번뇌결사　　여공무소의
師云, 儞一念心이 正達煩惱結使하야 如空無所依가

시파화합승
是破和合僧이니라.

운　여하시분소경상
云, 如何是焚燒經像고?

사운 견인연공심공법공　일념결정단　　형연무사
師云, 見因緣空心空法空하야 一念決定斷하야 迥然無事가

변시분소경상
便是焚燒經像이니라.

대덕　약여시달득　　면피타범성명애
大德아! 若如是達得하면 免被他凡聖名礙니라.

　대덕들이여! 무간지옥에 떨어질 다섯 가지 업을 지어야만 바야흐로 해탈하게 된다.[105]

---

105 "어리석음과 애착을 없애지 않고서도 해탈을 일으키고, 오역죄를 범하는 모습으로도 해탈을 얻는다."(『維摩詰所說經』「弟子品」 T.14 p.540b, 不滅癡愛, 起於解脫, 以五逆相而得解脫.)

어떤 스님이 임제스님에게 물었다.

"무엇이 무간지옥에 떨어질 다섯 가지 업(業)입니까?"

"아버지를 죽이고, 어머니를 해치며, 부처님의 몸에 피를 내고, 화합승단(和合僧團)을 깨뜨리며, 경전과 불상 등을 불사르는 것이 무간지옥에 떨어질 다섯 가지 업[五無間業]이다."

"무엇이 아버지입니까?"

"무명(無明)이 아버지이니, 그대들 한 생각 마음이 일어나고 없어지는 곳을 찾으려야 찾을 수 없음이 마치 허공에 메아리가 울려 퍼지는 것과 같아서 어디를 가나 아무 일 없는 것을 아버지를 죽인다고 한다."

"무엇이 어머니입니까?"

"탐내고 애착하는 것이 어머니이니, 그대들 한 생각 마음이 욕계에 들어가 활동할 때 그 탐내고 애착하는 것을 찾아보아도 오직 모든 법이 공한 모습이어서 실체가 없음을 볼 뿐으로, 어디에서나 집착이 없는 것을 어머니를 해친다고 한다."

"무엇이 부처님의 몸에 피를 내는 것입니까?"

"그대들이 청정한 법계 가운데서 한 생각의 마음이 분별심을 일으키지 않고 어디에서나 칠흑처럼 캄캄하고 어두운 상태[106]로 있는

---

106 밝음[明], 백(白)이 차별 현상을 상징한다면 어두움[暗], 흑(黑)은 평등의 진여를 상징한다. 여기서 "캄캄하고 어두운 상태"는 평등한 경계를 나타낸 것이다.

것을 부처님의 몸에 피를 내는 것이라 한다."

"무엇이 화합승단을 깨뜨리는 것입니까?"

"그대들의 한 생각 마음이, 번뇌의 속박은 허공처럼 의지할 곳이 없다는 점을 올바르게 통달함을 화합승단을 깨뜨리는 것이라 한다."

"무엇이 경전과 불상을 불사르는 것입니까?"

"인연이 공하고 마음이 공하고 법이 공한[因緣空心空法空]¹⁰⁷ 이치를 알아서 한 생각을 결정짓고서 초연하여 억지로 할 아무런 일이 없는 것을 경전과 불상을 불태우는 것이라 한다."

대덕들이여! 만약 이와 같이 통달할 수 있다면, 저 범부니 성인이니 하는 이름에 구애되는 데서 벗어날 것이다.

---

107 『金剛三昧經』에서는 공상(空相)·공공(空空)·소공(所空)을, 『金剛經纂要刊定記』에서는 아공(我空), 법공(法空), 구공(俱空)을 삼공(三空)으로 꼽고 있기도 하다. "삼공이란, 공이라는 상도 공이며, 공이 공하다는 것 또한 공이며, 공의 대상 또한 공이다."(『金剛三昧經』「入實際品」T.9 p.369b, 三空者, 空相亦空, 空空亦空, 所空亦空.); "삼공은 아공·법공·구공이다. 『금강경』에서 '아상(我相)·인상(人相)이 없다'라 한 것 등이 아공이며, '아상은 상이 아니다'라 한 것 등이 법공이며, '일체의 상에서 벗어난 것이 부처이다'라고 한 것은 구공이나."(『金剛經纂要刊定記』권1 T.33 p.176b, 三空者, 即我空法空俱空也. 如下經云, '無我相人相'等, 即我空也, '我相即是非相'等, 即法空也, '離一切相即名諸佛', 是俱空也.)

48

허공에 그린 그림

이일념심 지향공권지상생실해   근경법중허날괴
儞一念心이 祇向空拳指上生實解하며 根境法中虛捏怪하야
자경이퇴굴언   아시범부   타시성인   독루생
自輕而退屈言하되 我是凡夫요 他是聖人이라하니 禿屢生이여!
유심사급   피타사자피   각작야간명   대장부한
有甚死急하야 披他師子皮하야 却作野干鳴고? 大丈夫漢이
부작장부기식   자가옥리물   불긍신   지마향외멱
不作丈夫氣息하야 自家屋裏物을 不肯信하고 祇麼向外覓하야
상타고인한명구   의음박양   불능특달
上他古人閒名句하야 倚陰博陽하야 不能特達이라
봉경변연   봉진변집   촉처혹기   자무준정
逢境便緣하며 逢塵便執하야 觸處惑起하야 自無准定이로다.
도류   막취산승설처   하고 설무빙거
道流야! 莫取山僧說處하라 何故오? 說無憑據하야
일기간도화허공   여채화상등유
一期間圖畫虛空이요 如彩畫像等喻니라.
도류   막장불위구경   아견유여측공   보살나한
道流야! 莫將佛爲究竟하라. 我見猶如厠孔이요 菩薩羅漢은

진시가쇄박인지물   소이   문수장검   살어구담
盡是枷鎖縛人底物이니 所以로 文殊仗劍하야 殺於瞿曇하며

앙굴   지도   해어석씨
鴦掘은 持刀하야 害於釋氏니라.

도류   무불가득   내지삼승오성   원돈교적
道流야! 無佛可得이니 乃至三乘五性과 圓頓教迹은

개시일기약병상치   병무실법
皆是一期藥病相治요 並無實法이니라.

설유   개시상사   표현노포   문자차배
設有라도 皆是相似요 表顯路布하고 文字差排하야

차여시설
且如是說이니라.

도류   유일반독자   변향리허착공   의구출세지법
道流야! 有一般禿子는 便向裏許著功하야 擬求出世之法하니

착료야
錯了也라.

약인   구불   시인   실불   약인   구도   시인
若人이 求佛하면 是人은 失佛이요 若人이 求道하면 是人은

실도   약인   구조   시인   실조
失道요 若人이 求祖하면 是人은 失祖니라.

그대들 한 생각이 빈주먹의 손가락이 가리키는 것에서 진실하다는 생각을 일으켜서, 육근·육경·육식[根境法]이라는 현상계 가운데에서 헛되이 괴상한 일을 조작해 내어[108] 스스로를 가

---

108 "빈주먹에 '무엇인가 있다'는 생각을 일으키고, 달을 가리키는 손가락을 달이라고 헛되이 조작하며, 근경법(根境法)에서 쓸데없이 헛된 것을 꾸며낸다."(『永嘉證道歌』 T.48 p.396c, 空拳指上生實解, 執指爲月枉施功, 根境法中虛捏怪.)

볍게 여기고 비굴하게, '나는 범부이지만 그는 성인이다'라고 말한다.

머리 깎은 이 어리석은 바보 놈들아! 무슨 까닭에 이다지도 화급하게 굴며 사자 가죽을 덮어 쓰고서도 여우 울음소리를 내고 있느냐?[109] 당당한 대장부로서 장부의 기개를 펴지 못하고, 자기 집안의 보물은 믿으려 하지 않고 오로지 밖으로만 찾으며, 저 옛사람들의 하찮고 시시한 말과 글귀에 사로잡히고, 음양을 점쳐 요행을 바라며,[110] 주체적으로 통달하지 못하느냐! 그렇기에 경계를 만나면 바로 반연하고 6진에 부딪치는 대로 집착하며, 가는 곳곳마다 미혹이 일어나 일정한 기준도 줏대도 없이 움직인다.

수행자들이여! 산승의 말을 그대로 듣지 말라. 어째서인가? 산승의 말에도 아무 증거할 만한 것이 없으며, 그때그때 임시로 허공에 그림 그리는 것처럼, 빈 그림에 색을 칠해 보여주는 것이기 때문이다.[111]

---

109 "수행자가 설법을 하되 집착하는 마음이 없이 하는 것을 사자후라 하고, 수행자가 집착하는 견해를 가지고 설한다면 이는 여우 울음소리일 뿐이며 사자후라 하지 않으니 온갖 삿된 견해를 일으키기 때문이다."(『思益梵天所問經』 권4 「授不退轉天子記品」 T.15 p.56b, 若行者說法無所貪著, 是名師子吼, 若行者貪著所見而有所說, 是野干鳴, 不名師子吼, 起諸邪見故.)
110 의음박양(倚陰博陽): 음에 의지하고 양을 따르다. 박(博)은 전(傳) 또는 부(附)로 써야 맞다. 음양의 점을 쳐서 이에 따른다는 뜻이다.
111 화가가 그림을 그리고 채색하여 보여주듯이 법을 설하는 행위도 사람들이 알기 쉽게 이해하도록 하기 위한 일시적 방편이라는 말. 임시방편이라는 의미도 있고 실체나 근거가 전혀 없는 말을 뜻하기도 한다. 다음 경문의 취지

수행자들이여! 부처를 완전한 최고의 경지[究竟]라고 여기지 말라. 나의 견해로 보건대, 부처란 마치 뒷간의 똥통과 같은 것이다. 또한 보살과 나한은 모두가 목에 씌우는 형틀과 족쇄같이 사람을 결박하는 물건들이다. 그러므로 문수보살은 긴 칼을 들고 고타마 붓다를 죽이려 하였고,[112] 앙굴마(鴦掘摩)는 단도를 가지고 세존을 해치려 한 것[113]이다.

수행자들이여! 얻을 수 있는 부처란 없으며, 또한 삼승(三乘)과

와 통한다. "비유하자면 화가와 그 제자가 천에 여러 형상을 그리고 채색하듯이 나의 설도 이와 같다.…언설이란 별도로 시행하는 것이니 진실은 말을 떠나 있는 것이다."(『楞伽阿跋多羅寶經』 권1 「一切佛語心品」 T.16 p.484c, 譬如工畫師, 及與畫弟子, 布彩圖眾形, 我說亦如是.…言說別施行, 眞實離名字.); "일체제법은 허깨비 같은 모습이니 너는 이제 두려워할 필요 없다. 어째서 그러한가? 일체의 언설이 이 허깨비 같은 모습에서 벗어나지 않으니, 지혜로운 사람으로 말하자면 문자에 집착하지 않으므로 두려워함이 없다. 왜 그러한가? 문자에 대한 집착에서 벗어나 문자에 대한 집착이 없는 것이 해탈이며, 해탈의 모습이란 바로 온갖 법인 것이다."(『維摩詰所說經』 권상 「弟子品」 T.14 p.540c, 一切諸法, 如幻化相, 汝今不應有所懼也. 所以者何? 一切言說, 不離是相, 至於智者, 不著文字, 故無所懼. 何以故? 文字性離, 無有文字, 是則解脫, 解脫相者, 則諸法也.).

112 부처의 가르침을 절대시하는 이들을 일깨우기 위해 문수보살이 부처님의 뜻을 받아 부처를 죽이려 했던 일. 『大寶積經』 권105 「神通證說品」 T.11 p.590b 이하 참조.

113 앙굴마(鴦掘摩)가 스승 부인의 모략으로 인해 분노한 스승으로부터 그날 낮에까지 백 사람을 죽이고 백 개의 손가락을 취해 장식물을 만들라는 명을 받았다. 한 개 손가락이 모자라자 앙굴마는 자신의 모친을 해하려다 부처님을 보고 멈추었고 모자리는 손가락을 부처님을 해하여 잉으러 하였으나, 마침내는 부처님께 귀의하였다고 한다. 『佛說鴦掘摩經』 T.2 pp.508c-p.509b 참조.

오성(五性)[114]에 따른 각각의 가르침이나 원돈일승(圓頓一乘)의 가르침의 자취들이 모두 일시적으로 병에 따라 약을 주는 방편이지 진실한 법이 있는 것이 결코 아니다. 설사 있다 해도 있는 듯이 보이게 하는 것[相似]일 뿐이니, 누구나 볼 수 있게 드러내어 공지한 문서[115]요, 문자를 잘 배열하여 그럴듯하게 말한 것에 지나지 않는다.

수행자들이여! 머리만 깎고서 중 행세만 할 뿐인 어떤 무리들은 이런 것에 힘을 쏟으며 출세간법을 구하려고 하는데, 그것은 잘못 안 것이다. 만약 누군가 부처를 구한다면 오히려 부처를 잃을 것이고, 도를 구한다면 도를 잃을 것이며, 조사를 구한다면 조사를 잃을 것이다.

---

114 삼승오성(三乘五性): 성문·연각·보살 삼승 및 무종성(無種性)·부정성(不定性)·성문성(聲聞性)·연각성(緣覺性)·보살성(菩薩性) 등으로 중생의 근기를 다섯으로 나눈 오성.

115 노포(路布): 노포(露布)라고도 한다. 전승(戰勝)을 알리기 위해 포백(布帛)에 써서 장대에 걸어 알리던 방식. 사람들에게 널리 고지하기 위해 봉함(封緘)하지 않고 내거는 공포(公布) 문서. 이로부터 '문자언설'을 광범하게 일컫기도 한다.

49
일 없는 사람

대덕　　막착
大德아! **莫錯**하라.
아차불취이해경론　　　아역불취이국왕대신
我且不取儞解經論하며 **我亦不取儞國王大臣**하며
아역불취이변사현하　　아역불취이총명지혜
我亦不取儞辯似懸河하며 **我亦不取儞聰明智慧**하고
유요이진정견해
唯要儞眞正見解니라.
도류　　설해득백본경론　　　불여일개무사지아사
道流야! **設解得百本經論**하야도 **不如一箇無事底阿師**니
이해득　　즉경멸타인　　　승부수라　　인아무명
儞解得하면 **卽輕慢他人**하야 **勝負修羅**와 **人我無明**이
장지옥업
長地獄業이니라.
여선성비구　　해십이분교　　　생신함지옥　　대지
如善星比丘가 **解十二分敎**호되 **生身陷地獄**하야 **大地**도
불용　　불여무사휴헐거
不容하니 **不如無事休歇去**니라.

기래끼반　　수래합안　　우인　소아　　지내지언
飢來喫飯이요 睡來合眼이라 愚人은 笑我호대 智乃知焉이로다.
　　도류　　막향문자중구　　심동피로　　흡냉기무익
道流야! 莫向文字中求니 心動疲勞하고 吸冷氣無益하니
　　불여일념연기무생　　　기출삼승권학보살
不如一念緣起無生하야 起出三乘權學菩薩이니라.

대덕들이여! 착각하지 말라. 나는 그대들이 경론을 잘 이해하고 있다는 것을 높이 사는 것도 아니고, 나는 그대들이 국왕의 대신이라고 해서 높이 사는 것도 아니며, 나는 그대들이 물이 거침없이 흐르듯 유창한 말솜씨를 가지고 있는 것을 높이 사는 것도 아니며, 그렇다고 나는 그대들의 총명함과 지혜로움을 높이 사는 것도 아니니, 오로지 그대들이 진정한 견해를 갖추기를 바랄 뿐이다.

수행자들이여! 설사 백 부(部)의 경론을 이해한다 하여도 한 사람의 일 없는 스님만 같지 못하다. 그대들은 좀 아는 것이 있으면 다른 사람들을 우습게 여겨 경멸하며 아수라(阿修羅)처럼 승부를 다투고, 나와 남을 분별하는 무명번뇌로 나중에 지옥 갈 업을 오래도록 짓는다.

마치 선성(善星) 비구[116]가 십이분교(十二分敎)를 잘 이해하고 있

---

116 선성(善星)비구: 『열반경』에는 부처님이 출가하기 전에 낳은 아들이라고 되어 있다. 『涅槃經』 권33 「迦葉菩薩品」 T.12 p.560b, "善星比丘, 是佛菩薩時子." 출가하였으나 항상 악한 마음을 품고 있었고 후에 환속하여서는 부처도, 법도, 열반도 없다는 삿된 견해를 내고 부처에 대한 악한 마음을 그치지 않다가 아비지옥에 떨어졌다고 한다.

었지만 산 채로 지옥에 떨어져 대지(大地)도 용납지 않은 것과 같으니, 차라리 아무 일 없이 쉬느니만 같지 못하다. 그러므로 "배고프면 밥 먹고 잠 오면 자면 되니, 어리석은 사람은 나를 보고 웃겠지만 지혜로운 이라면 알 것이다."[117]라고 옛사람도 말했던 것이다.

수행자들이여! 문자 속에서 구하려고 하지 말지니, 마음을 움직이면 피로하고[118] 찬 기운을 들이마시면 좋을 것이 없다. 한 생각 인연으로 일어나는 것은 본래 생겨나고 없어짐이 없을 한 찰나에 깨닫고, 삼승이라는 방편을 펼치는 보살들의 경계를 뛰어넘느니만 같지 못하다.[119]

---

[117] "나는 하늘에 태어나는 것을 기쁘게 생각지 않고 복전을 소중히 여기지도 않는다. 배고프면 밥을 먹고 피곤하면 잠을 잘 뿐이다. 어리석은 이들은 나를 비웃겠지만 지혜로운 이는 이 뜻을 알 것이다."(『景德傳燈錄』 권30 「南嶽懶瓚和尙歌」 T.51 p.461b, 我不樂生天, 亦不愛福田. 饑來喫飯, 困來卽眠. 愚人笑我, 智乃知焉.)

[118] 『천자문(千字文)』에 "성품이 고요하면 감정도 편안하나, 마음이 동요하면 정신이 피로하다(性靜情逸, 心動神疲)."라는 구절이 있다.

[119] "조작하면 애를 쓰고도 공이 없으나, 조작하지 않으면 연을 따라 스스로 성취하게 된다. 공이 없는 공은 그 공이 헛되이 버려지지 않으나, 공이 있는 공은 그 공이 모두 무상할 뿐이다. 오랜 겁 동안 수행을 쌓더라도 끝내 (그 수행의 공이) 없어지고 말리라. 갖가지 현상들이 원래는 생성도 소멸도 없음을 한 찰나에 깨닫고서 저 삼승 방편의 입장에서 펼치는 견해들을 넘어서느니만 못하다."(『新華嚴經論』 권1 T.36 p.724a, 作者勞而無功, 不作隨緣自就. 無功之功, 功不虛棄, 有功之功, 功皆無常. 多劫積修, 終歸敗壞. 不如一念緣起無生, 超彼三乘權學等見.)

50

진실한 선지식을 만나기는 어렵다

　　대덕　　막인순과일
　　大德아! 莫因循過日하라.

　　산승왕일미유견처시　　흑만만지　　광음　　불가공과
　　山僧往日未有見處時에 黑漫漫地라 光陰을 不可空過니

　　복열심망　　분파방도　　후환득력　　시도금일
　　腹熱心忙하야 奔波訪道하야 後還得力하야 始到今日하야

　　공도류여시화도
　　共道流如是話度니라.

　　권제도류　　막위의식
　　勸諸道流하노니 莫爲衣食하라.

　　간세계이과　　선지식　난우　　여우담화　　시일현이
　　看世界易過하며 善知識을 難遇니 如優曇華가 時一現耳니라.

　　이제방　　문도유개임제노한　　출래변의문난
　　儞諸方이 聞道有箇臨濟老漢하고 出來便擬問難하야

　　교어부득　　피산승전체작용　　학인　　공개득안
　　敎語不得타가 被山僧全體作用하야 學人이 空開得眼하나

　　구총동부득　　몽연부지이하답아　　아향이도
　　口總動不得하고 懵然不知以何答我하니 我向伊道호되

용상축답　　비여소감
龍象蹴踏은 **非驢所堪**이로다.
　　이 제 처　　지 지 흉 점 륵　　도 아 해 선 해 도　　삼 개 양 개
儞諸處에 **祇指胸點肋**하야 **道我解禪解道**하나 **三箇兩箇**가
　　도 저 리　　불 내 하
到這裏하야 **不奈何**하니라.
　　돌 재　　이 장 저 개 신 심　　도 처 파 양 편 피　　광 하 여 염
咄哉라! **儞將這箇身心**하야 **到處簸兩片皮**하야 **誑謼閭閻**하니
　　끽 철 방 유 일 재
喫鐵棒有日在로다.
　　비 출 가 아　　진 향 아 수 라 계 섭
非出家兒요 **盡向阿修羅界攝**이니라.

대덕들이여! 그럭저럭 우물쭈물하면서 세월만 헛되이 보내지 말라. 산승도 지난날 깨치지 못하였을 때는 도무지 앞이 캄캄하고 답답하였다. 허송세월해서는 안 된다는 생각에 허둥지둥하며 초조한 마음으로 이곳저곳으로 분주히 도를 찾아 묻고 다녔다. 그러한 후에 나중에 뛰어난 선지식에게서 힘을 얻고 나서야 비로소 오늘에 이르러 수행자 여러분과 더불어 이렇게 이야기를 나눌 수 있게 되었다.

수행자는 여러분들에게 권하니, 옷과 밥을 위하여 신도들의 비위나 맞추면서 구차하게 수행하지 말라. 세상의 모든 것은 무상하고 부질없어 쉽게 지나가버리고 참되고 진실한 선지식은 만나기 어려우니, 마치 삼천 년 만에 우담바라 꽃이 한 번 피는 것과 같이

드문 일이다.

그대들은 제방에서 임제라는 늙은이가 있다고 하는 말을 듣고 찾아와서는 쟁론을 벌이고 반박하여 한마디도 하지 못하게 하려다가, 산승이 본체를 다 드러내어 대응하면 학인은 놀라 눈만 크게 뜬 채 입도 뻥긋하지 못하고 멍청해져 내게 어떻게 대답할지를 모른다. 그러면 산승은 그들에게 '큰 코끼리가 발로 차고 지나가니 나귀 따위가 감당할 바가 아니다'[120]라고 말해준다.

그대들은 여기저기서 가슴을 호기롭게 펴고 큰소리치며 말하기를, '나는 선을 알고 도를 안다'고들 하지만, 그런 사람 둘이건 셋이건 여기에 이르러서는 어찌할 줄을 모른다.

애달프도다! 그대들은 이렇게 멀쩡한 몸과 마음을 가지고서는 가는 곳마다 두 입술을 나불대면서 여염집 선남선녀들을 속이고 있으니, 염라대왕의 쇠몽둥이를 얻어맞을 날이 꼭 있을 것이다. 이들은 출가한 사람이라 할 수 없으며 모조리 시비를 다투는 아수라의 세계에 빠져 들어가게 된다.

---

120 용상(龍象)은 코끼리 가운데서도 가장 힘세고 뛰어난 것을 표현하기 위해 용(龍) 자를 덧붙인 것이다. 뛰어난 식견과 역량을 갖춘 선승 또는 학덕을 겸비한 수행자를 비유한다. "가장 힘센 코끼리가 밟고 지나는 것과 같다'는 말은 앞의 불사보살 홀로 능하다는 것을 비유하고, '나귀 따위가 감당할 바가 아니다'라는 말은 뒤의 범부가 하열하여 능하지 못함을 비유한다."(『維摩義記』 권3 「不思議品」 T.38 p.480a, 譬如龍象蹴踏, 喻前不思菩薩獨能, 非驢所堪, 喻後凡夫下劣不能.)

51

지극한 불법의 도리〔至理之道〕

　　부여지리지도　　비쟁론이구격양　　　갱장이최외도
　　夫如至理之道는 **非諍論而求激揚**이며 **鏗鏘以摧外道**니라.

　　지어불조상승　　　갱무별의　　설유언교
　　至於佛祖相承하야는 **更無別意**요 **說有言教**라도

　　낙재화의삼승오성인천인과
　　落在化儀三乘五性人天因果니라.

　　여원돈지교　　우차불연　　　동자선재　　개불구과
　　如圓頓之教는 **又且不然**하야 **童子善財**가 **皆不求過**니라.

　　대덕　　막착용심
　　大德아! **莫錯用心**하라.

　　여대해부정사시　　　지마담각　　의천하주
　　如大海不停死屍니라 **祇麼擔却**하야 **擬天下走**하나니

　　자기견장　　이애어심
　　自起見障하야 **以礙於心**이라.

　　일상　　무운　　　여천보조　　안중　　무예　　공리무화
　　日上에 **無雲**하면 **麗天普照**요 **眼中**에 **無翳**하면 **空裏無花**로다.

본래 지극한 불법의 도리는 논쟁으로 위세 당당하게 그 도를 드

러내는 것도 아니고, 큰소리를 치며 위엄으로 외도를 꺾는 것도 아니다. 부처님과 조사가 면면히 이어져 내려오는 것에도 무슨 별다른 뜻이 있는 것은 아니다. 설혹 부처님 말씀과 가르침이 있다 하더라도 삼승(三乘)과 오성(五性)의 구별은 인간계와 천상계[人天]의 중생들을 인과 등을 통해 선업을 행하도록 하기 위한 교화의 방편일 뿐이다. 그러나 원돈교에서는 절대 그렇지 않으니, 선재동자가 53선지식에게 다 법을 구하여 찾아다녔던 것은 아니다.

대덕들이여! 마음을 잘못 쓰지 말라. 마치 큰 바다가 죽은 송장을 머무르게 하지 않는 것[121]과 같이 하라. 그렇게 죽은 시체 같은 알음알이를 한 짐 잔뜩 짊어지고 천하를 돌아다니니 스스로 진정한 견해에 장애를 일으켜 마음을 가로막게 된다.

해 떠 있는 하늘에 구름 한 점 없으니
그 빛이 하늘을 널리 두루 비추고,
눈 속에 티끌이 없으니
허공 속 꽃 볼 일 없다네.[122]

---

121 바다가 갖춘 열 가지 덕상(德相)을 대해십상(大海十相)이라 하는데 그 가운데 하나로 불수사시(不受死屍)라고도 한다. 보살십지 중 이구지(離垢地)의 보살이 성취한 덕상으로 청정한 공덕을 얻어 파계하지 않으며 그러한 이들과는 함께 머물지도 않고 번뇌라는 오염을 떠난 경지를 비유한다.『華嚴經』권27 T.9 p.575b 참조.
122 진정견해(眞正見解)를 갖추고 있기만 하다면 망상이 일어날 일은 없다는 취지이다.

52

무엇이라 불러야 할까?

道流야! 儞欲得如法이면 但莫生疑하라.
展則彌綸法界하고 收則絲髮不立하야 歷歷孤明하야
未曾欠少하고 眼不見이요 耳不聞이니 喚作什麼物고?
古人이 云, 說似一物則不中이라하니 儞但自家看하라
更有什麼오? 說亦無盡이니 各自著力하야 珍重하라.

수행자들이여! 그대들이 여법하게 진정한 견해를 얻기를 바란다면 다만 의심을 일으키지 말라. 펼치면 온 법계를 두루 감싸고도 남지만, 거두면 한 가닥 가는 실 터럭 끝만큼도 세울 수 없다.[123] 뚜

---

[123] 우두법융(牛頭法融)의 설관론(絶觀論) 가운데 나오는 구절. "펼치면 법계에 두루 노닐고, 거두어들이면 종적을 찾을 수 없다."(『宗鏡錄』 권97 T.48 p.941b, 舒則彌遊法界, 卷則定跡難尋.)

렷하고 분명하게 홀로 밝아서 일찍이 조금도 모자란 적이 없으나, 눈으로도 보지 못하고 귀로도 듣지 못하니[124] 이것을 무엇이라고 불러야 하겠는가?

  옛사람이 말하기를, "설사 한 물건이라고 말해도 맞지 않다."[125] 라고 하였다. 그대들은 다만 자기 스스로의 진정한 견해를 잘 살펴볼 일이니, 그 밖에 달리 더 이상 무엇이 있겠는가? 아무리 말해도 말로는 다할 수는 없는 노릇이니 각자 스스로 노력하여 불법의 궁극의 도리를 깨치길 바랄 뿐이다. 애썼구나, 쉬어라.

---

124 "번뇌가 사라지고 나면 진실한 성품 그대로의 모습이니, 값을 매길 수 없는 한 알의 둥글고 밝은 구슬이라. 눈으로도 보지 못하고 귀로도 듣지 못하니, 보지 못하고 듣지 못함이 참으로 보고 듣는 것이다."(『景德傳燈錄』 권30 배도 선사의 「一鉢歌」 T.51 p.462a, 塵勞滅盡眞如在, 一顆圓明無價珠. 眼不見耳不聞, 不見不聞眞見聞.)

125 남악회양(南嶽懷讓)이 육조혜능의 물음에 답한 말.『景德傳燈錄』 권5 T.51 p.240c, 宗寶本『壇經』 T.48 p.357b,『선문염송설화(禪門拈頌說話)』 119칙 H.5 p.127a 참조.『祖堂集』(권3 「懷讓章」 K.45 p.256c)에는 6조와 만난 때 답한 말이 아니라 12년 뒤에 6조를 떠나면서 나눈 문답이라고 되어 있으며, 『天聖廣燈錄』(권8 X.78 p.447c)에는 6조의 물음에 처음에는 대답하지 못했다가 8년이 지난 뒤에 답한 말이라고 되어 있다.

5장 감변

01

쌀을 일다가 일돈방(一頓棒)을 맞다

황벽 인입주차 문반두 작십마
黃檗이 因入廚次에 問飯頭호되 作什麼오?

반두운 간중승미
飯頭云, 揀衆僧米니다.

황벽운 일일 끽다소
黃檗云, 一日에 喫多少오?

반두운 이석오
飯頭云, 二石五니다.

황벽운 막태다마
黃檗云, 莫太多麼아?

반두운 유공소재
飯頭云, 猶恐少在니다.

황벽 변타
黃檗이 便打하다.

반두각거사사
飯頭却擧似師한대

사운 아위여감저노한
師云, 我爲汝勘這老漢호리라.

^{재도시립차} ^{황벽} ^{거전화} ^{사운 반두불회}
纔到侍立次에 **黃檗**이 **擧前話**어늘 **師云**, **飯頭不會**하니

^{청화상} ^{대일전어} ^{사변문막태다마}
請和尙은 **代一轉語**하소서하고 **師便問莫太多麽**아하니

^{황벽운 하부도내일} ^{갱끽일돈}
黃檗云, **何不道來日**에 **更喫一頓**고?

^{사운 설십마내일} ^{즉금변끽} ^{도료변장}
師云, **說什麼來日**고 **卽今便喫**하소서 **道了便掌**하니

^{황벽운 저풍전한} ^{우래저리날호수}
黃檗云, **這風顚漢**이 **又來這裏捋虎鬚**로다.

^{사변할} ^{출거}
師便喝하고 **出去**하니라.

^후 ^{위산} ^{문앙산} ^{차이존숙의작마생}
後에 **潙山**이 **問仰山**호되 **此二尊宿意作麼生**고?

^{앙산운 화상} ^{작마생}
仰山云, **和尙**은 **作麼生**고?

^{위산운 양자} ^{방지부은}
潙山云, **養子**에 **方知父慈**이니라.

^{앙산운 불연}
仰山云, **不然**하니다.

^{위산운 자우작마생}
潙山云, **子又作麼生**고?

^{앙산운 사구적파가}
仰山云, **似勾賊破家**니다.

황벽스님께서 공양간에 들어갔다가 공양주[飯頭]¹에게 물었다.

"무얼 하느냐?"

---

1 반두(飯頭): 대중이 먹는 음식을 맡아보는 소임.

"대중 스님네의 공양 지을 쌀을 일고 있습니다."
"하루에 얼마나 먹느냐?"
"두 섬 닷 말을 먹습니다."
"너무 많지 않느냐?"
"오히려 적을까 싶습니다."
그러자 황벽스님이 공양주를 때렸다.

공양주가 이 일을 임제스님에게 그대로 말하니, 임제스님이 말했다.

"내 너를 위하여 이 늙은이를 간파해 주겠다."

그러고는 그 길로 곧바로 가서 황벽스님을 모시고 서 있는데, 황벽스님께서 앞의 이야기를 꺼내시므로 임제스님이 여쭈었다.

"공양주가 잘 알아듣지 못했나 봅니다. 방장 스님께서 딱 깨치도록 대신해 한마디[一轉語]2 말씀하여 주십시오."

그러고는 임제스님이 곧바로, "너무 많지 않습니까?" 하고 묻자 황벽스님께서 말씀하셨다.

"내일 한 번 더 먹는다고 왜 말하지 못하느냐?"

"무슨 내일까지를 말씀하십니까? 지금 먹는다고 해야지요." 하고 임제스님이 말을 마치고 뺨을 올려붙이니, 황벽스님께서 말씀하셨다.

---

2 일전어(一轉語): 상대를 전미개오(轉迷開悟)하게 하는 한마디.

"이 미친놈[3]이 또 여기 와서 호랑이 수염을 잡아당기는구나."[4]
그러자 임제스님은 '할!' 하고 나가버렸다.

뒷날 위산스님께서 앙산스님에게 물었다.
"이 두 큰스님의 뜻이 무엇이겠느냐?"
"스님께서는 어떻다고 보십니까?"
"자식을 길러 보고서야 어버이의 사랑을 아는 법이다."
"저는 그렇게 생각하지 않습니다."
"그럼, 너는 어떻게 생각하느냐?"
"마치 도적을 끌어들여서 집안을 풍비박산으로 만든 꼴과 다를 바 없습니다."[5]

---

3 풍전한(風顚漢): 격식에서 벗어난 행동을 하는 사람. 미치광이라는 뜻이지만, 선가에서는 상대의 견지를 인정하는 의미를 담고 있다.
4 날호수(捋虎鬚): 어렵거나 위험한 일을 잘했다고 칭찬하는 말. 준열한 기상과 파격의 역량을 비유적으로 치켜세우는 말.
5 『禪門拈頌說話』 398칙 설화(說話)에서는 이 문답을 "황벽이 불효한 자식이요 그가 바로 도적이라는 뜻이다.(H5 p.326b, 蘗是不孝之子, 是賊也.)"라고 평했다. 공양주[子]와 황벽[父]의 문답을 황벽[子]과 임제[父]가 서로 역할을 바꾸어 펼친 것과 임제가 황벽이라는 도적을 끌어들여 마음속 생각을 남김없이 털어 보여주었다는 평가이다.

02

세 스님을 모두 때리다

師問僧호되 什麼處來오?
<small>사 문 승   십 마 처 래</small>

僧이 便喝이어늘 師便揖坐하니 僧이 擬議라 師便打하다.
<small>승 변할   사변읍좌   승 의의   사변타</small>

師見僧來하고 便竪起拂子하니 僧이 禮拜라 師便打하다.
<small>사견승래   변수기불자   승 예배   사변타</small>

又見僧來하고 亦竪起拂子하니 僧이 不顧어늘 師亦打하니라.
<small>우견승래   역수기불자   승 불고   사역타</small>

임제스님이 한 스님에게 물었다. "어디서 오는가?"

그 스님이 '할!' 하니 임제스님은 허리를 굽혀 예를 표하고 앉았고, 그 스님이 무슨 말을 하려고 머뭇거리자 임제스님이 그대로 후려쳤다.

임제스님이 어떤 스님이 오는 것을 보고 불자(拂子)를 세우자 그 스님이 절을 하였고 임제스님은 그대로 후려쳤다.

또 한 스님이 오는 것을 보고 마찬가지로 불자를 세우니, 그 스

님은 본 척도 하지 않았는데 임제스님은 이번에도 후려쳤다.[6]

---

6 『禪門拈頌說話』 618칙 설화(說話)에서는 "하나하나 모조리 때린 것'은 엄정하게 법령을 시행한 것이다. 상대의 기틀에 따른 것이니, 눈봉사를 바꿔주는 수단도 있다.((H.5 p.482b, 一一便打者, 正令當行也. 隨機又有換却眼睛地手段也.)"라고 평했다.

03

보화(普化)스님과
극부(克符)스님과의 인연

사견보화　　내운　아재남방　　치서도위산시
師見普化하고 乃云, 我在南方하야 馳書到潙山時에

지이선재차주대아래　　내아래
知儞先在此住待我來하여 乃我來하니라.

득여좌찬　　아금　욕건립황벽종지
得汝佐贊하여 我今에 欲建立黃檗宗旨하노니

여절수위아성치
汝切須爲我成褫하라.

보화진중하거
普化珍重下去하다.

극부후지　　사역여시도　　부역진중하거
克符後至어늘 師亦如是道하니 符亦珍重下去하니라.

삼일후　보화각상문신운　화상　전일　도심마
三日後에 普化却上問訊云, 和尙이 前日에 道甚麼오?

사염방변타하
師拈棒便打下하다.

우삼일　극부역상문신내문　　화상　전일타보화
又三日에 克符亦上問訊乃問호되 和尙이 前日打普化하니

작심 마　　　사 역 염 방 타 하
作甚麼오? **師亦拈棒打下**하니라.

임제스님이 보화(普化)스님[7]을 보고 말했다.

"내가 남방에 있으면서 황벽스님의 편지를 전하려고 위산에 도착했을 때, 그대가 먼저 여기에 머물면서 내가 오기를 기다리고 있을 것이라고 앙산스님에게서 듣고 이렇게 왔소. 그대의 도움을 받아 나는 이제 황벽스님의 종지를 세우고자 하니, 그대는 나를 위해 반드시 도와주시오."

보화스님은 정중하게 임제스님에게 인사를 하고 내려갔다.

극부(克符)스님[8]이 그 뒤에 오니, 임제스님은 보화스님에게 부탁한 말을 똑같이 당부하였고, 극부스님 역시 정중하게 인사를 드리고 내려갔다.

사흘 후에 보화스님이 다시 올라와서 문안 인사하며 여쭈었다.

"스님께서는 전날에 무슨 말씀을 했지요?"

임제스님은 몽둥이를 들어 바로 내리쳤다.

7　보화(普化)스님: 당나라 때 스님. 반산보적(盤山寶積)의 법을 이음. 반산보적이 입적한 후에는 북쪽 지방[河北省] 일대를 두루 돌아다녔다. 항상 손에 작은 방울[振鈴]을 들고 저잣거리에서 흔들며 다녔다고 한다.

8　극부(克符)스님: 당나라 때 스님. 평소에 종이 옷[紙衣]을 입고 다녀서 지의도자(紙衣道者), 지의화상(紙衣和尙) 등으로도 불렸다. 임제의 사료간(四料揀)에 송을 지어 붙인 극부료간(克符料揀)이 유명하다. 『禪苑蒙求』 권하 X.87 p.92a 참조.

그리고 사흘 뒤에 극부스님 역시 올라와서 문안 인사하며 여쭈었다.

"스님께서 전날 보화스님을 때리셨다는데 어찌된 일입니까?"

임제스님은 역시 몽둥이를 들어 내리쳤다.⁹

---

9 『臨濟禪師語錄之餘』古尊宿語錄5 X.68 p.32b에 실려 있는 이야기.

04

보화스님이 공양상을 엎어버리다

師一日에 同普化하야 赴施主家齋次에 師問,
_{사일일   동보화   부시주가재차   사문}

毛吞巨海하고 芥納須彌하니 爲是神通妙用가 本體如然가?
_{모탄거해   개납수미   위시신통묘용   본체여연}

普化踏倒飯牀한대 師云, 太麤生이로다.
_{보화답도반상   사운   태추생}

普化云, 這裏是什麽所在관대 說麤說細오?
_{보화운 저리시십마소재   설추설세}

師來日에 又同普化赴齋하야 問, 今日供養은 何似昨日고?
_{사내일   우동보화부재   문 금일공양   하사작일}

普化依前踏倒飯牀한대 師云, 得卽得이나 太麤生이로다.
_{보화의전답도반상   사운 득즉득   태추생}

普化云, 瞎漢아! 佛法을 說什麽麤細오. 師乃吐舌하니라.
_{보화운 할한   불법   설십마추세   사내토설}

임제스님이 하루는 보화스님과 함께 시주의 집에 가서 공양을 하다가 보화스님에게 물었다.

"'털 하나가 온 바다를 삼키고 겨자씨 한 알에 수미산을 담는다'[10]고 하는데, 이는 신통하고 묘한 작용[妙用]인가, 아니면 근본 바탕[本體][11]인가?"

그러자 보화스님이 공양상을 걷어차 엎어버렸고, 임제스님이 "몹시 거칠구나?"라 하니, 보화스님은 "여기에 무엇이 있다고 거칠다느니 세밀하다느니 하는가?"라고 하였다.

임제스님이 다음날 또 보화스님과 함께 시주 집에 공양을 하러 갔다[12]가 물었다.

"오늘 공양은 어제에 비해 어떤가?"

보화스님이 전날과 마찬가지로 공양상을 발로 차 엎어버리자, 임제스님이 말했다.

"옳기는 하다만 몹시 거칠구나!"

보화스님이 말했다.

"이 눈먼 작자야! 불법에 무슨 거칠다느니 세밀하다느니 할 것이 있단 말인가?"[13]

---

10 "불보살에게는 불가사의라는 이름의 해탈이 있다. 보살이 이 해탈에 머문다면 높고 커다란 수미산을 겨자 안에 넣어도 증가하거나 감소함이 없으니 수미산의 본래 모습은 그대로이기 때문이다."(『維摩詰所說經』 권중 「不思議品」 T.14 p.546b, 諸佛菩薩有解脫, 名不可思議. 若菩薩住是解脫者, 以須彌之高廣, 內芥子中, 無所增減, 須彌山王, 本相如故.)
11 『景德傳燈錄』 권30 「南嶽懶瓚和尙歌」 T.51 p.461b.
12 부재(赴齋): 재(齋)는 오시(午時)의 공양. 재가의 신도들이 베푸는 공양을 받으러 가는 것.
13 『禪門拈頌說話』 514칙 설화(說話)에서는 "살활자재한 작용이 현전할 때에

이에 임제스님이 혀를 내둘렀다.

는 일정한 격식에 얽매이지 않는다는 뜻이다.(H.5 p.408a, 這裏是甚所在說麁說細, 又明日佛法說甚麁細者, 大用現前, 不存軌則也.)"라고 풀었다.

05

보화스님은 범부인가, 성인인가?

사일일   여하양목탑장로   동재승당지로내좌
師一日에 與河陽木塔長老로 同在僧堂地爐內坐하야
인설보화   매일재가시   체풍체전   지타시범시성
因說普化, 每日在街市하야 掣風掣顚하니 知他是凡是聖가?
언유미료   보화입래   사변문 여   시범시성
言猶未了에 普化入來어늘 師便問, 汝는 是凡是聖가?
보화운 여차도   아시범시성   사변할
普化云, 汝且道하라 我是凡是聖가? 師便喝하니
보화이수지운   하양   신부자   목탑   노파선
普化以手指云, 河陽은 新婦子요 木塔은 老婆禪이요
임제소시아   각구일척안
臨濟小厮兒가 却具一隻眼이로다.
사 운 저적   보화운 적적   변출거
師云, 這賊아하니 普化云, 賊賊하고 便出去하다.

임제스님이 하루는 하양(河陽) 장로와 목탑(木塔) 장로와 승당 가운데 만들어 놓은 화로[地爐] 가에 앉아 불을 쬐면서 말씀을 나

누고 있었다.

"보화스님이 매일같이 저잣거리에서 미치광이 짓을 하고 다닌다는데 도대체 그가 범부인가요, 성인인가요?"

그런데 말이 채 끝나기도 전에 보화스님이 들어오자, 임제스님이 바로 물었다.

"그대는 범부인가, 성인인가?"

"임제스님이 먼저 말해 보시오. 내가 범부요, 성인이요?"

임제스님이 '할!' 하자, 보화스님은 손가락으로 가리키면서 말했다. "하양은 새색시 선(禪), 목탑은 노파선인데, 풋내기 임제가 그래도 한쪽 눈을 갖추었구나!"[14]

임제스님이 "이 도적놈아?"라고 소리치자,

보화스님은 "도적놈아, 도적놈아!" 하면서 나가버렸다.

---

14 『禪門拈頌說話』 513칙 설화(說話)에서는 각각에 대하여 "처녀는 종적을 함부로 드러내지 않으니, 이가 성인이다(H.5 p.407a, 河陽新婦子者, 處女露不蹤也, 是聖也.)", "노피는 부끄러움을 알지 못하니, 이가 범부이나(H.5 p.407a, 木塔老婆禪者, 老婆不識羞恥, 是凡也.)", "성인에도 범부에도 떨어지지 않았다는 뜻이다(H.5 p.407a, 臨濟小厮兒, 只具一隻眼者, 兩頭不落也.)"라고 평하였다.

06

보화스님의 나귀 울음소리

一日은 普化在僧堂前하야 喫生菜어늘 師見云,
大似一頭驢로다.
普化便作驢鳴한대 師云, 這賊아하니 普化云, 賊賊하고
便出去하니라.

하루는 보화스님이 승당 앞에서 생채를 먹고 있는데 임제스님이 보고는 말했다.

"꼭 한 마리 나귀 같구나."

이에 보화스님이 곧바로 나귀 울음소리를 내자,[15]

---

[15] 『禪門拈頌說話』 515칙 설화(說話)에서는 "보화가 생채를 먹고 있는 것을 구실 삼아 이류에로 나자빠뜨려 그가 어떻게 나오는지 임제가 시험한 것이고, 보화는 이류로서 온몸을 드러내었다(H.5 p.408c, 這漢大似一頭驢者, 因喫生菜, 靠倒於異類, 看他支對也. 驢鳴者, 異類大全身也.)"라고 평하였다.

임제스님이 "이 도적놈아?" 하였고,
보화스님은 "도적놈아, 도적놈아!" 하며 바로 나가버렸다.

07

보화스님의 저잣거리 행각

인보화　상어가시　요령운　명두래명두타
因普化가 常於街市에 搖鈴云, 明頭來明頭打하고
암두래암두타　　사방팔면래선풍타　　허공래연가타
暗頭來暗頭打하며 四方八面來旋風打하고 虛空來連架打노라.
사영시자거　　　재견여시도　　변파주운
師令侍者去하야 纔見如是道면 便把住云,
총불여마래시여하
總不與麼來時如何오하라.
보화탁개운　내일　　대비원리유재
普化托開云, 來日에 大悲院裏有齋니라.
시자회거사사　　　사운　아종래　　의착저한
侍者回擧似師한대 師云, 我從來로 疑著這漢이로다.

보화스님은 항상 저잣거리에서 요령을 흔들면서 말했다.

"밝음으로 오면 밝음으로 치고, 어둠으로 오면 어둠으로 치며, 사방 팔면으로 오면 회오리바람처럼 치고, 허공으로 오면 도리깨질

로 연거푸 친다."¹⁶

 임제스님이 시자를 보내어, "그렇게 말하는 것을 보거든 바로 멱살을 움켜잡고 '앞의 어느 것처럼 아무것도 오지 않을 때는 어찌하시겠습니까?' 하고 물어보라."고 하였다.

 그대로 하자 보화스님은 시자를 밀쳐버리면서 "내일 대비원에서 공양을 베푼다고 한다."라고 하였다.

 시자가 돌아와 말씀드리자 임제스님이 말했다.

 "나는 이전부터 그가 보통 인물이 아니라고 의심해왔다."¹⁷

---

16 이를 '보화영탁게(普化鈴鐸偈)'라고 한다. 각 구의 끝을 '타(打)' 자로 압운하였다 하여 '보화사타화(普化四打話)'라고도 한다.『禪門拈頌說話』512칙 설화(說話)에서는 "밝음은 차별이 있으니 용(用)이요, 어둠은 차별이 없으니 체(體)이다.(H.5 p.406a, 明則有差別是用, 暗則無差別是體也.)"라고 평하였나.
17 『禪門拈頌說話』512칙 설화(說話)에서는 "보화를 인정한 말이다.(H.5 p.406b, 從來疑着這漢者, 許他也.)"라고 보았다.

08

절을 해야 하는가, 하지 않아야 하는가?

　　유일노숙　　참사　　　미증인사　　　변문 예배즉시
有一老宿이 **參師**할새 **未曾人事**하고 便問, **禮拜卽是**아

　불예배즉시　　사변할　　노숙　변예배
不禮拜卽是아? **師便喝**한대 **老宿**이 便**禮拜**라.

　사운　호개초적
師云, 好箇草賊이로다.

　노숙운 적적　　변출거　　사운 막도무사호
老宿云, 賊賊하고 **便出去**하니 **師云, 莫道無事好**니라.

　수좌시립차　　사운 환유과야무　　　수좌운 유
首座侍立次에 **師云, 還有過也無**아? **首座云, 有**니다.

　사운 빈가유과　　주가유과　　수좌운 이구유과
師云, 賓家有過아 **主家有過**아? **首座云, 二俱有過**니다.

　사운 과재십마처　　　수좌변출거　　사운 막도무사호
師云, 過在什麼處오? **首座便出去**하니 **師云, 莫道無事好**로다.

　후유승거사남전　　　남전운 관마상답
後有僧擧似南泉한대 **南泉云, 官馬相踏**이로다.

한 노스님이 임제스님을 찾아와 인사도 하기 전에 물었다.

"절을 해야 옳습니까, 절을 하지 않아야 옳습니까?"

임제스님이 '할!' 하자 그 노스님은 바로 절을 하였다.

임제스님이 "보기 드문, 뭘 좀 아는 좀도둑일세."라고 하자 노스님이 "도둑놈아, 도둑놈아!" 하고 나가버리니 임제스님이 말했다.

"아무 일이 없다고 생각하지 않는 것이 좋을 것이네."[18]

수좌가 임제스님을 모시고 서 있었는데 스님께서 물었다.

"허물이 있느냐?"

"네, 허물이 있습니다."

"손님 쪽에 있느냐, 주인 쪽에 있느냐?"

"두 쪽에 다 있습니다."

"허물이 어디에 있느냐?"

수좌가 그냥 나가버리니[19] 임제스님이 말했다.

"아무 일이 없다고 생각하지 않는 것이 좋을 것이네."

뒤에 어떤 스님이 이 이야기를 남전스님[20]께 해드리자 남전스님이 말했다.

---

18 『禪門拈頌說話』 627칙 설화(說話)에서는 "상대가 하는 그대로 허용하지 않겠다는 뜻이다(H.5 p.486b, 莫道無事好者, 不放過也.)"라고 풀었다.
19 『禪門拈頌說話』 627칙 설화(說話)에서는 시자가 나가버린 것에 대해 "손님과 주인 어느 편에도 간여하지 않겠다는 뜻이다. 그런즉 그 노스님은 손님과 주인을 다 내쳐버린 것이고, 수좌는 손님과 주인을 모두 거두어들인 것이다.(H.5 p.486c, 便山去者, 賓主不干也. 然則這僧賓主雙放, 自座賓主雙收也.)"라고 평하였다.
20 누구인지 알 수 없다. 남전보원(南泉普願)을 가리키는 것은 아니다.

"나라에서 키우는 훌륭한 말들이 서로 차고 밟은 격이다."[21]

---

21 관마상답(官馬相踏): 관용(官用)의 준마(駿馬)와 준마가 서로 걷어차는 것. 두 사람의 기봉(機鋒)이 날카롭고 활발발한 것을 비유한 말.

09

노주(露柱)는 범부인가, 성인인가?

師因入軍營赴齋할새 門首에 見員僚하고 師指露柱問호대
是凡是聖가? 員僚無語어늘 師打露柱云, 直饒道得이라도
也祇是箇木橛이라하고 便入去하니라.

임제스님이 군영(軍營)에 재 공양을 받으러 갔다가, 입구에서 막료(幕僚)를 만나자 노주(露柱)를 가리키면서 물었다.

"이것이 범부인가, 성인인가?"

막료가 대꾸가 없자 임제스님은 노주를 두드리면서 말했다.

"혹 대답을 제대로 한다 하더라도 역시 한낱 나무토막일 뿐이다." 하고는 바로 들어가 버렸다.

10

차좁쌀〔黃米〕을 팔다

사 문 원 주 십 마 처 래
師問院主, 什麼處來오?

주 운   주중조황미거래
主云, 州中糶黃米去來니다.

사 운 조 득 진 마
師云, 糶得盡麼아?

주 운 조 득 진
主云, 糶得盡이니다.

사 이 장   면 전   획 일 획 운 환 조 득 저 개 마
師以杖으로 **面前**에 **畵一畵云, 還糶得這箇麼**아?

주 변 할   사 변 타
主便喝한대 **師便打**하다.

전 좌 지   사 거 전 화   전 좌 운 원 주 불 회 화 상 의
典座至어늘 **師擧前話**한대 **典座云, 院主不會和尙意**니다.

사 운 이 작 마 생
師云, 儞作麼生고?

전 좌 변 예 배   사 역 타
典座便禮拜한대 **師亦打**하니라.

임제스님이 원주에게 물었다.

"어딜 갔다 오느냐?"

"마을에 차좁쌀[黃米]을 팔러 갔다 왔습니다."

"그래 다 팔았느냐?"

"네, 다 팔았습니다."

임제스님은 주장자로 원주의 눈앞에다 한 일(一)자로 획을 그으면서 물었다.

"그래, 이것도 팔 수 있느냐?"

원주가 '할!' 하는데 스님은 그대로 후려갈겼다.

전좌(典座)가 오자 임제스님이 앞의 이야기를 들려주시니 전좌가 말했다.

"원주는 스님의 뜻을 알지 못했군요."

"그럼, 네 생각은 어떠하냐?"

전좌가 절을 하자 임제스님은 마찬가지로 후려갈겼다.[22]

---

22 『禪門拈頌說話』 615칙 설화(說話)에서는 임제가 이와 같이 어느 경우에나 몽둥이로 때린 것에 대해 "평등하게 법령을 시행한 것이다. 이는 또한 사람을 죽이는 칼이기도 하고 살리는 검이기도 하다. 어째서인가? 작용을 터득했어도 한 방일 뿐이요 본체를 터득했어도 한 방일 뿐이기 때문이다.(H.5 p.478c, 師一一便打者, 一般行令也. 亦是殺人刀活人劒. 何故? 得用地也一棒 ; 得體地也一棒故.)"라고 평하였다.

11

낙보(樂普)스님의 할

유좌주　　내상간차　　사문 좌주　　강하경론
有座主하야 **來相看次**에 **師問, 座主**야 **講何經論**고?

주운 모갑　　황허　　조습백법론
主云, 某甲이 **荒虛**하야 **粗習百法論**이니다.

사운 유일인　어삼승십이분교　명득　유일인
師云, 有一人은 **於三乘十二分教**에 **明得**하고 **有一人**은

어삼승십이분교　명부득　시동시별
於三乘十二分教에 **明不得**하니 **是同是別**가?

주운　명득즉동　명부득즉별
主云, 明得卽同이요 **明不得卽別**이니다.

낙보위시자　재사후립운　좌주　저리시십마소재
樂普爲侍者하야 **在師後立云, 座主**야! **這裏是什麽所在**관대

설동설별
說同說別고?

사회수문시자　여우작마생　시자변할
師回首問侍者호대 **汝又作麽生**고? **侍者便喝**하다.

사송좌주회래　수문시자　적래시여할노승
師送座主回來하야 **遂問侍者**호되 **適來是汝喝老僧**가?

시 자 운   시   사 변 타
侍者云, 是니다. **師便打**하니라.

어느 좌주(座主:경전을 강론하는 스님)가 찾아왔을 때 임제스님이 물었다.

"좌주는 무슨 경론을 강의하는가?"

"저는 아는 것이 모자라서 그저 백법론(百法論)을 대강 익혔을 뿐입니다."

"한 사람은 삼승십이분교를 통달하였고, 한 사람은 삼승십이분교를 통달하지 못하였다면 같은가, 다른가?"

"통달했다면 같겠지만 통달하지 못했다면 다릅니다."

그때 낙보(樂普)스님[23]이 시자로 있었는데 임제스님을 모시고 뒤에 서 있다가 말했다.

"좌주여! 여기에 무엇이 있다고 같다느니 다르다느니 합니까?"

임제스님께서 시자를 돌아보시며 물었다.

"그래, 너는 어떻다고 보느냐?"

시자는 '할!' 하고 고함을 쳤다.

임제스님이 좌주를 전송하고 돌아와서는 시자에게 물었다.

"아까는 나를 보고 고함을 쳤느냐?"

---

23 낙보(樂普)스님: 834~898. 낙포(洛浦)라고도 한다. 밉명은 원안(元安)이다. 임제에게 도를 구하였고, 후에는 협산선회(夾山善會)의 회하에서 심요(心要)를 얻었다.

"그렇습니다."

임제스님은 그대로 후려쳤다.

12

덕산(德山)스님의 몽둥이 30대

師聞, 第二代德山이 垂示云, 道得也三十棒이요
道不得也三十棒이니라 師令樂普去問호되 道得이어늘
爲什麼하야 也三十棒고? 待伊打汝하야 接住棒送一送하야
看他作麼生하라.
普到彼하야 如敎而問한대 德山이 便打어늘 普接住送一送하니
德山이 便歸方丈이라.
普回擧似師한대 師云, 我從來로 疑著這漢이로다. 雖然如是나
汝還見德山麼아? 普擬議하니 師便打하다.

임제스님은, 제2대 덕산(德山)스님이 대중에게 법문하기를,

'대답을 제대로 해도 30대, 대답을 못해도 30대이다'라고 한다는 소문을 듣고, 낙보스님을 덕산스님에게 보내면서 이렇게 시켰다.

"'대답을 제대로 해도 어찌하여 몽둥이 30대입니까?' 하고 물어보아라. 덕산스님이 너를 때리면 그 몽둥이를 딱 붙잡아 쥐고 확 한 대 되돌려주면서 덕산스님이 어찌하는가를 보아라."

낙보스님이 그곳에 도착하여 임제스님이 시킨 대로 물으니, 덕산스님이 후려쳤다. 낙보스님이 몽둥이를 꽉 잡고 한 대를 그대로 되돌려주자 덕산스님은 방장실로 돌아가 버렸다.

낙보스님이 돌아와 임제스님께 말씀드리니 스님이 말했다.

"내가 이전부터 그가 보통 인물이 아니라고 의심해왔다. 그것은 그렇다 치고 너는 덕산을 보았느냐?"

낙보스님이 머뭇머뭇하자 임제스님이 바로 때렸다.

13

금가루가 비록 귀하긴 하지만
눈에 들어가면 병이 될 뿐이다

●

王_왕常_상侍_시, 一_일日_일에 訪_방師_사하야 同_동師_사於_어僧_승堂_당前_전看_간할새

乃_내問_문, 這_저一_일堂_당僧_승이 還_환看_간經_경麽_마아?

師_사云_운, 不_불看_간經_경이니라.

侍_시云_운, 還_환學_학禪_선麽_마아?

師_사云_운, 不_불學_학禪_선이니라.

侍_시云_운, 經_경又_우不_불看_간하며 禪_선又_우不_불學_학하고 畢_필竟_경作_작箇_개什_십麽_마오?

師_사云_운, 總_총敎_교伊_이成_성佛_불作_작祖_조去_거니라.

侍_시云_운, 金_금屑_설雖_수貴_귀나 落_낙眼_안成_성翳_예하니 又_우作_작麽_마生_생고?

師_사云_운, 將_장爲_위儞_이是_시箇_개俗_속漢_한이로다.

하루는 부주(府主) 왕상시(王常侍)가 임제스님을 방문하여 스님과 함께 승당 앞을 보다가 물었다.

"여기 일단의 수행승[24]들은 경전을 봅니까?"

"경을 보지 않습니다."

"그렇다면 선(禪)을 배웁니까?"

"선도 배우지 않습니다."

"경전도 보지 않고 선도 배우지 않는다면 도대체 무엇을 합니까?"

"저들 모두 부처가 되고 조사가 되게 할 뿐입니다."

"금가루가 비록 귀하긴 하지만 눈에 들어가면 병이 된다[25]고 하는데, 어떻게 생각하십니까?"

"나는 그대를 그저 속인으로만 여겼구려."[26]

---

24 당승(堂僧): 당중(堂衆)이라고도 한다. 운수 행각할 때 필수적으로 가지고 다니던 석장(錫杖)을 수행하는 방의 벽에 걸어두고[掛錫] 수행에 들어간 스님을 일컫는다.
25 『禪門拈頌說話』 623칙 설화(說話)에서는 "부처가 되고 조사가 되려는 마음이 곧 눈 속의 금가루와 같이 장애가 된다는 뜻이다.(H.5 p.484c, 金屑雖貴落眼成翳者, 成佛作祖, 是眼中金屑也.)"라고 풀었다.
26 임제가 왕상시를 인정한 말로 흔히 평가하지만, 『禪門拈頌說話』 623칙 설화(說話)에서는 "그에게 상을 준 것인가, 벌을 준 것인가?(H.5 p.484c, 將謂你俗漢者, 賞伊罰伊.)"라고 하여 임제의 이 말을 공안(公案)으로 수용하며 문제를 제기하는 평을 달았다.

14

행산(杏山)스님의 노지백우(露地白牛)

_{사문행산} _{여하시노지백우}
師問杏山, 如何是露地白牛오?

_{산운 홈홈} _{사운 아나}
山云, 吽吽한대 **師云, 啞那**아?

_{산운 장로} _{작마생}
山云, 長老는 作麼生고?

_{사운 저축생}
師云, 這畜生아!

임제스님이 행산(杏山)스님[27]에게 물었다.

"무엇이 넓은 땅의 흰 소[露地白牛][28]인가?"

---

27 행산(杏山)스님: 운암담성(雲岩曇晟)의 법사(法嗣). 법명은 감홍(鑑洪).
28 노지백우(露地白牛):『法華經』「譬喩品」(T.9 p.12c)에서 일승(一乘)의 가르침을 백우(白牛)에 비유한 데서 유래한 말. 노지(露地)는 온갖 번뇌와 미혹을 끊어 평온무사한 경지를, 백우는 그 경지를 얻은 청정한 경계, 참된 자기, 본래면목을 의미한다.

행산스님이 "음매, 음매."²⁹ 하자 임제스님이 "벙어리냐?" 하였다.

행산스님이 "노스님께서는 어떻게 하시겠습니까?" 하니, 임제스님은 "이놈의 축생아!"라고 하였다.

---

29 吽吽(우우): 소 울음소리. 한자어 음은 흠흠 또는 훔훔으로 읽는다. 언어나 문자로 표현할 수 없는 무분별의 경계를 나타낸다.

15

방(棒)과 할(喝) 중에 진실에 부합하는 것은?

師問樂普云, 從上來로 一人은 行棒하고 一人은 行喝하니
_{사문낙보운 종상래   일인   행방   일인   행할}

阿那箇親고? 普云, 總不親이니다.
_{아나개친   보운 총불친}

師云, 親處作麼生고? 普便喝하니 師乃打하다.
_{사운 친처작마생   보변할   사내타}

임제스님이 낙보스님에게 물었다.

"예로부터 한 사람은 몽둥이[棒]를 쓰고 한 사람은 고함[喝]을 쳤는데 어느 쪽이 더 진실에 딱 들어맞느냐?"

"둘 다 진실하지 않습니다."

"그럼, 어떻게 해야 진실에 딱 들어맞겠느냐?"

낙보스님이 '할!' 하자[30] 임제스님은 후려쳤다.

---

30 대혜종고(大慧宗杲)는 다음과 같이 평했다. "방을 제거하고 할을 집으니 어리석은 사람을 어떻게 저지할 것인가?"(『大慧語錄』 권1 T.47 p.812c, 除却棒拈却喝, 孟八郎漢, 如何止遏?) 『禪門拈頌說話』 630칙 H.5 p.488b 설화(說話) 참조.

16

양손을 펼쳐 보인 뜻은?

師見僧來하고 展開兩手한대 僧이 無語어늘
師云, 會麼아?
云, 不會니다.
師云, 渾崙을 擘不開하니 與汝兩文錢하노라.

임제스님이 어떤 스님이 오는 것을 보고 양손을 펼쳐 보였는데, 그 스님이 대꾸가 없자, 임제스님이 말했다.

"알겠는가?"

"모르겠습니다."

"혼륜산을 쪼개서 나눌 수 없으니,[31] 너에게 노잣돈 두 푼을 주

---

31 분별이나 작위가 끼어들 여지가 없는 것, 또는 어떻게도 걷잡을 수 없는 것을 매도하는 말.

노라."32

---

32 행각하는 데 필요한 최소한의 여비를 주어 보내겠노라는 뜻.

17

대각(大覺)스님이 참문하다

　　　대각　　도참　사거기불자　　대각　　부좌구
大覺[33]이 **到參**에 **師擧起拂子**하니 **大覺**이 **敷坐具**라.
　　사척하불자　　대각　수좌구　　입승당
師擲下拂子한대 **大覺**이 **收坐具**하고 **入僧堂**하다.
　　중승　　운　저승　　막시화상친고　　불예배
衆僧이 **云, 這僧**은 **莫是和尙親故**아? **不禮拜**하고
　　우불끽방
又不喫棒이로다.
　　사문　　영환각　　각　출
師聞하고 **令喚覺**하니 **覺**이 **出**이라.
　　사운　대중　도　　여미참장로
師云, 大衆이 **道**호되 **汝未參長老**라.
　　각운　불심　　변자귀중
覺云, 不審하고 **便自歸衆**하니라.

---

33 대각(大覺): 위부(魏府) 대각사(大覺寺)에 주석하였다는 것 외에 자세한 전기(傳記)는 알려져 있지 않다. 임제와 동문(同門)이라는 설도 있고, 임제의 법사(法嗣)라는 설도 있다.

대각(大覺)스님이 와서 뵙자, 임제스님이 불자(拂子)를 들어 세우니 대각스님은 좌구(坐具)를 폈다.

임제스님이 불자를 던져버리니, 대각스님은 좌구를 거두고 승당으로 들어가 버렸다.

대중 스님들이 말하였다.

"이 스님은 큰스님과 막역한 사이이신가? 절도 안 했는데 얻어맞지도 않는다."

임제스님이 이 말을 듣고는 대각스님을 부르게 하니, 대각스님이 나왔다.

임제스님이 말했다.

"대중들이 그대가 아직 나를 참례하지 않았다고들 말하네."

그러자 대각스님은 "안녕하십니까?" 하고는 본래대로 당연하다는 듯이 대중 속으로 돌아가 버렸다.

18

조주(趙州)스님이 참례하다

●

<u>조주행각시</u>　<u>참사</u>　　<u>우사세각차</u>　　<u>주변문</u>
趙州行脚時에 **參師**할새 **遇師洗脚次**하야 **州便問,**
<u>여하시조사서래의</u>
如何是祖師西來意오?
<u>사운</u>　<u>흡치노승세각</u>　　<u>주근전</u>　<u>작청세</u>　　<u>사운</u>
師云, 恰值老僧洗脚이로다. **州近前**하야 **作聽勢**어늘 **師云,**
<u>갱요제이표악수발재</u>　　<u>주변하거</u>
更要第二杓惡水潑在니라. **州便下去**하다.

조주(趙州)스님이 행각할 때 스님을 찾아왔다. 마침 임제스님이 발을 씻고 있었는데 조주스님이 물었다.

"조사께서 서쪽으로부터 오신 뜻이 무엇입니까?"

"마침 내가 발을 씻고 있는 중이오."

조주스님이 앞으로 다가가서 귀 기울여 듣는 시늉을 하자, 임제스님이 말했다.

"다시 두 번째 구정물 세례를 퍼부어야겠군요."³⁴

그러자 조주스님은 바로 떠나가 버렸다.³⁵

---

34 제2의 더 강력한 수단이 필요하다는 뜻.
35 『趙州錄』古尊宿語錄14 X.68 p.89b 및 『禪門拈頌說話』450칙(H.5 p.376a)에는 여기에서와는 달리 발을 씻는 주체가 조주, 조사서래의(祖師西來意)를 물은 이가 임제로 되어 있다.

19

정상좌(定上座)가 참문하다

유정상좌   도참문 여하시불법대의
有定上座하야 **到參問, 如何是佛法大意**오?
사하승상   금주여일장   변탁개   정 저립
師下繩床하야 **擒住與一掌**하고 **便托開**하니 **定**이 **佇立**이라.
방승   운 정상좌   하불예배   정 방예배
傍僧이 **云, 定上座**야! **何不禮拜**오? **定**이 **方禮拜**에
홀연대오
忽然大悟하니라.

정상좌(定上座)란 분이 임제스님을 찾아뵙고 물었다.

"무엇이 불법의 큰 뜻입니까?"

임제스님이 선상[繩床]에서 내려와 멱살을 움켜쥐고 뺨을 한 대 후려갈기면서 냅다 밀쳐버리니,[36] 정상좌는 멍하여 우두커니 서 있

---

[36] 『벽암록』에서는 이에 대해 다음처럼 착어하였다. "오늘 붙들리고 말았구나. 노파심이 간절했다. 천하의 뛰어난 납승일지라도 빠져나오지 못한다."(『碧巖錄』22칙 T.48 p.171b, 今日捉敗. 老婆心切. 天下衲僧跳不出.)

었다.

곁에 있던 스님이 말했다.

"정상좌여! 왜 절을 올리지 않는가?"[37]

정상좌는 절하려는 순간 홀연히 깨쳤다.[38]

---

37 『벽암록』에서는 이에 대해 다음처럼 착어하였다. "적정(寂靜)한 곳에 있던 제삼자가 간파하였구나. 그의 덕을 입었다. 하지만 동쪽 집 사람이 죽었는데, 서쪽 집 사람이 애도를 표하는 것처럼 아무 보람 없는 일이었다."(『碧巖錄』 22칙 T.48 p.171b, 冷地裏有人覷破. 全得他力. 東家人死西家人助哀.)

38 "그가 이처럼 곧바로 출입하고 왕래한 것을 살펴보라. 임제의 정종(正宗)이었기에 이렇게 할 수 있었다. 이를 깨칠 수 있다면 하늘을 훌쩍 뒤집어 대지를 만들고 스스로 수용할 수 있을 것이다. 정상좌는 이러한 사람이었다. 임제스님에게 한 차례 따귀를 얻어맞고 절을 하다가 대뜸 귀착점을 알았다. 그는 북방의 사람으로 기질이 아주 순박하고 강직했다. 법을 얻은 이후로 다시는 세상에 나오지 않았고, 그 후 임제스님의 대기(大機)를 활용하였다. 그는 참으로 빼어난 인물이라 말할 것이다."(『碧巖錄』 22칙 T.48 p.171c, 看他恁麼, 直出直入, 直往直來. 乃是臨濟正宗, 有恁麼作用. 右透得去, 使叫翻大作地, 自得受用. 定上座是這般漢. 被臨濟一掌, 禮拜起來, 便知落處. 他是向北人, 最朴直. 既得之後, 更不出世, 後來全用臨濟機. 也不妨穎脫.)

20

마곡(麻谷)스님이 참문하다

마곡 도참 부좌구 문 십이면관음 아나면정
麻谷이 **到參**하야 **敷坐具**하고 **問, 十二面觀音**이 **阿那面正**고?
사하승상 일수 수좌구 일수 추마곡운
師下繩牀하야 **一手**로 **收坐具**하고 **一手**로 **搊麻谷云,**
십이면관음 향십마처거야
十二面觀音이 **向什麼處去也**오?
마곡 전신 의좌승상 사염주장타 마곡
麻谷이 **轉身**하야 **擬坐繩牀**이라 **師拈拄杖打**한대 **麻谷**이
접각 상착입방장
接却하야 **相捉入方丈**하니라.

마곡스님이 임제스님을 찾아뵙고 좌구를 펴면서 물었다.
"십이면관음보살은 어느 얼굴이 진짜 얼굴입니까?"
임제스님이 선상에서 내려와 한 손으로는 좌구를 빼앗고 한 손으로는 마곡스님을 붙잡고 말했다.
"십이면관음보살은 어디로 갔는가?"

마곡스님은 몸을 돌려 임제스님의 선상에 앉으려 하였다.

임제스님이 주장자를 들어 후려치자 마곡스님이 이를 받아 쥐고 서로 붙잡고 방장실로 들어갔다.[39]

---

39 『禪門拈頌說話』 622칙(H.5 p.483c)에는 "대비관세음보살의 천 개 손의 천 개 눈 가운데 어떤 것이 진짜 눈입니까?(大悲千手眼, 那个是正眼?)"라는 물음을 가지고 문답을 전개한 것으로 실려 있다. 해당 칙의 설화(說話)에서는 "사사로움이 없는 자리 하나를 두고 서로 번갈아가며 주인이 되는 예인데, 한 사람이 주인이 되면 다른 사람은 손님이 되는 방식이다.(H.5 p.484a, 無私一位, 互相作主, 一人作主, 餘則爲賓也.)"라고 마곡과 임제가 주인과 손님의 위치를 자재하게 바꾸어가며[賓主互換] 나눈 문답으로 보았다.

21

사할(四喝)

사 문 승
師問僧호되,

유시일할　　여금강왕보검
有時一喝은 **如金剛王寶劍**이요

유시일할　　여거지금모사자
有時一喝은 **如踞地金毛獅子**요

유시일할　　여탐간영초
有時一喝은 **如探竿影草**요

유시일할　　부작일할용　　여작마생회
有時一喝은 **不作一喝用**이니 **汝作麼生會**오?

승의의　　사변할
僧擬議한대 **師便喝**하다.

임제스님이 어떤 스님에게 물었다.

"어떤 때의 할(喝)은 금강왕의 보배검과 같고, 어떤 때의 할은 땅에 웅크리고 앉은 금빛 털 사자와 같으며, 어떤 때의 할은 물고기를 꾀어 들이는 어구(漁具)와 같고, 어떤 때의 할은 할로서의 작용을 하지 않는다.[40] 그대는 이 말을 어떻게 이해하고 있는가?"

그 스님이 대답하려 머뭇머뭇하는데 임제스님이 '할!' 하고 고함쳤다.

---

[40] 이 네 가지 할을 가리켜 임제사할(臨濟四喝)이라 한다. 첫 번째 할에서 비유한 금강왕보검은 일체의 번뇌나 분별을 베어버림을 비유한다. 상대가 앎[知解]이나 각종 상(相), 언어문자 등에 속박되어 있을 때 지르는 할이다. 두 번째 할은 근기가 하열하면서 자기보다 수승한 사람을 시험하려고 덤벼들 때 사자와 같은 위엄을 갖추고 내지르는 할이다. 세 번째 할에서 비유한 탐간(探竿)과 영초(影草) 모두 물고기를 유인하는 수단으로서 이는 서로가 서로의 역량을 시험함을 비유한다. 그래서 이를 감험(勘驗)의 할이라고도 한다. 네 번째 할은 앞의 세 가지 할을 모두 수용하지만 어느 일정한 할에도 한정되지 않는 할이다. 이를 향상(向上)의 일할(一喝)이라 한다.

22

한 비구니의 할

사문일니　　선래　　악래
師問一尼호되 善來아 惡來아?
니변할　　사염방운 갱도갱도
尼便喝하니 師拈棒云, 更道更道하라!
니우할　　사변타
尼又喝이어늘 師便打하다.

임제스님이 한 비구니에게 물었다.

"잘 왔는가, 잘못 왔는가?"

비구니가 '할!' 하자 임제스님이 주장자를 집어 들고 말했다.

"다시 말해 보아라. 다시 말해!"

비구니가 다시 '할!' 하자 임제스님이 그대로 후려쳤다.

23

용아(龍牙)스님의 선판〔西來無意〕

●

용아문 여하시조사서래의
龍牙問, 如何是祖師西來意오?

사운 여아과선판래
師云, 與我過禪版來하라.

아변과선판여사　　사접득변타
牙便過禪版與師한대 **師接得便打**라.

아운 타즉임타　요차무조사의
牙云, 打卽任打나 **要且無祖師意**로다.

아후도취미　　문 여하시조사서래의
牙後到翠微하야 **問, 如何是祖師西來意**오?

미운 여아과포단래
微云, 與我過蒲團來하라.

아변과포단여취미　　취미접득변타
牙便過蒲團與翠微한대 **翠微接得便打**라.

아운 타즉임타　요차무조사의
牙云, 打卽任打나 **要且無祖師意**로다.

아주원후　유승　입실청익운　화상　행각시
牙住院後에 **有僧**이 **入室請益云, 和尙**이 **行脚時**에

참이존숙인연　환긍타야무
參二尊宿因緣을 **還肯他也無**아?
아 운　 긍즉심긍　 요차무조사의
牙云, 肯卽深肯이나 **要且無祖師意**로다.

용아(龍牙)스님[41]이 임제스님께 여쭈었다.

"무엇이 조사께서 서쪽으로부터 오신 뜻입니까?"

"나에게 선판(禪版)[42]을 갖다 주게."

용아스님이 바로 선판을 가져다 드리자, 임제스님께서 받아서 그대로 후려치니 용아스님이 말했다.

"때리기는 마음대로 때리십시오만 결국 조사의 뜻은 없습니다."[43]

41　용아(龍牙)스님: 법명은 거둔(居遁). 동산양개(洞山良价, 807~869)의 법사(法嗣).『祖堂集』권8,『景德傳燈錄』권29(T.51 p.452c) 등에『龍牙和尙居遁頌一十八首』가 전한다. "용아가 물었다. '조사가 서쪽에서 오신 뜻은 무엇입니까?' 동산양개가 말했다. '동수(洞水)가 거꾸로 흐를 때 그대에게 말해주리라.' 이에 용아는 그 뜻을 알아차렸다."(『洞山語錄』T.47 p.522c, 龍牙問, '如何是祖師西來意?' 師云, '待洞水逆流, 即向汝道.' 龍牙始悟厥旨.)

42　선판(禪版): 선판(禪板)이라고도 쓴다. 좌선하다가 피로할 때 몸을 기대기 위한 도구로 의판(倚版)이라고도 한다. "선판이란 몸을 기댈 수 있는 판자이다. 윗부분에 작고 둥근 구멍이 뚫려 있어 향상일규라고도 한다. 이 구멍에 줄을 꿰어서 승상(繩床) 뒤에 가로로 묶고 판면을 비스듬히 만들어 몸을 기댈 수 있다."(『禪林象器箋』권19 p.1491, 禪板者, 倚版也. 上頭穿小圓穴, 此名向上一竅. 蓋此穴貫索, 縛著繩床背後橫繩, 令板面斜, 以靠身也.)

43　대매법상(大梅法常)도 학인으로부터 서래의(西來意)를 질문 받고 용아와 같이 '아무 뜻도 없다(西來無意)'고 답한 문답이『禪門拈頌說話』267칙에 전한다. 해당 칙의 설화(說話)에서는 "그 학인이 서래의(西來意)에 대해 무언가 깊은 뜻이 있다고 착각하지 않도록 하기 위해 한 말이다.(H.5 p.246c, 西來無

용아스님이 뒤에 취미(翠微)스님에게 가서 물었다.

"무엇이 조사께서 서쪽으로부터 오신 뜻입니까?"

"나에게 포단(蒲團)⁴⁴을 갖다 주게."

용아스님이 바로 포단을 가져다 취미스님에게 드리자, 취미스님이 받아 들고 그대로 후려치니 용아스님이 말했다.

"때리기는 마음대로 때리십시오만 결국 조사의 뜻은 없습니다."

용아스님이 주지로 있게 된 훗날, 어떤 스님이 조실(祖室)에 들어와 법문을 청하며 여쭈었다.

"스님께서 행각하실 때 두 큰스님을 찾아뵈었던 일에 있어서 두 분을 인정하십니까?"

"인정하기는 깊이 인정하네만 결국 조사의 뜻은 없었네."⁴⁵

意者, 令他不認著西來意也.)"라고 그 뜻을 풀었다.

44 포단(蒲團): "좌선할 때 엉덩이 밑에 까는 물건으로서 부들을 엮어 만들며 그 형태가 둥글어서 포단이라고 한다."(『禪林象器箋』 권19 p.1532, 坐物以蒲編造, 其形團圓, 故言蒲團.)

45 이 이야기는 『禪門拈頌說話』 894칙 H.5 p.643a, 『碧巖錄』 20칙(T.48 p.160a), 『從容錄』 80칙(T.48 p.278b) 등에서 공안으로 다루어지고 있다. 설두중현(雪竇重顯)은 "임제와 취미는 단지 풀어놓을 줄만 알았지 거두어들일 줄은 몰랐다. 내가 당시에 용아였다면 그들, 임제와 취미가 포단과 선판을 찾는 순간 그것을 집어 들고 기슴을 항해 던져비렸을 것이다."(『雪竇語錄』 권1 T.47 p.672b, 臨際翠微, 只解放不解收. 我當時若作龍牙, 待伊索蒲團禪板, 拈得劈胸便擲.)라고 하였다.

24

경산(徑山)스님의 5백 대중

경산   유오백중   소인참청   황벽   영사
徑山에 有五百衆이로되 少人參請이어늘 黃檗이 令師로

도경산   내위사왈 요도피작마생
到徑山하고 乃謂師曰, 汝到彼作麽生고?

사운 모갑 도피   자유방편
師云, 某甲이 到彼하야 自有方便이니다.

사도경산   장요상법당   견경산   경산
師到徑山하야 裝腰上法堂하야 見徑山하니 徑山이

방거두   사변할   경산의개구   사불수변행
方擧頭라 師便喝한대 徑山擬開口어늘 師拂袖便行하다.

심유승문경산   저승   적래   유십마언구
尋有僧問徑山호되 這僧이 適來에 有什麽言句관대

변할화상
便喝和尙이닛고?

경산운 저승 종황벽회리래   이요지마
徑山云, 這僧이 從黃檗會裡來하니 儞要知麽아?

차문취타
且問取他하라.

경산오백중　　태반분산
徑山五百衆이 **太半分散**하니라.

경산(徑山)⁴⁶에는 5백 명의 대중이 있었으나 참문(參問)하러 오는 스님이 적었다. 황벽스님이 임제스님을 경산에 보내면서 말했다.

"너는 거기에 이르러 어떻게 하겠느냐?"

"제가 거기에 이르면 제대로 쓸 방편이 있습니다."

임제스님은 경산에 이르러 행장(行裝)을 풀지도 않은 채 법당으로 올라가 경산스님을 뵈었다. 경산스님이 막 고개를 들려는데 임제스님은 '할!' 하고 고함을 쳤고, 경산스님이 입을 열어 뭐라고 말하려고 하자 임제스님은 소매를 떨치고 바로 나가버렸다.

뒤이어 어떤 스님이 경산스님에게 물었다.

"아까 왔던 그 스님과 무슨 문답을 나누었기에, 스님께 대뜸 할을 하였습니까?"

"그 스님은 황벽스님 회하에서 왔는데 너는 그를 알고자 하느냐? 그렇거든 그에게 직접 묻도록 하여라."

그 후 경산의 5백 대중은 절반 이상이 흩어져버렸다.

46　경산(徑山): 절강성(浙江省) 항주부(杭州府) 여항현(餘杭縣) 서북 50리에 위치해 있다. 송대(宋代)에 임제선이 발전했던 중심지로서 대혜종고(人慧宗杲)·무준사범(無準師範)·허당지우(虛堂智愚) 등이 이곳에 주석하기도 하였다.

25

보화스님의 전신탈거(全身脫去)

보화일일 어가시중 취인걸직철 인개여지
普化一日, 於街市中에 **就人乞直裰**하니 **人皆與之**호대

보화구불요
普化俱不要라.

사영원주 매관일구 보화귀래 사운
師令院主로 **買棺一具**하고 **普化歸來**에 **師云**,

아여여주득개직철료야
我與汝做得箇直裰了也노라.

보화변자담거 요가시규운 임제여아주직철료야
普化便自擔去하야 **繞街市叫云**, **臨濟與我做直裰了也**니

아왕동문천화거
我往東門遷化去하리라.

시인 경수간지 보화운 아금일 미 내일
市人이 **競隨看之**하니 **普化云**, **我今日**에는 **未**요 **來日**에

왕남문천화거
往南門遷化去하리라.

여시삼일 인개불신
如是三日하니 **人皆不信**이라.

至第四日_{하야} 無人隨看_{이어늘} 獨出城外_{하야} 自入棺內_{하야}
倩路行人釘之_{하니라.}
卽時傳布_{하야} 市人_이 競往開棺_{하니} 乃見全身脫去_{하고}
祇聞空中鈴響_이 隱隱而去_{하니라.}

어느 날 보화스님이 저잣거리에 나가 사람들에게 장삼(長衫)[47] 한 벌을 달라고 구걸하니 사람들이 저마다 장삼을 주었으나, 보화스님은 그때마다 원하는 것이 아니라고 받지 않았다.

임제스님이 원주를 시켜서 관(棺) 하나를 사오게 하고, 보화스님이 돌아오자 말했다.

"내 그대를 위해 딱 들어맞는 장삼을 장만해 두었네."

보화스님은 바로 스스로 관을 짊어지고 나가서 온 저잣거리를 돌아다니면서 외쳐댔다.

"임제스님이 나에게 장삼을 만들어 주었다. 나는 동문(東門)으로 가서 세상을 떠나리라."

저자 사람들이 다투어 따라가 보니 보화스님이 또 말했다.

---

47 직철(直裰): 가가 벌개의 옷이었던, 상반신을 덮어 가리던 편삼(褊衫)과 하의인 군자(裙子)를 남송(南宋) 이후에 꿰매어 하나의 옷으로 만든 것. 후에는 가사(袈裟)와 구별하여 장삼을 직철이라고 불렀다.

"오늘은 가지 않겠다. 내일 남문(南門)으로 가서 세상을 떠나리라."

사흘을 이와 같이 외치고 다니니 아무도 믿지 않게 되었다.

나흘째 되던 날 따라와서 보는 사람이 없자, 혼자 성 밖으로 나가 관 속으로 들어가서 길 가는 행인더러 관 뚜껑에 못을 치게 하였다.

이 소식이 삽시간에 퍼져서 저자 사람들이 좇아가서 관 뚜껑을 열어 보니, 몸 전체가 없어져버렸고[全身脫去],[48] 공중에서 요령소리만이 은은히 울려 올 뿐이었다.[49]

---

48 전신탈거(全身脫去): 뱀이나 매미 등이 허물을 벗고 나오는 것처럼 몸을 벗어나 탈바꿈함.
49 생사의 집착에서 벗어나 평온무사한 모습을 보여준 이야기.『禪門拈頌說話』516칙 H.5 p.408c 참조.

6장 행록

01

임제스님의 깨친 기연

<small>사초재황벽회하　　행업　순일　　수좌내탄왈</small>
師初在黃檗會下하야 **行業**이 **純一**이어늘 **首座乃歎曰,**

<small>수시후생　　여중유이</small>
雖是後生이나 **與衆有異**로다.

<small>수문　상좌재차　다소시</small>
遂問, 上座在此, 多少時오?

<small>사운　삼년</small>
師云, 三年이니다.

<small>수좌운　증참문야무</small>
首座云, 曾參問也無아?

<small>사운　부증참문　　부지문개십마</small>
師云, 不曾參問이니 **不知問箇什麼**오.

<small>수좌운　여하불거문당두화상　　여하시불법적적대의</small>
首座云, 汝何不去問堂頭和尙호되 **如何是佛法的的大意**오?

<small>사변거문　　성미절　　황벽　변타</small>
師便去問한대 **聲未絶**에 **黃檗**이 **便打**하다.

<small>사하래　수좌운　문화작마생</small>
師下來에 **首座云, 問話作麼生**고?

師云, 某甲問聲이 未絕에 和尙便打하시니 某甲不會니다.

首座云, 但更去問하라.

師又去問하니 黃檗이 又打하야 如是三度發問하고

三度被打하니라. 師來白首座云, 幸蒙慈悲하야

令某甲問訊和尙하야 三度發問에 三度被打니다. 自恨障緣으로

不領深旨하니 今且辭去하노이다. 首座云, 汝若去時에는

須辭和尙去하라.

師禮拜退하니 首座先到和尙處云, 問話底後生이 甚是如法하니

若來辭時에는 方便으로 接他하소서.

向後穿鑿하야 成一株大樹하야 與天下人作廕凉去在리이다.

師去辭한대 黃檗云, 不得往別處去요

汝向高安灘頭大愚處去하라 必爲汝說하리라.

師到大愚한대 大愚問, 什麼處來오? 師云, 黃檗處來니다.

大愚云, 黃檗이 有何言句오?

師云, 某甲이 三度問佛法的的大意라가 三度被打하니

부지모갑　유과　　무과
不知某甲이 有過닛가 無過닛가?

대우운　황벽　여마노파　　위여득철곤
大愚云, 黃檗이 與麼老婆하야 爲汝得徹困이어늘

갱래저리　　문유과무과
更來這裏하야 問有過無過아?

사어언하대오운 원래　황벽불법　무다자
師於言下大悟云, 元來에 黃檗佛法이 無多子니다.

대우추주운 저요상귀자　적래　도유과무과
大愚搊住云, 這尿牀鬼子야! 適來에는 道有過無過러니

여금　각도황벽불법　무다자　　이견개십마도리
如今에 却道黃檗佛法이 無多子라하니 儞見箇什麼道理오?

속도속도　　사어대우협하　축삼권
速道速道하라! 師於大愚脅下에 築三拳한대

대우탁개운 여사　황벽　　비간아사
大愚托開云, 汝師는 黃檗이요 非干我事니라.

사사대우　각회황벽　황벽 견래　변문 저한
師辭大愚하고 却回黃檗하니 黃檗이 見來하고 便問, 這漢이

내래거거　유십마요기
來來去去에 有什麼了期리오!

사운 지위노파심절
師云, 祇爲老婆心切이니다.

변인사료　　시립　　황벽 문 십마처거래
便人事了하고 侍立하니 黃檗이 問, 什麼處去來오?

사운 작봉자지　　영참대우거래
師云, 昨奉慈旨하야 令參大愚去來니다.

황벽운 대우유하언구
黃檗云, 大愚有何言句오?

사수거전화　　황벽운 작마생득저한래　　대통여일돈
師遂擧前話한대 黃檗云, 作麼生得這漢來하야 待痛與一頓고?

사운 설십마대래   즉금변끽   수후변장   황벽운
師云, 說什麼待來오 卽今便喫하소서 隨後便掌하니 黃檗云,

저풍전한   각래저리날호수
這風顚漢이 却來這裏捋虎鬚로다.

사변할   황벽운 시자   인저풍전한   참당거
師便喝하니 黃檗云, 侍者야! 引這風顚漢하야 參堂去하라.

후   위산   거차화   문앙산
後에 潙山이 擧此話하야 問仰山하되,

임제당시   득대우력   득황벽력
臨濟當時에 得大愚力가 得黃檗力가?

앙산운 비단기호두   역해파호미
仰山云, 非但騎虎頭요 亦解把虎尾니다.

임제스님이 처음 황벽스님의 회상에 있을 때, 한결같이 수행에 정진함[行業純一]에 수좌[睦州 陳尊宿]스님이 "비록 후배이긴 하나 다른 수행자들과는 남다르다."라고 감탄하며 임제스님에게 물었다.

"상좌는 여기에 있은 지 얼마나 되는가?"

"3년 됩니다."

"스님은 방장 스님을 찾아가 법을 물은 적이 있는가?"

"묻지 못했습니다. 무엇을 물어야 할지 모르겠습니다."

"왜, 방장 스님을 찾아가서 '무엇이 불법의 진실한 뜻입니까?' 하고 묻지 않는가?"

임제스님이 바로 가서 묻는데, 말이 채 끝나기도 전에 황벽스님이 대뜸 후려쳤다.[1] 임제스님이 돌아오자 수좌스님이 물었다.

---

1 『禪門拈頌說話』 607칙 설화(說話)에서는 "세 차례 매번 20방을 때린 것이

"법을 여쭈러 갔던 일은 어찌 되었는가?"

"제가 질문을 마치기도 전에 방장 스님께서 바로 후려치시니, 저는 그 이유를 모르겠습니다."

"다시 가서 질문해 보도록 하게."

임제스님이 다시 가서 물었으나, 황벽스님은 또 다시 때렸다.

이렇게 하여 세 번 묻고 세 번 다 얻어맞았다. 임제스님이 수좌스님에게 돌아와서 말했다.

"저는 다행히 수좌스님의 자비로 방장 스님께 세 번 가서 물었으나, 세 번을 다 얻어맞았습니다. 업장이 두터워 방장 스님의 깊은 뜻을 깨닫지 못함을 저 스스로 한탄하고, 이제 하직하고 떠나려 합니다."

수좌스님이 말했다.

"만약 자네가 떠나가려거든 방장 스님께 하직인사는 꼭 드리고 가야 하네."

임제스님이 절하고 물러나자, 수좌스님이 먼저 황벽스님의 처소에 가서 말씀드렸다.

"법을 여쭈러 왔던 그 후배는 불법의 이치에 맞게 성실히 정진해 왔습니다. 만약 하직 인사를 방장 스님께 드리러 오거든 방편으로

니, 이것이 바로 진실한 대의이다.(H.5 p.471c, 便打者, 三度每二十棒, 是的的大義也.)"라고 평하였다.

잘 이끌어 주십시오. 정진해서 뒷날 한 그루 큰 나무가 되어서 천하 사람들에게 시원한 그늘을 드리울 것입니다."

임제스님이 가서 하직 인사를 드리자 황벽스님이 말했다.

"다른 곳으로 가지 말고, 고안(高安) 여울가의 대우(大愚)스님[2]이 계신 곳을 찾아가도록 하여라. 반드시 너에게 말씀해주실 것이다."

임제스님이 대우스님을 찾아뵈오니 대우스님이 물었다.

"어디서 오느냐?"

"황벽스님의 회상에서 왔습니다."

"황벽스님이 무슨 법문을 하시던가?"

"제가 세 번이나 불법의 진실한 뜻을 물었다가 세 번을 다 얻어 맞았습니다. 저에게 무슨 허물이 있었는지 없었는지 도무지 알 수 없습니다."

"황벽스님이 그토록 간절한 노파심에서 너를 위해 사무치도록 가르쳐주셨건만 다시 여기 나에게까지 와서 너의 허물이 있는지 없는지를 묻느냐?"

임제스님은 이 말끝에 크게 깨치고서 이렇게 말했다.

"황벽스님의 불법이 원래 복잡한 것 없이 단순한 것이었군요."[3]

---

2 대우(大愚)스님: 당나라 때 스님. 귀종지상(歸宗智常)의 법사(法嗣).
3 『禪門拈頌說話』607칙 실화(說話)에서는 "불 만한 불법이 없으며 말로 표현할 길도 없다는 뜻이다.(H.5 p.471c, 元來黃檗佛法無多子者, 無佛法可問, 無揷觜處也.)"라고 평하였다.

이에 대우스님이 임제스님의 멱살을 움켜쥐고 말했다.

"이 오줌싸개 놈아! 아까는 자기에게 허물이 있었는지 없었는지 묻더니, 이제 와서는 다시 황벽의 불법이 원래 복잡한 것 없이 단순한 것이었다고 하는구나! 그래, 너는 도대체 무슨 도리를 보았기에 그 따위 말을 하느냐? 빨리 말해라, 빨리 말해봐!"

임제스님이 대우스님의 옆구리를 주먹으로 세 번 쥐어박자,[4] 대우스님은 임제스님을 밀어젖히면서 말했다.

"너의 스승은 황벽이니, 나와는 상관이 없다."

임제스님이 대우스님을 하직하고 다시 황벽스님께로 돌아오자, 황벽스님은 임제스님이 오는 것을 보고는 물었다.

"이놈이 왔다갔다 하기만 하니 언제 깨칠 날이 있겠느냐!"

임제스님이 말했다.

"오직 방장 스님의 간절하신 노파심을 제가 알았기 때문이옵니다."

임제스님이 인사를 마치고 곁에 서 있으니, 황벽스님이 물었다.

"어디를 갔다 왔느냐?"

"지난번에 방장 스님이 자비하신 가르침을 내려주신 대로 대우스님을 뵙고 왔습니다."

---

[4] 『禪門拈頌說話』 607칙 설화(說話)에서는 "황벽의 수단을 활용해보인 것이니, 이것이 바로 진실한 대의이다.(H.5 p.471c, 築三拳者, 用得黃蘗手段, 是的的大意也.)"라고 평하였다.

"대우스님이 무슨 말을 하더냐?"

그리하여 임제스님이 지난 이야기를 말씀드리니 황벽스님이 말했다.

"어떻게 하면 대우 이놈의 작자가 오는 것을 기다렸다가 호되게 한 방 갈겨 줄까?"

"오시기를 기다릴 것까지 있으십니까? 지금 바로 한 방 받으시지요." 하고는 임제스님이 바로 뺨을 올려붙이니 황벽스님이 말했다.

"이 미친놈이 다시 여기 와서 호랑이의 수염을 당기는구나."

스님이 '할!' 하자 황벽스님이 말했다.

"시자야! 이 미친놈을 데려가서 선방에 있게 하여라."

뒷날 위산스님이 이 이야기를 하시며 앙산스님에게 물었다.

"임제가 그때에 대우스님의 힘을 얻었느냐, 황벽스님의 힘을 얻었느냐?"

"호랑이의 머리에 올라타고 앉았을 뿐만 아니라, 호랑이의 꼬리도 잡을 줄 안 것입니다."[5]

---

[5] 『禪門拈頌說話』 607칙 설화(說話)에서는 "대우의 힘이 호랑이의 머리이고, 황벽의 힘이 호랑이의 수염이다.(H.5 p.472a, 潙仰問答, 大愚力是虎頭, 黃蘗力是虎鬚也.)"라고 이 문답에 대해 평하였다.

02

소나무를 심은 뜻

사재송차   황벽 문 심산리   재허다   작십마
師栽松次에 黃檗이 問, 深山裏에 栽許多하야 作什麽오?

사운 일여산문작경치   이여후인작표방
師云, 一與山門作境致요 二與後人作標榜이니다.

도료   장곽두   타지삼하   황벽운 수연여시
道了하고 將钁頭하야 打地三下한대 黃檗云, 雖然如是나

자이끽오삼십방료야
子已喫吾三十棒了也라.

사우이곽두   타지삼하   작허허성   황벽운 오종
師又以钁頭로 打地三下하고 作噓噓聲하니 黃檗云, 吾宗이

도여   대흥어세
到汝하야 大興於世하리라.

후   위산 거차화   문앙산
後에 潙山이 舉此話하야 問仰山하되

황벽   당시 지촉임제일인   갱유인재
黃檗이 當時에 祇囑臨濟一人가 更有人在아?

앙산운 유   지시연대심원   불욕거사화상
仰山云, 有이나 祇是年代深遠하야 不欲舉似和尙이니다.

위산운　수연여시　　오역요지　　여단거간
　　潙山云, 雖然如是나 **吾亦要知**하니 **汝但擧看**하라.
　　　앙산운　일인지남　　오월　　영행
　　仰山云, 一人指南하야 **吳越**에 **令行**타가
　　　우대풍즉결
　　遇大風卽缺이리다하니라.
　　　참풍혈화상야
　　〈**讖風穴和尙也**라.〉

임제스님이 소나무를 심고 있는데, 황벽스님께서 물었다.

"깊은 산 속에 그 많은 소나무를 심어서 무얼 하려느냐?"

"첫째는 절[山門]의 경치를 가꾸기 위해서이고, 둘째는 뒷사람들에게 본보기가 되기 위해서입니다."[6]

임제스님이 말을 마치고 나서 괭이로 땅을 세 번 내리치니, 황벽스님께서 말했다.

"비록 그렇기는 하나, 너는 이미 나에게 30방을 얻어맞았다."

임제스님이 다시 괭이로 땅을 세 번 내리치고 나서 '허허!' 하며 긴 한숨 소리를 내니, 황벽스님께서 말했다.

"나의 종(宗)이 너에 이르러 세상에 크게 일어날 것이다."

---

[6] 『禪門拈頌說話』 610칙 설화(說話)에서는 "첫째, 산문에 풍광을 더하여 보는 사람들이 즉시 무학의 경지를 넘어서도록 하기 위함이니, 이는 금시이다. 둘째, 후인들에게 표지가 되게 하여 범부와 성인, 미혹과 깨달음이 모두 하나라는 것을 보여주기 위함이니, 이는 본분이다.(H.5 p.473h, 一與山門作境致者, 一與山門作境致, 見者頓超無學地, 是今時也. 二與後人作標榜者, 凡聖迷悟皆一樣, 是本分也.)"라고 해설을 붙였다.

뒷날 위산스님이 이 이야기를 제기하고 앙산스님에게 물었다.

"황벽스님이 당시에 임제 한 사람에게만 부촉한 것이냐, 아니면 또 다른 사람도 있느냐?"

"있습니다만 하도 먼 훗날의 일이라 스님께 말씀드리지 않으렵니다."

"그렇긴 하나, 나도 알고 싶으니, 너도 말해 보아라."

"한 사람[7]이 남쪽으로 가서 대중을 이끌고 오월(吳越)[8]에서 법을 펼치다가 큰바람을 만나 머물 것입니다."〈이는 풍혈화상(風穴和尙)[9]을 예언한 말이다.〉

---

7   남원혜옹(南院慧顒, 860~930)을 가리키는 것으로 보인다.
8   오월(吳越): 오대십국(五代十國) 중 하나. 전류(錢鏐)가 지금의 강소성(江蘇省) 남부, 절강성(浙江省) 일대, 복건성(福建省) 동북부에 세운 나라로 후에 북송에 망했다.
9   풍혈화상(風穴和尙): 풍혈연소(風穴延沼, 896~973). 남원혜옹의 현지(玄旨)를 얻고, 여주(汝州) 풍혈고사(風穴古寺)에 머물며 종풍을 진작하였다고 한다.

03

덕산스님의 선상을 뒤엎다

^{사시립덕산차} ^{산운 금일곤}
師侍立德山次에 **山云, 今日困**이로다.
^{사운 저노한 매어작십마}
師云, 這老漢이 **寐語作什麼**오?
^{산 변타 사혼도승상 산 변휴}
山이 **便打**에 **師掀倒繩牀**한대 **山**이 **便休**하니라.

임제스님이 덕산스님을 모시고 곁에 서 있는데, 덕산스님이 "오늘은 피곤하구나."라고 하자 임제스님이 "이 노장님이 무슨 잠꼬대를 하십니까?"라 하니 덕산스님이 후려쳤.

임제스님이 선상을 뒤엎어버리자, 덕산스님은 더 이상의 문답을 그만두었다.[10]

---

10 『禪門拈頌說話』625칙 설화(說話)에서는 "노승이 오늘 피곤하구나'라고 한 것은 항상 사무치도록 힘을 기울여 상대에게 가르쳐 준다는 뜻으로 이는 금시를 의미한다. '이 노장님이 무슨 잠꼬대를 하십니까'라고 한 것은 본분을 의미한다. '몽둥이를 잡으려는 순간 선상을 뒤엎어버린 것'은 각자 몸

04

황벽스님을 밀쳐 넘어뜨리다

_{사보청서지차   견황벽래   주곽이립   황벽운 저한}
師普請鋤地次에 見黃檗來하고 拄钁而立하니 黃檗云, 這漢이
_{곤야}
困耶아?
_{사운 곽야미거   곤개십마   황벽 변타}
師云, 钁也未擧어늘 困箇什麽오? 黃檗이 便打하니
_{사접주방   일송송도}
師接住棒하야 一送送倒하다.
_{황벽 환유나   유나 부기아}
黃檗이 喚維那호대 維那야! 扶起我하라.
_{유나근전부운 화상   쟁용득저풍전한무례}
維那近前扶云, 和尙이시여! 爭容得這風顚漢無禮닛고?
_{황벽 재기   변타유나   사곽지운 제방}
黃檗이 纔起하야 便打維那하니 師钁地云, 諸方은

을 빼어날 길이 있으니, 일정한 격식에 한정지어 둘 수 없다는 뜻이다.(H.5 p.485c, 老僧今日困者, 時常徹困爲人, 是今時也. 這老漢, 寐語作甚麽者, 是本分也. 擬拈棒便掀倒繩床者, 各有出身之路, 直得無限也.)"라고 풀었다.

화장　　　　아저리　　일시활매
　　火葬이어니와 **我這裏**는 **一時活埋**하노라.
　　　후　　위산　　문앙산　　　황벽　　타유나의작마생
　　後에 **潙山**이 **問仰山**호대 **黃檗**이 **打維那意作麼生**고?
　　　앙산운 정적　　주각　　나종인　　끽방
　　仰山云, **正賊**은 **走却**하고 **邏蹤人**이 **喫棒**이니다.

　임제스님이 김을 매는 울력을 하다가 황벽스님이 오는 것을 보고는 괭이를 지팡이 삼아 짚고 일어나 있었다.

　황벽스님이 "이놈이 피곤한가?" 하니, 임제스님은 "괭이도 아직 들지 않았는데, 피로하다니요?"라고 하였다.

　황벽스님이 곧바로 몽둥이로 후려치자, 임제스님이 몽둥이를 잡고는 황벽스님을 탁 밀쳐 넘어뜨렸다.

　황벽스님이 유나를 부르며, "유나야! 나를 부축해 일으켜라."라고 하였다.

　유나가 가까이 다가가 부축해 일으켜 드리면서 말했다.

　"방장 스님! 이 미친놈의 무례한 짓을 어찌 그냥 두십니까?"

　황벽스님이 일어나자마자 유나를 후려갈기니, 임제스님은 김을 매면서 말했다.

　"제방에서는 모두 화장을 한다지만 나의 이곳에서는 한꺼번에 산 채로 파묻어 버리겠다."[11]

---

11 『禪門拈頌說話』 608칙 설화(說話)에서는 "이놈이 피곤한가'라 한 말은, 대상과 관계하는 순간 그것에 의지하다 넘어지기 쉬우니 잘 살펴서 대응한 것

뒷날 위산스님이 이 이야기를 하면서 앙산스님에게 물었다.

"황벽스님이 유나를 때린 의도가 무엇이냐?"

"진짜 도적은 달아나버렸는데 뒤쫓던 순라군(巡邏軍)이 얻어맞아 봉변을 당한 꼴입니다."¹²

이다. '괭이도 아직 들지 않았는데, 피로하다니요'라 한 말은, 바르게 대상과 관계 맺은 것일까? '곧바로 몽둥이로 후려친 것'은 순금인지 아닌지 알려면 화로에 넣어 봐야 하기 때문이다. '몽둥이를 잡고 밀친 것'은 자신이 처한 상황에서 철저하게 대응한 것이었다. '황벽이 유나를 때린 것'은 황벽의 뜻을 한계 지을 수 없음을 뜻한다. '제방에서는 모두 화장을 한다지만 …' 하고 말한 것은 '아!' 하고 탄식한 것이다."(H.5 p.472b, 這漢困耶者, 涉緣處靠倒, 看他支對也. 钁也未擧云云者, 正涉緣耶? 便打者, 要識眞金火裏看也. 接住棒云云者, 立處到底也. 蘗便打維那者, 黃蘗意又無限也. 諸方火葬云云者, 蒼天蒼天也.)라고 풀이하였다.

12 여기서 '진짜 도적'은 임제스님을 가리킨다.

05

황벽스님이 자기 입을 쥐어박다

師一日에 在僧堂前坐이러니 見黃檗來하고 便閉却目이라.
黃檗이 乃作怖勢하고 便歸方丈이어늘 師隨至方丈하야
禮謝하다. 首座黃檗處侍立이러니 黃檗云, 此僧이
雖是後生이나 却知有此事로다.
首座云, 老和尚이 脚跟不點地어늘 却證據箇後生하오?
黃檗이 自於口上에 打一摑한대 首座云, 知卽得이니다.

임제스님이 하루는 승당 앞에 앉아 있다가 황벽스님이 오는 것을 보고 눈을 감아버렸다. 황벽스님이 두려워하는 시늉을 하며 바로 방장실로 돌아가자 임제스님은 뒤따라 방장실로 가서 절을 올리며 무례하였음을 사죄하였다.

그때 수좌가 황벽스님을 모시고 곁에 서 있었는데 황벽스님이 말했다.

"이 스님이 비록 후배이긴 하나 본분사[此事]가 있음을 아는구나!"

수좌가 말했다.

"노스님 자신의 발이 땅에 닿지도 않으면서[13] 도리어 이 후생을 증명하십니까?"

황벽스님이 자기 손으로 입을 한 대 쥐어박으니, 수좌가 말했다.
"아셨으면 됐습니다."

---

13 각근부점지(脚跟不點地): 수행을 철저히 하여 동요 없이 확고한 상태를 뜻하는 각답실지(脚踏實地)와 상대되는 말. 발이 땅에 닿지 않는다는 것으로서 수행이 무르익지 못하거나 미숙함을 표현한 말이다.

06

임제스님이 졸다

사재당중수   황벽   하래견   이주장   타판두일하
師在堂中睡어늘 **黃檗**이 **下來見**하고 **以拄杖**으로 **打版頭一下**라.

사거두   견시황벽   각수   황벽   우타판두일하
師擧頭하야 **見是黃檗**하고 **却睡**하니 **黃檗**이 **又打版頭一下**하다.

각왕상간   견수좌좌선   내운   하간후생   각좌선
却往上間하야 **見首座坐禪**하고 **乃云, 下間後生**은 **却坐禪**이어늘

여저리망상작십마
汝這裏妄想作什麼오?

수좌운 저노한   작십마   황벽타판두일하
首座云, 這老漢이 **作什麼**오? **黃檗打版頭一下**하고

변출거
便出去하니라.

후   위산 문앙산   황벽   입승당의작마생
後에 **潙山**이 **問仰山**호되 **黃檗**이 **入僧堂意作麼生**고?

앙산운 양채일새
仰山云, 兩彩一賽이니다.

임제스님이 참선방[坐禪堂]에서 졸고 있는데, 황벽스님께서 내려

와 보시고는 주장자로 판두(版頭)¹⁴를 한 번 쳤다. 임제스님이 고개를 들어 황벽스님인 것을 보고 다시 졸자, 황벽스님은 다시 한 번 판두를 치고는 윗간[上間]¹⁵으로 갔다. 수좌스님이 좌선하고 있는 것을 보고는 말씀하셨다.

"아랫간[下間]의 젊은 수좌는 도리어 좌선을 잘하는데 자네는 여기서 무슨 망상을 피우고 있는가?"

수좌가 "이 노장이 무슨 수작입니까?"라고 하니, 황벽스님은 판두를 한 번 치고 나가버렸다.¹⁶

뒷날 위산스님이 앙산스님에게 물었다.

"황벽스님이 선방에 들어갔던 뜻이 무엇이냐?"

"하나의 내기 판에 이기는 패가 둘입니다."¹⁷

---

14 판두(版頭): 판두(板頭)로도 쓴다. 선당(禪堂)에 걸린 목판. 시각이나 어떤 상황을 알리는 데 사용한다.
15 윗간[上間]: 상위(上位)의 뜻이며, 건물을 바라보는 위치에서 오른쪽을 가리킨다. 왼쪽은 하간(下間)이라고 한다. 남향(南向)인 법당이나 방장실을 바라볼 때는 오른쪽인 동쪽, 동향(東向)인 승당을 바라볼 때는 오른쪽인 북쪽, 서향(西向)인 고원(庫院)을 바라볼 때는 오른쪽인 남쪽이 상간이 된다.
16 『禪門拈頌說話』 624칙 설화(說話)에서는 "이 공안의 대의는, 좌선이 곧 잠자는 것이고 잠자는 것이 곧 좌선이라는 것이다. 좌선을 하건 잠을 자건 판두를 한 번 친 뜻과 분리되지 않는다. 이를 두고 '이익이 있건 이익이 없건 상인은 시장을 떠나지 않는다'라고 한다.(H.5 p.485a, 此話義, 坐禪即打睡, 打睡即坐禪. 坐禪打睡, 不離打板頭一下. 所謂有利無利, 不離行市也..)"라고 풀었다.
17 양채일새(兩彩一賽): 새(賽)는 주사위, 승부를 다투는 게임, 내기 판을 뜻하고, 채(彩)는 승산을 뜻한다. 승부를 다투는 한 번의 내기 판에 이기는 패가 둘이라는 뜻으로 승패나 우열을 가릴 수 없음을 의미한다.

07

울력에 빈손으로 가다

　　　　일일보청차　　사재후행　　　　황벽　　회두　　　　견사공수
　　　　一日普請次에 師在後行이러니 黃檗이 回頭하야 見師空手하고
　　　　내문　곽두　　재십마처
　　　　乃問, 钁頭는 在什麼處오?
　　　　사운　유일인장거료야
　　　　師云, 有一人將去了也니다.
　　　　황벽운　근전래　　공여상량개사
　　　　黃檗云, 近前來하라 共汝商量箇事하리라.
　　　　사변근전　　　황벽　수기곽두운　지저개　　천하인
　　　　師便近前한대 黃檗이 竪起钁頭云, 祇這箇는 天下人이
　　　　염철불기
　　　　拈掇不起로다.
　　　　사취수체득　　수기운　위십마　　각재모갑수리
　　　　師就手掣得하야 竪起云, 爲什麼하야 却在某甲手裏닛고?
　　　　황벽운　금일　　대유인　　보청　　　변귀원
　　　　黃檗云, 今日에 大有人이 普請이라하고 便歸院하니라.
　　　　후　위산　　문앙산　　곽두재황벽수리　　위십마
　　　　後에 潙山이 問仰山호되 钁頭在黃檗手裏어늘 爲什麼하야

각 피 임 제 탈 각
却被臨濟奪却고?
앙산운 적시소인   지과군자
仰山云, 賊是小人이나 **智過君子**이니다.

하루는 대중이 울력을 하는데 임제스님이 맨 뒤에서 따라가고 있었다. 황벽스님이 고개를 돌려 임제스님이 빈손[空手][18]인 것을 보고 물었다.

"괭이는 어디 두고 오느냐?"

"어떤 사람이 가져가 버렸습니다."[19]

"이리 가까이 오너라. 너와 이 일[20]을 따져보리라."

임제스님이 앞으로 가까이 오자, 황벽스님은 괭이를 세우면서 말했다.

"오직 이것만은 천하의 어떤 사람도 집어 들지 못한다."

임제스님이 괭이를 낚아채는 즉시 세우면서 말했다.

"그렇다면 어째서 지금은 제 손 안에 있습니까?"

---

18 빈손[空手]: 괭이를 들고 있지 않은 빈손이라는 것은 할 일을 마쳐 더 이상 애써 힘쓸 일이 없다는 표현이다.
19 『禪門拈頌說話』 609칙 설화(說話)에서는 "어떤 사람이 가져가 버렸다'는 말에서 어떤 사람이란 '그 사람'을 말한다.(H.5 p.473a, 有一人將去了也者, 一人者那人也.)"라고 하였다. '나인(那人)'이란 대오한 사람, 궁극의 경지에 이른 사람으로서 임제가 말하는 무위진인(無位眞人)과도 통한다.
20 '이 일[箇事]'은 일대사(一大事), 본분사(本分事), 궁극적 진실을 의미한다. 차사(此事)라고도 한다.

황벽스님은 "오늘 대단한 사람이 울력을 해치우는구나."라 하고는 절로 돌아가 버렸다.

뒷날 위산스님이 앙산스님에게 물었다.
"괭이가 황벽스님의 손에 있었는데, 어째서 도리어 임제한테 빼앗겼느냐?"
앙산스님이 대답하였다.
"도적은 소인배이긴 하나 그 지혜는 군자를 능가하기 때문입니다."[21]

---

21 임제[도둑]가 황벽[군자]보다 못하다고 생각했는데 그렇지 않다는 의미이다.

08

위산스님에게 편지를 전하다

師爲黃檗馳書去潙山하니 時에 仰山이 作知客이라 接得書하고

便問하되 這箇는 是黃檗底니 那箇是專使底오?

師便掌한대 仰山이 約住云, 老兄아 知是般事어든 便休하라.

同去見潙山하니 潙山이 便問, 黃檗師兄이 多少衆고?

師云, 七百衆이니다.

潙山云, 什麼人이 爲導首오?

師云, 適來에 已達書了也니다.

師却問潙山호되 和尙此間은 多少衆이닛고?

潙山云, 一千五百衆이니라.

사운 태다생
師云, 太多生이니다.

위산운 황벽사형역불소
潙山云, 黃檗師兄亦不少니라.

사사위산   앙산   송출운 여향후북거   유개주처
師辭潙山하니 仰山이 送出云, 汝向後北去하면 有箇住處리라.

사운 기유여마사
師云, 豈有與麼事리오?

앙산운 단거   이후   유일인 좌보노형재   차인
仰山云, 但去하라 已後에 有一人이 佐輔老兄在하리니 此人은

지시유두무미   유시무종
祇是有頭無尾며 有始無終이니라.

사후도진주   보화이재피중
師後到鎭州하니 普化已在彼中이라.

사출세   보화좌찬어사   사주미구   보화전신탈거
師出世에 普化佐贊於師라가 師住未久에 普化全身脫去하니라.

임제스님이 황벽스님의 편지를 전하려 위산스님에게 갔었다. 그때 앙산스님이 지객(知客)[22] 소임을 맡고 있었는데, 편지를 받고 나서 물었다.

"이것은 황벽스님의 것이니, 어떤 것이 그대의 것인가?"

임제스님이 손바닥으로 후려갈기자, 앙산스님이 그 손을 꽉 붙잡으며 말했다.

"노형께서 이 일을 아신 바에야 그만둡시다."

---

22 지객(知客): 사원(寺院)을 찾아온 손님을 대접하는 소임.

둘이 함께 가서 위산스님을 뵈오니 위산스님이 물었다.

"황벽 사형께서는 대중이 얼마나 되는가?"

"7백 대중입니다."

"누가 지도하는 우두머리[導首]²³인가?"

"방금 전에 이미 편지를 전해 드렸습니다."

그러고는 도리어 임제스님이 위산스님에게 물었다.

"이곳 큰스님의 회하에는 대중이 얼마나 됩니까?"

"천오백 대중이라네."

"매우 많군요."

"황벽 사형께서도 적지 않으시네."

임제스님이 위산스님을 하직하고 나오니 앙산스님이 전송하면서 말했다.

"노형께서는 뒷날 북쪽으로 가면 머무를 곳이 있을 것입니다."

"무슨 그럴 일이 있겠소."

"그냥 가기만 하면 나중에 한 사람이 나타나서 노형을 보좌해 줄 것입니다. 그런데 이 사람은 머리만 있고 꼬리는 없으며, 시작은 있고 끝은 없을 것²⁴입니다."

---

23 우두머리[導首]: 대중을 이끄는 우두머리, 즉 수좌(首座)를 말한다.
24 유두무미(有頭無尾)나 유시무종(有始無終)이나 모두 시작만 있고 끝도 없다는 말로서 용두사미(龍頭蛇尾)와 통한다. 흔히는 비판하는 말로 쓰이지만, 무엇이라고 확고하게 결정짓지 않는 선사들의 언행을 역설적으로 표현할 때 주로 쓴다.

임제스님이 뒷날 진주(鎭州)에 이르자, 보화스님이 이미 거기에 와 있었다. 임제스님이 세상에 나와 활동하자 보화스님은 임제스님을 도와드리다가 임제스님이 진주에 머무른 지 오래지 않아 온몸을 벗어던지고 세상을 떠났다[全身脫去].

09

황벽스님의 인가(印可)

사인반하　　상황벽　　견화상　간경　　사운
師因半夏에 上黃檗하야 見和尙이 看經하고 師云,

　　아장위시개인　　　원래시암흑두노화상
我將謂是箇人이러니 元來是揞黑豆老和尙이로다.

　주수일　　　내사거　　　황벽운　여파하래　　부종하거
住數日타가 乃辭去하니 黃檗云, 汝破夏來하야 不終夏去아?

　사운　모갑　　잠래예배화상
師云, 某甲이 暫來禮拜和尙이니다.

　황벽　　수타　　　진영거　　　사행수리　　의차사
黃檗이 遂打하고 趁令去하니 師行數里라가 疑此事하야

　각회종하
却回終夏하니라.

　사일일　　사황벽　　　벽문　십마처거
師一日에 辭黃檗하니 檗問, 什麼處去오?

　사운　불시하남　　변귀하북
師云, 不是河南이면 便歸河北이니다.

　황벽　　변타　　사약주　　　여일장
黃檗이 便打한대 師約住하고 與一掌이라.

黃蘗이 大笑하고 乃喚侍者호되 將百丈先師禪版机案來하라.

師云, 侍者야 將火來하라.

黃蘗云, 雖然如是나 汝但將去하라.

已後에 坐却天下人舌頭去在리라.

後에 潙山이 問仰山호되 臨濟莫辜負他黃蘗也無아?

仰山云, 不然이니다.

潙山云, 子又作麼生고?

仰山云, 知恩에 方解報恩이니다.

潙山云, 從上古人이 還有相似底也無아?

仰山云, 有이나 祗是年代深遠하야 不欲擧似和尙이니다.

潙山云, 雖然如是나 吾亦要知하니 子但擧看하라.

仰山云, 祗如楞嚴會上에 阿難이 讚佛云, 將此深心奉塵刹하니

是則名爲報佛恩이라하니 豈不是報恩之事닛고?

潙山云, 如是如是로다 見與師齊면 減師半德이요

見過於師라야 方堪傳授니라.

임제스님이 하안거 중간에 황벽산에 올라갔다가 황벽스님이 경을 읽고 계시는 것을 보고는 말했다.

"저는 스님이 그래도 뛰어난 분이라 생각해왔는데, 알고 보니 검정콩이나 주워 먹는[25] 늙은 중이시군요."

며칠 머무르다가 곧 하직 인사를 드리러 가니, 황벽스님께서 말했다.

"너는 하안거를 어기고 오더니, 또 하안거를 마치지도 않고 가느냐?"

"저는 잠시 스님께 인사드리러 왔을 뿐입니다."

그러자 황벽스님은 후려갈겨 내쫓아버렸다. 임제스님이 몇 리를 가다가 이 일에 의심을 품고, 다시 돌아와 하안거를 마쳤다.

임제스님이 하루는 황벽스님에게 하직인사를 드리니, 황벽스님이 물었다.

"어디로 가느냐?"

"하남이 아니면 하북으로 돌아갈까 합니다."

황벽스님이 별안간 후려갈기자, 임제스님이 몽둥이를 붙잡고 뺨을 한 대 때렸다. 황벽스님이 크게 웃으며 이내 시자를 불러 "백장

---

25 암흑두(揞黑豆): 흑두(黑豆)는 문자를 비유한 말. 암(揞)은 암(唵)으로도 쓰는데 손으로 주워 먹다, 입에 담다라는 말이다. 경전의 문구나 언어문자에 얽매여 참뜻을 알지 못하는 사람을 가리킨다.

큰스님의 선판과 궤안을 가져오너라."라고 하자, 임제스님은 "시자야! 불을 가져오너라."[26]라고 하였다.

황벽스님이 말했다.

"비록 그렇긴 하나 너는 그저 그것들을 가져가도록 하여라. 뒷날 앉아서 세상 사람들의 입을 막을 기개를 펴게 될 것이다."[27]

뒷날 위산스님이 앙산스님에게 물었다.

"임제가 황벽스님을 저버린 게 아니냐?"

"그렇지 않습니다."

"그럼, 너는 어떻게 생각하느냐?"

"은혜를 알아야만 은혜를 갚을 수 있는 법입니다."

"옛사람들에게도 이와 같은 경우가 있었느냐?"

"있습니다만, 너무 옛일이라 스님께 말씀드리고 싶지 않습니다."

"그렇긴 하나 나도 알고 싶으니, 말해보아라."

---

26 『禪門拈頌說話』 611칙 설화(說話)에서는 "불을 가져오너라'라고 한 것은, 반드시 태워버리겠다는 것이니 저 쓸모없는 가구는 필요 없다는 뜻이다. '지혜가 스승을 뛰어넘어야 비소로 법을 전수받을 만하다'고 하는 말과 통한다. 그러므로 '그대는 그냥 떠나라 ~ 혀에 눌러앉을 것이다'라고 하였다.(H.5 p.474c, 將火來者, 也要燒却, 不要他閑家具. 所謂智過於師, 方堪傳受. 故云, '汝但將去'云云也.)"라고 풀었다.

27 이러니저러니 하는 분별의 말들을 모두 제압하여 어쭙잖은 언행 따위는 용납하지 않는 위세를 떨치게 되리라는 의미.

"마치 능엄회상에서 아난이 부처님을 찬탄하기를, '이 깊은 마음으로 티끌같이 수많은 국토를 받드니, 이렇게 하는 것을 부처님의 은혜를 갚는다고 한다'[28]라고 한 것과 같습니다. 이 어찌 은혜에 보답한 일이 아니겠습니까?"

"그렇다, 그렇다. 견해가 스승과 같으면 스승의 덕을 반으로 깎아먹고, 견해가 스승을 넘어서야 바야흐로 법을 전해 받을 만하다."[29]

---

28 『首楞嚴經』 권3 T.19 p.119b.
29 『禪門拈頌說話』 611칙 설화(說話)에서는 임제가 "불을 가져오너라."라고 한 말이 황벽의 견해를 뛰어넘었음을 보여주는 단적인 말로 보았다. H.5 p.474c, "潙仰問答, 見過於師者, 將火來云云也."

10

달마스님의 탑전(塔殿)에 이르다

사도달마탑두　　탑주운　장로　선예불　선예조
師到達磨塔頭하니 塔主云, 長老야 先禮佛가 先禮祖아?

사운　불조구불례
師云, 佛祖俱不禮니라.

탑주운　불조여장로　시십마원가
塔主云, 佛祖與長老로 是什麽冤家오?

사변불수이출
師便拂袖而出하니라.

임제스님이 달마대사의 탑이 있는 사원에 이르자 그 사원의 주지스님이 말했다.

"장로께서는 부처님께 먼저 절하십니까, 조사께 먼저 절하십니까?"

"부처님과 조사, 모두에게 절하지 않습니다."

"부처님과 조사와 장로와는 무슨 원수라도 됩니까?"

임제스님은 곧바로 소매를 떨치고 떠났다.

11

용광(龍光)스님의 낭패

　　사 행 각 시　　도 용 광　　　광　　상 당
　　師行脚時에 **到龍光**하니 **光**이 **上堂**이라.
　　사 출 문　 불 전 봉 망　　 여 하 득 승
　　師出問, 不展鋒鋩하고 **如何得勝**고?
　　광　 거좌　　　사 운　 대 선 지 식　　기 무 방 편
　　光이 **據坐**한대 **師云, 大善知識**이 **豈無方便**고?
　　광　 징 목 운　 아　　　사 이 수 지 운　저 노 한　　 금 일 패 궐 야
　　光이 **瞪目云, 嗄**하니 **師以手指云, 這老漢**이 **今日敗闕也**로다.

임제스님이 행각할 때 용광(龍光)스님이 계신 곳에 이르렀는데, 용광스님이 마침 상당하여 설법하고 있었으므로 임제스님이 나와서 물었다.

"칼을 뽑지 않고, 어떻게 해야 이길 수 있습니까?"

용광스님이 자세를 고쳐 똑바로 앉자, 임제스님이 말했다.

"대선지식께서 어찌 방편이 없으시겠습니까?"

용광스님이 눈을 부릅뜨고 "아[嗄]!"³⁰ 하였다.³¹

그러자 임제스님이 손가락질하면서 말했다.

"이 노장이 오늘 낭패를 보았구나."³²

---

30 아[嗄]: '사' 또는 '아'로 읽는다. 의문이나 반문 또는 경멸의 뜻을 나타낸다.
31 『禪門拈頌說話』 612칙 설화(說話)에서는 "'눈을 부릅뜨고 아[嗄]라고 한 것'은 큰 인물이 도둑의 마음을 간파했다는 사실을 드러낸 것이다.(H.5 p.475a, 瞠目曰嗄者, 見大物之作戲破賊心也.)"라고 풀었다.
32 『禪門拈頌說話』 612칙 설화(說話)에서는 "임제가 손가락으로 가리키며 한 말은, 비록 그렇기는 하지만 예리한 기봉을 펼치지 않고도 자신이 이미 이겼다는 뜻이다.(H.5 p.475b, 以手指曰云云者, 雖然如是, 不展機鋒, 我已得勝也.)"라고 풀었다.

12

평화상(平和尙)을 만나다

      도삼봉   평화상   문 십마처래
到三峰하니 **平和尙**이 **問, 什麼處來**오?

     사운   황벽래
師云, 黃檗來니라.

     평운 황벽   유하언구
平云, 黃檗이 **有何言句**오?

     사운 금우작야   조도탄   직지여금불견종
師云, 金牛昨夜에 **遭塗炭**하야 **直至如今不見蹤**이로다.

     평운 금풍취옥관   나개시지음
平云, 金風吹玉管하니 **那箇是知音**고?

     사운 직투만중관   부주청소내
師云, 直透萬重關하야 **不住淸霄內**로다.

     평운 자저일문   태고생
平云, 子這一問이 **太高生**이로다.

     사운 용생금봉자   충파벽유리
師云, 龍生金鳳子하야 **衝破碧瑠璃**로다.

     평운 차좌끽다
平云, 且坐喫茶하라.

우문   근리심처
又問, 近離甚處오?

사운   용광
師云, 龍光이니라.

평운   용광   근일여하
平云, 龍光이 **近日如何**오?

사변출거
師便出去하니라.

임제스님이 삼봉에 갔을 때 평화상(平和尙)이 물었다.

"어디서 오는가?"

"황벽에서 왔습니다."

"황벽스님은 무슨 법문을 하던가?"[33]

"황금 소가 간밤에 용광로에 빠졌는데 지금까지도 그 자취를 찾을 수 없습니다."[34]

"가을바람에 옥피리를 부니 누가 이 소리를 알아들을까?"[35]

"곧바로 만 겹 관문을 뚫고 지나가버려 맑디맑은 창공에도 머

---

33 '유하언구(有何言句)?'라는 물음이 갖는 함의는 결코 간단치 않다. 어떤 말을 평소에 즐겨하는가라는 정도의 단순한 궁금증에서 하는 질문이 아니라 '결정적인 한 구절을 가지고 있는가'라는 날카롭고 본질적인 물음이다.

34 황금 소[金牛]는 황벽을 비유한다. 황벽의 불법에는 이러니저러니 단적으로 규정하고 그에 얽매일 만한 어떠한 단서도 없다는 취지를 표현한 말이다. 이는 황벽의 불법은 군더더기를 붙일 것도 없이 분명하고 명백하다[黃蘗佛法無多子]는 말과도 일맥상통한다.

35 황벽의 종지를 이해할 사람이 몇이나 될 것인가 하는 물음이다.

무르지 않습니다."³⁶

"그대의 한마디 물음이 매우 고준(高峻)하구나."

"용이 금빛 봉황새끼를 낳으니, 푸른 유리 빛 하늘을 뚫고 날아갑니다."

"자, 앉아서 차나 들게."

평화상이 다시 물었다.

"요즈음 어디서 떠나 왔는가?"

"용광에서 왔습니다."

"용광스님은 요즈음 어떠한가?"

임제스님은 곧바로 나가버렸다.

---

36 지음(知音)을 만나기는 대단히 어려운 일이지만, 진실한 지음이라고 한다면 스승의 종지를 꿰뚫는 동시에 그 종지에서도 자유로운 사람일 것이라는 취지이다.

13

대자(大慈)스님을 만나다

到大慈하니 慈在方丈內坐어늘

師問, 端居丈室時如何오?

慈云, 寒松一色은 千年別이요 野老拈花萬國春이로다.

師云, 今古永超圓智體여 三山이 鎖斷萬重關이로다.

慈便喝한대 師亦喝하니 慈云, 作麼오? 師拂袖便去하니라.

임제스님이 대자(大慈)스님[37]이 계신 곳에 갔을 때, 대자스님이 방장실에 앉아 있었다. 임제스님이 물었다.

---

37 대자(大慈)스님: 780~862. 대자환중(大慈寰中). 백장회해(百丈懷海)의 법사(法嗣). 항주(杭州) 대자산(大慈山)에 주석하였다. 당나라 덕종 원년에 태어났다. 당나라 무종(武宗) 회창(會昌) 연간에 폐불훼석(廢佛毁釋)을 만나 잠시 환속하였다가 선종(宣宗)이 즉위한 후에 다시 출가하여 종풍을 크게 떨쳤다.

"방장실에 단정히 앉아 계실 때의 경지는 어떠십니까?"

대자스님이 대답했다.

"추운겨울 소나무 한결같이 푸른 빛깔은 천년이 지나도록 변치 않고, 촌 늙은이 꽃을 꺾어 드리니 온 세상이 봄빛이로다."

"옛부터 지금까지 영원히 원만한 지혜의 당체를 초월하고 신선이 사는 세 개의 산은 만 겹의 관문으로 굳게 닫혀 있도다."

임제스님의 이 말을 들은 대자스님이 대뜸 '할!' 하고 고함쳤고, 임제스님도 바로 '할!' 하고 고함쳤다.

대자스님이 "무슨 일인가?" 하니,

임제스님은 소매를 뿌리치고 바로 가버렸다.

14

화엄(華嚴)스님을 만나다

到襄州華嚴하니 嚴이 倚拄杖하야 作睡勢어늘
師云, 老和尙이 瞌睡作麽오?
嚴云, 作家禪客이 宛爾不同이로다.
師云, 侍者야 點茶來하야 與和尙喫하라.
嚴이 乃喚維那호되 第三位에 安排這上座하라.

임제스님이 양주의 화엄(華嚴)스님께 갔을 때, 화엄스님이 주장자에 기대어 조는 시늉을 하니 임제스님이 말했다.

"노스님께서 졸기만 하면[38] 어떻게 하십니까?"

---

38 갑수(瞌睡): 눈을 감고 졸고 있다는 뜻에서, 수행에 게으르거나 불법의 이치에 어두운 사람을 꾸짖는 말로 쓰인다.

"훌륭한 선객은 정말 다르구나."

임제스님이 말했다.

"시자야! 차를 끓여 큰스님께서 드시도록 하여라."

화엄스님이 이에 유나를 불러 말했다.

"셋째 자리[第三位: 後堂의 首座]를 이 상좌에게 내주어라."

15

취봉(翠峰)스님을 만나다

　　도취봉　　봉　문　심처래
到翠峰하니 **峰**이 **問, 甚處來**오?

　　사운　황벽래
師云, 黃檗來니이다.

　　봉운　황벽　유하언구　　지시어인
峰云, 黃檗이 **有何言句**하야 **指示於人**고?

　　사운　황벽　무언구
師云, 黃檗은 **無言句**니이다.

　　봉운　위십마무
峰云, 爲什麽無오?

　　사운　설유　　　역무거처
師云, 設有하야도 **亦無擧處**니이다.

　　봉운　단거간
峰云, 但擧看하라.

　　사운　일전　과서천
師云, 一箭이 **過西天**이로소이다.

임제스님이 취봉스님 계신 곳에 이르자, 취봉스님이 물었다.

"어디서 오는가?"

"황벽에서 왔습니다."

"황벽스님은 무슨 말로 납자들을 지도하는가?"

"황벽스님에게는 이렇다 할 말이 없습니다."

"어째서 없다고 하는가?"

"설령 있다고 하더라도 이것이라고 말할 것이 없습니다."[39]

"그렇더라도 말해보도록 하게."

"화살이 서천을 지나가 버렸습니다."[40]

---

39 단적이고 분명하여 말로써 표현할 도리가 없다는 뜻이다.
40 일전과서천(一箭過西天): 서천, 즉 인도를 실제로 지나쳤다는 말이 아니라, 언어나 문자로 표현할 수 있는 길을 벗어나 어떤 단서도 없는 몰종적(沒蹤跡)의 소식을 뜻하기도 하고, 핵심에서 벗어났다는 뜻으로도 쓰인다.

16

상전(象田)스님을 만나다

到^도象田^{상전}하야 師問^{사문}호되
不凡不聖^{불범불성}하니 請師速道^{청사속도}하오이다.
田云^{전운}, 老僧^{노승}이 祗與麽^{지여마}니라.
師便喝云^{사변할운}, 許多禿子^{허다독자}야 在這裏覓什麼椀^{재저리멱십마완}고?

임제스님이 상전(象田)스님이 계신 곳에 이르러 물었다.

"범부도 아니고 성인도 아닌 경지를 스님께서 어서 한 말씀해 주십시오."

"노승은 그저 이러할 뿐이네."

임제스님이 곧장 '할!' 하고 말했다.

"하고 많은 마보 종들이 여기서 도대체 무엇을 배우고 있단 말입니까?"

17

명화(明化)스님을 만나다

<small>도명화   화   문 내래거거작십마</small>
到明化하니 **化**가 **問, 來來去去作什麼**오?
<small>사 운 지도답파초혜</small>
師云, 祇徒踏破草鞋니이다.
<small>화 운 필경작마생</small>
化云, 畢竟作麼生고?
<small>사 운 노한   화두야불식</small>
師云, 老漢이 **話頭也不識**이로다.

임제스님이 명화(明化)스님이 계신 곳에 이르자 명화스님이 물었다.

"왔다갔다만 하면서 무엇을 하고 있는 것인가?"

"다만 짚신이 닳도록 돌아다니려 하고 있습니다."[41]

"결국 그렇게 해서 뭘 어쩌겠다는 말인가?"

"이 노인네가 말귀도 못 알아듣는군."

---

41 원문의 '徒'는 '圖'와 통용된다. 오랜 세월 행각 수행에 힘쓰겠다는 말이다.

18

노파를 만나다

_{왕봉림} _{노봉일파} _파 _문 _{심 처 거}
往鳳林타가 **路逢一婆**하니 **婆**가 **問, 甚處去**오?

_{사운} _{봉림거}
師云, 鳳林去니라.

_{파운} _{흡치봉림부재}
婆云, 恰值鳳林不在로다.

_{사운} _{심 처 거}
師云, 甚處去오?

_{파변행} _{사내환파} _{파회두} _{사변타}
婆便行이라 **師乃喚婆**하니 **婆回頭**어늘 **師便打**하다.

임제스님이 봉림(鳳林)스님을 찾아가는 길에 한 노파를 만났는데 노파가 물었다.

"어디로 가십니까?"

"봉림으로 갑니다."

"마침 봉림스님은 계시지 않습니다."

"어딜 가셨습니까?"

노파가 그냥 가버리자 임제스님이 노파를 불렀고 노파가 고개 돌리자마자 임제스님이 후려쳤다.[42]

---

42 『臨濟禪師語錄之餘』(古尊宿語錄5 X.68 p.32c)에는 "師便行."으로 되어 있다.

19

봉림(鳳林)스님을 만나다

　　　도봉림　　　임　　문　유사상차문득마
到鳳林하니 **林**이 **問, 有事相借問得麽**아?

　　　사운　하득완육작창
師云, 何得剜肉作瘡고?

　　　임운　해월　징무영　　　유어독자미
林云, 海月이 **澄無影**이어늘 **遊魚獨自迷**로다.

　　　사운　해월　기무영　　　유어하득미
師云, 海月이 **旣無影**이어늘 **遊魚何得迷**오?

　　　봉림운　관풍지낭기　　　완수야범표
鳳林云, 觀風知浪起하고 **翫水野帆飄**로다.

　　　사운　고륜　독조　강산정　　자소일성천지경
師云, 孤輪이 **獨照**에 **江山靜**하니 **自笑一聲天地驚**이로다.

　　　임운　임장삼촌휘천지　　일구임기시도간
林云, 任將三寸輝天地하나 **一句臨機試道看**하라.

　　　사운　노봉검객수정검　　불시시인막헌시
師云, 路逢劍客須呈劍이요 **不是詩人莫獻詩**로다.

　　　봉림　변휴　　사내유송　　대도절동　　　임향서동
鳳林이 **便休**하니 **師乃有頌**호내 **大道絕同**하야 **任向西東**이리

석화막급　　전광망통
　　石火莫及이요 電光罔通이로다.

　　위산　　문앙산　　석화막급　　전광망통　　종상제성
　　潙山이 問仰山호되 石火莫及이요 電光罔通이어늘 從上諸聖이

　　장십마위인
　　將什麼爲人고?

　　앙산운　화상　　의작마생
　　仰山云, 和尙은 意作麼生고?

　　위산운　단유언설　　도무실의
　　潙山云, 但有言說이요 都無實義니라.

　　앙산운　불연
　　仰山云, 不然하니다.

　　위산운　자우작마생
　　潙山云, 子又作麼生고?

　　앙산운　관불용침　　사통거마
　　仰山云, 官不容針이나 私通車馬니다.

임제스님이 봉림스님이 계신 곳에 이르자 봉림스님이 물었다.

"구체적인 실상[43]을 들어 물어보려는데 괜찮겠는가?"

"무엇 때문에 생살을 긁어 부스럼을 만들려 하십니까?"[44]

---

43 사상(事相): 만유의 본체를 뜻하는 이체(理體), 이성(理性) 등과 상대되는 말. 표면적으로 드러난 구체적 모습.

44 완육작창(剜肉作瘡): 완육성창(剜肉成瘡) 또는 호육상완창(好肉上剜瘡)이라고도 한다. 한 점 흠 없이 온전한 것을 훼손하여 오히려 오점을 남기는 것을 뜻한다. 불필요하고 쓸데없는 행위를 비유한다. "그대는 중생의 근원도 알지 못하면서 소승의 가르침으로 불법의 이치를 제창해서는 안 됩니다. 저들에게는 본래 아무런 상처도 없으니 그들을 상하게 하지 마십시오. 대도를 가려고 하는데 좁은 길을 보여주지 말고, 바닷물을 소의 족적 안에 가두어 두

"바다에 뜬 달은 밝아서 그림자 하나 없는데,

노니는 물고기가 제 스스로 길을 잃고 헤매는구나."

"바다에 뜬 달은 그림자도 없거늘,

노니는 물고기가 어찌 길을 잃고 헤매일 리 있겠습니까?"

"바람을 보고 물결이 이는 것을 알고,

산수풍경 즐기며 소박한 돛단배 띄우네."[45]

"둥근 달 홀로 맑게 비추어 강산은 참으로 고요하기만 하니,

스스로 웃는 한번 웃음소리에 천지가 놀라네."[46]

"세 치 혀로 천지를 빛나게 하는 것은 마음대로 맡겨두네만,

지금 이 자리에서 기틀에 딱 들어맞는 한마디를 해보시게."

"길에서 검객을 만나거든 칼을 보여주되, 시인이 아니거든 시를 올리지 마십시오."

봉림스님이 문답을 그만두자, 임제스님이 바로 송(頌)을 지었다.

대도는 같음마저도 끊어버렸으니,[47]

려 하지 말며, 햇빛을 저 반딧불과 똑같이 여기지 마십시오."(『維摩詰所說經』「弟子品」T.14 p.540c, 汝不能知眾生根源, 無得發起以小乘法. 彼自無瘡, 勿傷之也. 欲行大道, 莫示小徑, 無以大海, 內於牛跡, 無以日光, 等彼螢火.)

45 『禪門拈頌說話』 613칙 설화(說話)에서는 "반드시 풍향을 살펴 돛을 움직여야 하듯이 병에 따라 약을 주어야 한다는 뜻이다.(H.5 p.475c, 觀風云云者, 須是看風使帆, 應病與藥也.)"라고 풀었다.

46 『禪門拈頌說話』 613칙 설화(說話)에서는 "본래 미혹도 깨달음도 없는 경계를 나타낸다.(H.5 p.475c, 孤輪獨照云云者, 本無迷悟處也.)"라고 풀었다.

47 『禪門拈頌說話』 613칙 설화(說話)에서는 "같음은 다름과 상대되는 말이다. 그런 까닭에 같음도 끊어진 것이라 표현한 것이다.(H.5 p.475c, 大道絶同

서로든 동으로든 자재하게 오간다네.
부싯돌 불처럼 빨라도 따라잡지 못하고,
번갯불처럼 번쩍해도 통과하지 못하는도다.

위산스님이 앙산스님에게 물었다.
"부싯돌 불처럼 빨라도 따라잡지 못하고 번갯불처럼 번쩍해도 통과하지 못한다고 하였는데, 예로부터 여러 성인들께서는 무엇으로 학인을 지도하였느냐?"
"스님께서는 어떻게 생각하십니까?"
"말만 있을 뿐 전혀 진실한 뜻은 없다."[48]
"그렇지 않습니다."
"그럼, 너는 어떻게 생각하느냐?"
"공적(公的)으로는 바늘 하나 들어갈 틈도 용납지 않지만, 사적(私的)으로는 수레나 말까지도 통하도록 합니다."[49]

者, 同亦對異, 故絶同也.)"라고 풀었다. 무엇과도 비교할 수 없는 대도(大道)의 속성을 이와 같이 표현한 것이다.
48 『首楞嚴經』 권3 T.19 p.117c.
49 표면적으로는 준엄한 법규가 있지만, 이면으로는 그 법을 피해나갈 방도가 있다는 뜻. 선에서는 자재하게 펼치는 수단을 표현하는 말로 쓰인다.

20

금우(金牛)스님을 만나다

到金牛하니 牛見師來하고 橫按拄杖하야 當門踞坐라.
_{도금우   우견사래   횡안주장   당문거좌}

師以手로 敲拄杖三下하고 却歸堂中第一位坐하니라.
_{사이수 고주장삼하   각귀당중제일위좌}

牛下來見하야 乃問, 夫賓主相見은 各具威儀어늘
_{우하래견   내문 부빈주상견   각구위의}

上座從何而來건대 太無禮生고?
_{상좌종하이래   태무례생}

師云, 老和尙은 道什麽오?
_{사운 노화상   도십마}

牛擬開口어늘 師便打한대 牛作倒勢라 師又打하니 牛云,
_{우의개구   사변타   우작도세   사우타   우운}

今日에 不著便이로다.
_{금일   불착변}

潙山이 問仰山호되 此二尊宿이 還有勝負也無아?
_{위산   문앙산   차이존숙   환유승부야무}

仰山云, 勝卽總勝이요 負卽總負니이다.
_{앙산운 승즉총승   부즉총부}

임제스님이 금우(金牛)스님이 계신 곳에 이르자 금우스님은 임제스님이 오는 것을 보고는 주장자를 가로누이고 문 앞에 당당히 걸터 앉아 있었다.⁵⁰

임제스님은 손으로 주장자를 세 번 두드리고는 승당으로 돌아가 첫 번째 자리에 앉았다.

금우스님이 내려와 보고는 물었다.

"손님과 주인이 만나면 각기 차려야 할 예의가 있거늘 상좌는 어디서 왔기에 이다지도 무례한가?"

"노스님께서는 무슨 말씀이십니까?"

금우스님이 입을 열려 하자 임제스님이 그대로 후려쳤고 금우스님은 넘어지는 시늉을 하였다.

임제스님이 또 후려치니 금우스님이 말했다.

"오늘은 실수하였다."

위산스님이 앙산스님에게 물었다.

"이 두 큰스님 중에 누가 이기고 진 사람이 있느냐?"

"이겼다면 다 이겼고, 졌다면 다 졌습니다."

---

50 『禪門拈頌說話』 283칙 설화(說話)에서는 "위풍당당하게 앉아 맞이하는 모습이니, 그와 만나보겠다는 뜻이다.(H.5 p.257c, 橫按拄杖至坐者, 大坐當風, 是與他相見也.)"라고 풀었다.

21

임제스님 열반에 드시다

사임천화시 거좌운 오멸후   부득멸각오정법안장
師臨遷化時에 **據坐云, 吾滅後**에 **不得滅却吾正法眼藏**하라.
삼성   출운 쟁감멸각화상정법안장
三聖이 **出云, 爭敢滅却和尙正法眼藏**이닛고?
사운 이후   유인문이   향타도십마
師云, 已後에 **有人問儞**하면 **向他道什麼**오?
삼성 변할   사운 수지오정법안장   향저할려변멸각
三聖이 **便喝**한대 **師云, 誰知吾正法眼藏**이 **向這瞎驢邊滅却**고?
언흘   단연시적
言訖하고 **端然示寂**하니라.

임제스님이 열반에 드시려고 할 때에 자리에 단정히 앉아 말했다.

"내가 죽고 난 후에 나의 정법안장(正法眼藏)이 없어지지 않도록 하여라."

그러자 삼성(三聖)스님[51]이 나와서 아뢰었다.

---

51 삼성(三聖)스님: 삼성혜연(三聖慧然). 당나라 때 스님. 하북성(河北省) 진주

"어찌 감히 스님의 정법안장을 없앨 수 있겠습니까?"

"이 다음에 누가 너한테 법을 묻는다면 너는 그에게 어떻게 대답해주겠느냐?"

삼성스님이 곧바로 '할!' 하자, 임제스님이 말했다.

"나의 정법안장이 이 눈먼 나귀한테서 없어질 것을 누가 알았겠는가?"[52]

임제스님은 말을 마치고 단정히 앉아서 열반에 들었다.

(鎭州) 삼성원(三聖院)에 주석하였다. 임제의 종지를 이어받았고, 후에 제방을 편력하며, 덕산(德山), 설봉(雪峰) 등을 찾아가 참문하기도 하였다.

52 『禪門拈頌說話』 635칙 설화(說話)에서는 "나귀는 지극히 천한 존재이다. 그 가문의 가풍을 사라지게 한 자를 가리키니, 전한 일도 전해 받은 특별한 것도 없이 친밀하게 전하고 친밀하게 전해 받았음을 뜻한다.(H.5 p.492a, 瞎驢者, 驢則至賤. 指當家門風滅却, 則無傳無得, 親傳親得也.)"라고 풀었다.

임제혜조선사탑기(臨濟慧照禪師塔記)

　　　　사　　휘　　의현　　　　조주남화인야　　속성
　　　師의 諱는 義玄이니 曹州南華人也라 俗姓은

　　형씨　유이영이　　　장이효문　　　　급낙발수구
　　邢氏니 幼而穎異하고 長以孝聞하니라. 及落髮受具하야는

　　거어강사　　　정구비니　　　박색경론　　　　아이탄왈
　　居於講肆하야 精究毘尼하고 博賾經論이러니 俄而歎曰,

　　차　　제세지의방야　　비교외별전지지　　　즉갱의유방
　　此는 濟世之醫方也요 非教外別傳之旨로다 即更衣遊方하야

　　수참황벽　　차알대우　　　기기연어구　　　재우행록
　　首參黃蘗하고 次謁大愚하니 其機緣語句는 載于行錄이니라.

　　기수황벽인가　　　심저하북　　　진주성동남우
　　既受黃蘗印可하고 尋抵河北하야 鎭州城東南隅에

　　임호타하측　　　소원주지　　기임제　　인지득명
　　臨滹沱河側하야 小院住持하니 其臨濟는 因地得名이니라.

　　시　　보화선재피　　　양광혼중　　　성범
　　時에 普化先在彼하야 佯狂混衆하니 聖凡을

　　막측　　　사지즉좌지　　　　사정왕화　　보화전신탈거
　　莫測이러니 師至即佐之하야 師正旺化에 普化全身脫去하니

내부앙산소석가지현기야   적정병혁   사즉기거
乃符仰山小釋迦之懸記也니라 適丁兵革하야 師卽棄去하니
　태위묵군화   어성중   사택위사   역이임제   위액
大尉黙君和가 於城中에 捨宅爲寺하니 亦以臨濟로 爲額하고
영사거언
迎師居焉하니라.

　후   불의남매   지하부   부주왕상시   연이사례
後에 拂衣南邁하야 至河府하니 府主王常侍가 延以師禮하니
　주미기   즉래대명부흥화사   거우동당
住未幾에 卽來大名府興化寺하야 居于東堂하니라.

　사무질   홀일일   섭의거좌   여삼성   문답필
師無疾하고 忽一日에 攝衣據坐하야 與三聖으로 問答畢하고
　적연이서   시   당함통팔년정해맹추월십일야
寂然而逝하니 時는 唐咸通八年丁亥孟陬月十日也니라.
　문인   이사전신   건탑우대명부서북우
門人이 以師全身으로 建塔于大名府西北隅하니

　칙시혜조선사   탑호징령
勅諡慧照禪師요 塔號澄靈이라.

　합장계수   기사대략
合掌稽首하야 記師大略하노라.

　주진주보수사법소사 연소 근서
住鎭州保壽嗣法小師 延沼 謹書
　주대명부흥화사법소사 존장 교감
住大名府興化嗣法小師 存獎 校勘

　임제스님의 휘(諱)는 의현(義玄)이시니, 조주(曹州) 남화(南華) 사
람이시다. 속성은 형(邢) 씨로서, 어려서는 남달리 영특하였으며 자
라서는 효성으로 이름이 나셨다. 출가하여 구족계를 받고나서는

강원[53]에 머물면서 계율을 깊이 연구하고 경론을 널리 공부하였다. 그러다가 하루는 갑자기 "이는 세상 사람을 구제하는 약의 처방전일 뿐이요, 경전 밖에 따로 전하는 뜻[敎外別傳之旨]은 아니다."라며 탄식하시고는 곧 옷을 갈아입고 제방을 행각하였다. 맨 먼저 황벽스님을 찾아가 참문(參問)하고 다음으로 대우스님을 뵈었는데, 그 기연과 말씀들은 행록에 실려 있다.

이미 황벽스님의 인가를 받고나서는 하북으로 가서 진주성 동남쪽 호타하(滹沱河) 가까이에 있는 작은 절에 머물렀는데, 그 '임제'라는 이름은 지역 이름을 따라 붙인 것이다.

그때 보화스님이 그곳에 먼저 와 있으면서 거짓 미친 척하며 대중들 가운데 섞여 살았는데 성인인지 범부인지조차 분간할 수 없었다. 임제스님이 그곳에 이르는 즉시 스님을 보좌하였는데, 스님이 정작 교화를 활발히 펼치실 즈음에 보화스님은 온몸을 벗어던지고 사라졌다. 이는 소석가(小釋迦)라 불리는 앙산스님[54]의 예언이 적중한 것이라고 할 만하다. 그때 마침 전쟁이 나서 스님은 바로 그

---

53 강사(講肆): 강경이나 강연 등을 하는 자리. 강당(講堂)·강석(講席)·강연(講筵)·강좌(講座) 등과 같은 말이다.
54 앙산혜적(仰山慧寂)은 어릴 적에 손가락 2개를 베어버리고 출가하여 위산영우(潙山靈祐) 하에서 득법(得法)하였는데, 하루는 범승(梵僧)이 서천에서 날아와 앙산에게 예배하고는 '문수(文殊)를 예배하러 왔다가 오히려 이곳에서 소석가를 만났다'면서 인도의 경뮤[貝多羅葉]을 주고 다시 하늘을 날아 떠나갔다는 일화에서 소석가(小釋迦)라는 별칭을 얻게 되었다고 한다. 『仰山語錄』 권1 T.47 p.586a 참조.

곳을 떠나셨는데, 태위(太尉) 묵군화(黙君和)가 성안에 있는 자기의 저택을 절로 희사하여 그대로 임제라는 액호로 현판(懸板)을 달고 스님을 맞아 그곳에 머무시도록 하였다.

뒤에 옷깃을 떨치고 남쪽으로 떠나 하북부(河北府)에 이르시니, 부주(府主) 왕상시(王常侍)가 제자의 예를 갖추어 맞이하였다. 그곳에 계신 지 얼마 되지 않아 곧 대명부(大名府)의 흥화사(興化寺)로 옮겨 동당(東堂)[55]에 기거하셨다.

스님께서는 병은 없으셨는데, 하루는 갑자기 옷차림을 단정히 갖추어 입으시고 자리를 잡고 앉아 삼성(三聖)스님과 문답을 마치고 조용히 서거하셨다. 때는 당나라 함통(咸通) 8년 정해년(丁亥年, 867) 음력 정월 열흘이었다.

문인들이 대명부 서북쪽 언덕에 탑을 세우고 스님의 전신(全身)을 모시니 시호는 혜조선사(慧照禪師), 탑호는 징령(澄靈)이다.

합장하고 머리 숙여 스님의 약력을 쓰노라.

법제자 진주 보수사 주지 연소(延沼)가 삼가 쓰고,

법제자 대명부 흥화사 주지 존장(尊奬)이 교감하다.

---

55 동당(東堂): 이전 주지. 또는 절에서 전임 주지가 은퇴하고 머무는 곳. 다른 절의 전임 주지가 머무는 곳은 서당(西堂)이라고 한다. "동당: 도충이 푼다. '그 절의 전임 주지를 사람들은 동당이라 부른다. 동쪽은 주인의 방위이며, 전임 주지는 이전의 주인이므로 동당에 거처한다.'"(『禪林象器箋』권5 불광장 p.324, 東堂: 忠曰, 當寺前住, 人稱東堂. 蓋東是主位, 前住人是舊主, 故居東堂.)

후찬(後讚)[56]

대웅정속　　임제강종
大雄正續이요 **臨濟綱宗**이라.

인문황벽서래　　통여오등삼돈
因問黃檗西來라가 **痛與烏藤三頓**이로다.

수왕대우타발　　친휘늑하삼거
遂往大愚打發하야 **親揮肋下三擧**하고,

언하변견노파심　　현지불법무다자
言下便見老婆心하니 **懸知佛法無多子**로다.

분분뇌할　　날맹호수
奮奔雷喝하야 **捋猛虎鬚**하며,

---

[56] 성철 큰스님께서 『임제록』 강설을 결심하시고 『임제록』 찬시를 쓰시려 하신 듯합니다. 역대의 조사들께서 남겨두신 『임제록』 찬시를 연구하시다가 마침내 산당순(山堂淳) 선사의 「요결(要訣)」을 찾아내 이것을 세상에 밝힘으로써 당신의 후찬(後讚)을 대신했습니다. 선림고경총서 『임제록·법안록』을 합본 출판했을 때, 큰스님 이름으로 후찬을 소개하였던 후학의 실수가 있었습니다. 기억하고 있는 분들에게 죄송함을 전합니다. 큰스님께서 선현의 뛰어난 글을 후세에 전하는 것으로 당신의 후찬을 대신한 깊은 의미를 살펴주시기 바랍니다.

병개어적육단변 　　 도처용백염수단
逆開於赤肉團邊하고 到處用白拈手段이로다.

비성폭죽 　 열석붕애 　 빙릉상행 　 검도상주
飛星暴竹이요 裂石崩崖라, 氷稜上行하고 劍刀上走로다.

전기뇌권 　 대용천선 　 적수살인 　 단도직입
全機電卷하고 大用天旋하니, 赤手殺人이요 單刀直入이로다.

인경구탈 　 조용병행
人境俱奪하고 照用並行하니,

명두래암두래 　 불야살조야살
明頭來暗頭來여 佛也殺祖也殺이로다.

변고금어삼현삼요 　 험용사어일주일빈
辨古今於三玄三要하고 驗龍蛇於一主一賓하니,

투탈나롱 　 부존현해
透脫羅籠하고 不存玄解로다.

조금강왕보검 　 소제죽목정령
操金剛王寶劍하야 掃除竹木精靈하고,

분사자전위 　 진군호심담
奮獅子全威하야 振群狐心膽이로다.

말초 　 정법안장 　 멸각저할려변
末稍에 正法眼藏이 滅却這瞎驢邊이라.

철골철수이혈맥관통 　 투정투저이건곤독로
徹骨徹髓而血脈貫通하고 透頂透底而乾坤獨露로다.

면면불루 　 기기상전 　 개기종조고명 　 자손 　 광대
綿綿不漏하고 器器相傳하니, 蓋其宗祖高明일새 子孫이 光大라.

차임제종풍야
此臨濟宗風也로다.

불기이오일팔년갑인맹하
佛紀二五一八年甲寅孟夏

조계후학 성철근지
曹溪後學 性徹謹識하다.

대웅[57]을 정통으로 이으신, 임제스님의 핵심 종지니라.

황벽스님께 조사서래의를 물었다가,

등나무 주장자로 뼈아프게 세 차례 맞았도다.

대우스님 찾아가 법 거량 끝에,

대우스님의 갈빗대에 몸소 세 차례 주먹을 날리고,

말끝에서 문득 간절한 노파심을 보았나니,

불법이 별것 아님을 이전에 알았도다.

우레 같은 고함소리[喝] 성난 듯 토해내고,

사나운 범의 수염 어루만지며, 적나라한 맨몸을 열어젖히고,

도처에서 낮도적 같은 솜씨를 보이도다.

별똥별이 날고 폭죽이 터지며 바위가 깨뜨려지고 절벽이 무너지듯 하며, 얇은 얼음판 위를 걷고 칼날 위를 달리도다.[58]

온전한 기틀은 번개 치듯 하고,

살활자재한 작용은 천체가 운행하듯 하며,

맨손으로 사람을 죽이고, 단칼로 곧장 들어가도다.

사람[人]과 경계[境]를 몽땅 빼앗아버리고,

비춤[照]과 작용[用]을 동시에 행하니,

분명한 태도로 오건 무분별한 태도로 오건,

---

57 대웅(大雄): 부처님의 별호. 백장회해(百丈懷海)의 시호이기도 하다
58 위험하기 짝이 없는 상황을 자유자재로 헤쳐 나가는 것을 비유하기도 하며 종횡자재하게 상대를 다루는 것을 평하는 말이기도 하다.

부처도 죽이고 조사도 죽이도다.

삼현삼요(三玄三要)에서 예와 지금을 가려내고,

한 번은 주인 역할, 한 번은 손님 역할하며 용인지 뱀인지 시험하며, 얽어매는 틀을 훌쩍 벗어나,

현묘하다는 생각도 남기지 않도다.

금강왕의 보배검을 손에 쥐고서,

대나무 따위에 붙어사는 귀신 도깨비는 쓸어 없애고,

사자가 갖춘 온전한 위엄을 떨치며,

여우 무리의 간담을 찢는다.[59]

종국에는 정법안장이, 이 눈먼 나귀에게서 사라지리라 하였네.

뼛속까지 사무쳐 혈맥을 관통하고,

꼭대기에서 바닥까지 꿰뚫어 전 세계를 온전히 드러내었다.

끊임없이 이어져 물샐 틈 없이 그릇에서 그릇으로 서로 전하니,
선조가 뛰어남에 자손은 더욱 빛나고 성대하구나.

이것이 임제의 종풍이로다.[60]

불기 2518년(서기 1974년) 갑인년 초여름

조계후학 성철이 삼가 쓰다.

---

59 『禪家龜鑑』 H.7 p.644c.
60 『人天眼目』 권2 「要訣(山堂淳)」 T.48 p.311c.

색인

【 3 】
32상 80종호 205

【 4 】
4료간(四料簡) 9 92
4언절구(四言絶句) 10
4조용(四照用) 9 91 92

【 6 】
6신통 208
6진 188 276
6화합(六和合) 148

【 9 】
9산선문(九山禪門) 10

【 ㄱ 】
가섭존자 37 38 39 40 41
개소야간(疥瘙野干) 39 40
견처 145 160 225 261
관심(觀心) 194
교시불어(敎是佛語) 35 42
교외별전(敎外別傳) 36 37 41 43
궤안 79 81 375
귀종지상(歸宗智常) 245
금우스님 398
금자광록대부(金紫光祿大夫) 51 52

【 ㄴ 】
낙보스님 318 323
남산(도선) 28
능가경 9
능엄경 42
능화(菱花) 92
능화경 92
능화대상(菱花對像) 93

【 ㄷ 】

다문제일 37 41

단하천연(丹霞天然) 245

달마대사 28 96 258 377

대각스님 327

대승성업론(大乘成業論) 9

대우스님 53 62 63 64 65 66 67 68 351 352 353 403 407

대중천자(大中天子) 30 31 32 57 58

대통지승불(大通智勝佛) 266

덕산(德山) 9

덕산스님 318 357

도도(刀途) 212

도주선타(陶鑄仙陀) 85

등각 148

【 ㅁ 】

마곡보철(麻谷寶徹) 245

마곡스님 115 116 246 332 333

마방(馬防) 7 8 51 65 105

마왕파순 22

마조도일(馬祖道一) 245

명화스님 390

목주도명(睦州道明) 59 77 78

목주록(睦州錄) 59

묘각 148

무루무위(無漏無爲) 193

무명수(無明樹) 228

무의도인(無依道人) 173 238

무위진인(無位眞人) 54 89 117

무자성(無自性) 238

무착(無著) 132

문수보살 132 180 233 277

밀종 28 32

【 ㅂ 】

백법론(百法論) 315

법문심천(法門深淺) 8

법상종 28

법신불(法身佛) 141 190

법안종(臨濟宗) 32

법원의림장(法苑義林章) 9 29

법화경 9 29

벽암록 45 46 47 58

병주(幷州) 135

보신불(報身佛) 141 148 190

보화(普化)스님 9 297 298 299 300

보현보살 159 180 233

본분사 23 24 25 362

본색종장(本色宗匠) 112

본지풍광 8

봉림스님 391 394 395

부대사(傅大師) 128

분주(汾州) 135

불공삼장 28

불조정안(佛祖正眼) 66

【 ㅅ 】

사대귀서(四大貴書) 33

사량복탁(思量卜度) 94 104

사자상승(師資相承) 10 82

살불살조(殺佛殺祖) 69 70 84

삼돈방(三頓棒) 66 67 69 70 724

삼성스님 99 100 400

삼성혜연(三聖慧然) 7 99

삼승십이분교 24 113 203 315

삼아승기겁 149 213

삼악도지옥 212

삼안국토 190

삼요 54 86 87 131

삼장(三藏) 196

삼현 54 86 87

삼현삼요(三玄三要) 87 408

상나화수(商那和修) 43

상당법문 8 25 26

상신실명(喪身失命) 69 72

서당지장(西堂智藏) 10

석공혜장(石鞏慧藏) 245

석옥청공(石屋淸珙) 10

선가귀감(禪家龜鑑) 10

선덕(禪德) 139

선문정로(禪門正路) 8

선시불심(禪是佛心) 35 42

선용후조(先用後照) 91

신조후용(先照後用) 91

선종오가(禪宗五家) 32

선타(仙陀) 85

선타바(先陀婆) 85 86

선판(禪版) 81 338 375

설두중현(雪竇重顯) 58

설비상(雪砒霜) 47 48 67 72

성주괴공(成住壞空) 173 248

수구삼요(須具三要) 87

수구삼현(須具三玄) 87

수산성념(首山省念) 9

신수(神秀) 9

십이면관음보살 332

십이분교(十二分敎) 280

십지(十地) 148

【 ㅇ 】

아귀도 213

아난존자(阿難尊者) 37 38 39 40 41 42

아수라 208 280 284

안사(安史)의 반란 28 50

암흑두(揞黑豆) 79

앙굴마(鴦掘摩) 277

앙산스님 293 297 353 356 360 364 367 369 370 375 396 398 403

여시아문(如是我聞) 40

연야달다(演若達多) 151

염관제안(鹽官齊安) 31 57

예토 242

오무간죄 162

오성(五性) 278 286

오입차제(悟入次第) 8

오조법연(五祖法演) 70

왕상시(王常侍) 8 112 115 320 404

용광(龍光)스님 378 379 382

운문종(雲門宗) 7 32 101

원각노연(圓覺老演) 101

원각종연(圓覺宗演) 7 55 101 102 105

원돈교(圓頓敎) 170 286

원돈일승(圓頓一乘) 278

원오극근(圜悟克勤) 45 70

위산스님 293 353 356 360 364 367 369 370 375 396 398

위앙종(潙仰宗) 32

용아(龍牙)스님 338 339

유루유위(有漏有爲) 193

유마경 9 29

유마힐(維摩詰) 127

육경 275

육근(6근) 275

육도만행(六度萬行) 193 263

육식 275

율종 28 32

응화대성(應化大聖) 57

이침(李忱) 30 31 32

인천안목(人天眼目) 10

일구(一句) 87

일돈방 123

일현(一玄) 87

임제록연의(臨濟錄演義) 10

임제원(臨濟院) 7 50 54 83 95 96

임제장군(臨濟將軍) 29

임제종(臨濟宗) 7 10 32 33 34 43 69 70 83 95 100

【 ㅈ 】

전륜성왕 205

정법안장(正法眼藏) 56 66 94 95 99 100 399 400 408

제창기연(提唱機緣) 82

조동종(曹洞宗) 32 33 34

조용동시(照用同時) 91 92

조용부동시(照用不同時) 91

조주스님 24 48 328 329

종문제일(宗門第一) 45

종용록(從容錄) 9

지객(知客) 369

진정견해(眞正見解) 138

진존숙(陳尊宿) 59

【 ㅊ 】

천태종 28

천태지자(天台智者) 28

축생도 213

취봉스님 387

칠엽굴(七葉窟) 37

퇴설삼승(退說三乘) 25

판두(版頭) 364
포단(蒲團) 339

【 ㅎ 】
하택신회(荷澤神會) 9
행산스님 322
향엄지한향엄지한(香嚴智閑) 31
현수(賢首) 법사 28
현장(玄奘) 법사 28

혈도(血塗) 212
화도(火塗) 212
화신불 148 190
화엄스님 385 386
화엄종 28
화엄합론(華嚴合論) 9 29
회광반조(回光返照) 260
흥화존장(興化存獎) 10 95

| 07 | 성철스님이 가려 뽑은 한글 선어록 |

어록의 왕 임제록
임제의현 스님의 임제록

개정판 1쇄 인쇄	2018년 12월 15일
개정판 1쇄 발행	2018년 12월 24일
지은이	임제의현
감역	벽해 원택
발행인	여무의(원택)
발행처	도서출판 장경각
등록번호	합천 제1호
등록일자	1987년 11월 30일
본사	경남 합천군 가야면 해인사길 122 해인사 백련암
서울사무소	서울시 종로구 삼봉로 81(수송동, 두산위브파빌리온) 1232호
	전화 (02)2198-5372 팩스 (050)5116-5374
	홈페이지 www.sungchol.org

편집·교정 문종남   디자인 김형조
홍보마케팅 김윤성   관 리 서연정

ⓒ 2018, 장경각

ISBN 978-89-93904-85-7 04220
ISBN 978-89-93904-77-2 (세트)

값 18,000원

※이 책에 실린 내용은 무단으로 복제하거나 전재할 수 없습니다.
※잘못된 책은 교환해 드립니다.

※이 도서의 국립중앙도서관 출판예정도서목록(CIP)은 서지정보유통지원시스템
홈페이지(http://seoji.nl.go.kr)와 국가자료공동목록시스템(http://www.nl.go.
kr/kolisnet)에서 이용하실 수 있습니다.
 (CIP제어번호 : CIP2018040463)